项目资金

2015年中央高校基本科研业务费专项资助项目

（The Fundamental Research Funds for the Central Universities）

冯莎主持"东南少数民族艺术调查与研究"

（编号20720151149）

东南民族的艺术实践：
审美感知与文化情境

冯　莎　/主编

厦门大学出版社　国家一级出版社
XIAMEN UNIVERSITY PRESS　全国百佳图书出版单位

图书在版编目(CIP)数据

东南民族的艺术实践:审美感知与文化情境/冯莎主编.—厦门:厦门大学出版社,2017.12

(东南族群关系与海洋文化丛书)

ISBN 978-7-5615-6651-0

Ⅰ.①东…　Ⅱ.①冯…　Ⅲ.①民族文化-审美文化-研究-东南地区　Ⅳ.①K280

中国版本图书馆 CIP 数据核字(2017)第 251586 号

出 版 人	蒋东明
责任编辑	薛鹏志
封面设计	蒋卓群
技术编辑	朱 楷

出版发行　厦门大学出版社

社　　址	厦门市软件园二期望海路 39 号
邮政编码	361008
总 编 办	0592-2182177　0592-2181406(传真)
营销中心	0592-2184458　0592-2181365
网　　址	http://www.xmupress.com
邮　　箱	xmup@xmupress.com
印　　刷	厦门市明亮彩印有限公司

开本	720mm×1000mm　1/16
印张	13
插页	2
字数	250 千字
印数	1～1 000 册
版次	2017 年 12 月第 1 版
印次	2017 年 12 月第 1 次印刷
定价	48.00 元

本书如有印装质量问题请直接寄承印厂调换

厦门大学出版社
微信二维码

厦门大学出版社
微博二维码

东南族群关系与海洋文化丛书　总　序

从"东南"到"南洋"：跨越世纪的再出发

张先清

凡是具有悠久学科传统的人类学、民族学研究机构，其学科发展几乎都与某个区域紧密联系在一起，形成一种"地缘—流派"的学术格局。相反，假若飘忽无根，则很难发展出连贯的学科积淀与学派风格，由此也不易被学界同行所认可。回顾厦门大学的人类学、民族学学科史，这一特征也颇为鲜明。除了人类学、民族学、考古学三科并重之外，厦门大学人类学、民族学所具有的另一个重要特色就是其一直以东南与东南亚地区作为重点研究区域，深挖根植。在相当长一段时期内，从南方民族史与百越民族史的历史民族志考察，到东南民族与海洋考古及东南地区畲族、回族、台湾原住族群以及客家人、疍民、惠东人等族群社会与文化研究，再到东南亚诸族及华侨华人的探索，围绕上述议题迄今为止已经历经了前后四代人、将近一个世纪的积累，成果可谓荦荦大观。

这种立足东南与东南亚地区的研究取向，是与当初厦门大学人类学、民族学、考古学学科的创始人林惠祥先生(1901—1958)的学术构想分不开的。早在20世纪三四十年代，立志要在厦大发展人类学、民族学的林惠祥先生已经酝酿了一个庞大的研究计划，那就是以厦门大学所在的东南区域为中心地，着力研究这一区域的族群文化，然后由此扩展到广袤的"南洋"地区。在林惠祥先生看来，厦门大学地处东南，因此，本校的人类学、民族学发展方向应该重点研究分布在本区域的"畲族、疍民、黎族和台湾的高山族"。众所周知，畲族是分布于东南地区的一个主要少数民族，疍民则是东南地区极富特色的水上族群，至于台湾"原住民"，则更是理解南方族群源流上重要的一环。以上都是东南地区族群分布格局中的重要组成部分，自然是东南人类学、民族学首先要重视的研究方向。

1

在林惠祥先生的研究设想中，除了东南地区之外，"南洋"似乎又是重中之重。而且这两个区域在学术脉络上又是互联互动，不可分割的。他认为，东南地区与"南洋"即东南亚地区，在地缘与族缘上有着十分密切的关系。因此，厦门大学的人类学、民族学学科也要注重从东南延伸到"南洋"，重点研究"南洋诸族"，因为"南洋民族繁多，地方广大，人类学材料极为丰富，欧美学者尚远来研究采集，中国东南部密迩南洋，自然更可就近取材"。他还特别指出，"我们如和这些南洋各民族互助合作，必须对他们的情况能够了解，所以对南洋民族应加以研究"。换言之，他很早就以一种学者的敏锐眼光，看到了东南亚区域在沟通海上通道与文化接触方面的枢纽作用，而中国要发展与东南亚地区的关系，推进地区间的互助交往，实离不开人类学的学科参与。厦门大学人类学、民族学以"南洋"为主要研究方向，还有不可多得的地利之便，"南洋到处都有华侨，如要到南洋做短期的采集考察或长期的居留研究，都因有侨胞的帮助而方便得多。华侨半数属福建南方人，又以厦门为出入港口，故厦门大学要做这种工作比别地大学容易"。他还认为，这也是一种学术反哺，因为"厦门大学原是南洋华侨创办的，本来应负研究南洋的责任"。此外，从民族考古学角度而言，在探讨大洋洲族群起源诸问题上，因为历史上东南与"南洋"族群互动的紧密关联性，也使得这一区域成为一个无法绕开的田野，"南洋太平洋民族的来源，究从何方，也是人类学上一个问题，这个问题的解决，似乎也须看华南，尤其是中国东南部的史前发掘"。

很显然，林惠祥先生所擘画的这个以东南与"南洋"为中心的研究计划，其构想是十分宏大的，而其背后所蕴含的学术价值也是十分突出的，对于今天我们发展人类学与民族学学科而言，至少有着以下两点重要的启发意义：

一是人类学研究中的区位坚守问题。人类学研究以田野为基石，因此无一不是依赖一定的区域社会，通过长久的研究以获取深度的地方经验，洞察地域人群的生活智慧，进而提炼出人类文化的一般规律。最先发展现代人类学的欧美各国，就是因为依托海外殖民地建立起了最早的一批稳定的田野点，撰写出许许多多经典民族志，并形成了上述鲜明的"地缘—流派"格局，如英法学界的非洲与澳洲田野、美国学界的美洲、大洋洲田野、荷兰学者的印尼群岛田野，等等。一些欧美学者甚至坚持在同一个区域社会中开展长时段的田野工作，通过数十年的耐心沉淀，生产出杰出的学术成果，而这些长时段的田野点也相应地变成了人类学史上具有重要象征意义的名区。这方面一个经典的案例就是美国加州大学以赞比亚河谷为中心的长时段人类学田野调查计划（Gwembe Tonga Research Project，GTRP）。虽然这种在一个较为固定的区域中开展持久观察的研究方式，在当下这个讲究速战速决的时代似乎不合时宜，一些人类学学者更热衷于天马行空式的田野旅行，或采用游击战策略，打一枪换一个地方，但窃以为，要真正达至对于人类文化逻辑的深度理解，除了这种长时段的田野外，确实别无他法可以更好地累积出丰富的民族志资料。这也是人类学学科能真正对世界文明做出贡献的必由之路。因此，对于中国人类学、民族学学科而言，目前应该大力倡导基于传统优势区位的田野研究，尤其是在这些田野点开展类似 GTRP 这样的长时段调查计划，以一种足够的耐心来经营我们的田野工作。在这方面，厦门大学人类学与民族学学科必须要坚守东南地区田野区位，这是我们必须紧握的沃土。

　　二是人类学研究中的海外民族志问题。人类学本质上是一门跨文化学科，因此不能只局限于研究熟悉的文化，否则就难以摆脱马林若夫斯基所谓的本文化束缚。凡能称为人类学强国的，必然都有着丰富的海外研究成果。而在相当长时期之内，中国人类学、民族学因为缺乏这种必要的海外民族志调查与研究，由此也就无法积累起足够丰富的不同文化的民族志经验，从而完成应有的跨文化比较，自然也就无法自如地运用本文化的认知体系发展出更多的具有世界意义的核心学术概念。林惠祥先生在 20 世纪 40 年代提出要从东南到"南洋"，到东南亚去开展"南洋民族"研究，甚至明确点明有机会要做"长期研究"。尽管此处林惠祥先生所提的"南洋"研究，还离不开当时文化区域说的影响，但他应该是中国最早倡导并身体力行从事海外民族志的先驱之一。而且，他已敏锐地认识到东南亚民族志经验对于中国人类学发展的重要作用，尤其是有助于理解中国文明发展的一些核心问题。例如，他很早就认识到要理解中国南方民族起源问题，是无法绕开东南亚海外民族志研究，这种重视海外民族志研究的视野，也是他随后得以据此提出"亚洲东南海洋地带"这一统领性学术概念的原因。

　　由东南而"南洋"，尽管林先生英年早逝，幸运的是，他的继任者一直都没有偏离这个指导思想。20 世纪五六十年代，厦门大学人类学与民族学学科广泛开展了畲族、回族、蛋民、惠东人等领域的研究，尽管在"文革"中有所中断，但 20 世纪 80 年代改革开放后，很快又重新恢复了东南研究传统，在百越民族史、东南民族史、东南畲族、东南回族、台湾原住族群以及惠东人、客家人研究方面，涌现出了一大批研究成果。此时期的研究视角，也逐步拓展到了东南亚地区，尤其是东南亚华侨华人研究方面。经过长时期的积累，可以说，厦门大学目前已经成为研究上述领域的重要中心。

这套"东南族群关系与海洋文化丛书"也是由林惠祥先生的思想延伸而出，它体现了新一代厦门大学人类学与民族学研究者对于东南研究传统的珍视与继承。近年来，厦门大学人类学与民族学学科一直十分重视东南与东南亚地区研究，不仅每年的研究生田野实习工作都安排在东南地区进行，还克服重重困难，到台湾地区开展了为期七周的研究生密集田野实习，这在大陆高校中尚属首次。此外，借助厦门大学开展哲学社会科学繁荣计划的有利时机，我们也适时启动了"东南族群关系与海洋文化研究"这一研究计划，其初步设想是继承东南与"南洋"研究传统，围绕东南族群关系与海洋社会文化开展扎实的田野调查工作。编入本丛书的就是这个研究项目的第一批成果，其讨论范围主要包括东南民族村寨景观、东南民族艺术、台湾兰屿族群、东南海洋族群、东南科技考古以及东南汉人社区、客家民系等，这里面既有针对传统议题的新阐发，也有新问题的初步探索。

需要特别说明的是，本研究项目是厦门大学哲学社会科学繁荣计划的人类学专项组成部分，为此我们特别感谢厦门大学社科处的大力支持，尤其是陈武元处长，一直十分关心这套丛书的出版。当然，由于研究工作量大，时间仓促，书稿中一定存在着不少需要改进的地方，也请读者诸君指正。

前　言

　　东南地区具有丰富的文化艺术资源,这些文化艺术资源以其深厚的审美积淀和浓郁的地方特点,集中展示了东南文化的美学景观和东南民族的感知体验,是东南风貌中不可或缺的部分。以人类学的理论和方法对东南地区的民族艺术和地方艺术进行深入系统的调查和研究,旨在把握东南艺术的当下状况与实践者的行动过程,以达成对"社会文化情境中的艺术实践"和"动态的地方性知识"的流动阐释,进而探索东南民族地方艺术的生存策略与发展路径。

　　本研究对东南民族艺术及地方艺术的门类、规模、参与主体、活跃程度、分布情况等现状进行了全面调查和梳理;在整体掌握东南艺术与族群关系、社会文化、地方历史关系的基础上,以多点民族志为方法论,在福建、广东、广西、浙江、安徽、江西、海南等地开展田野工作,认真搜集第一手资料,并选取特定案例,作为东南民族、地方艺术研究的个案。主要涵盖如下方向:

　　(1)艺术与社会文化研究。即,以艺术的形态表现为出发点,考察民族艺术的文化内涵及其与文化整体、当地生境的动态关系。如"畲族文化艺术符号研究",以畲族文化整体为关照,全面而翔实地研究了畲族的艺术表现及符号象征;以文化的逻辑为艺术的逻辑,确定了识别畲族艺术典型符号的依据、标准;并从艺术与民族生存发展的关系上去理解一个民族的艺术体系,也从民族历史过程的视野中去深度理解民族文化的艺术体系;在深度理解畲族的社会、历史和文化背景的基础上理解畲族的艺术。这种全景式的研究展现了人类学艺术研究的经典范式。

　　(2)艺术流动、历史记忆与族群关系研究。即,在民族、地方艺术的历史记忆、发展变化、传承机制中理解文化认同与族群关系问题。如"台湾戏曲与闽台族群认同",通过梳理台湾戏曲与福建移民族群认同及表达方式的关系,分析了台湾戏曲受闽南移民族群认同影响,在戏曲语言、唱腔、名称、形态、结构乃至地理分布等诸多方面的体现。"图释的信仰:晚明天主教耶稣会视觉符号的演变"，考察了明末天主教耶稣会在使用视觉化的宗教物件传教过程中，应对本土文化情境而做出的策略变化，其中福建、广东等东南地区既是宗教艺术的实践重地，又是以印刷为传播途径的技术先锋，开启了中国天主教视觉文化的发展进程，在图像的演变中呈现了文化交流的脉络。这些研究表明了以艺术为表征探讨文化动因的有效性。

（3）场景化的艺术实践个案研究。即，从一个特定艺术的形态、技艺、场景、物质性、美学表达等方面，分析民族、地方艺术实践的基本架构和实现途径，关注艺术现象中人的互动。如"渔业社区的工艺文化及民艺之美"，以工艺/民艺视角检视渔业社区的生活之美，以人和物的关系探讨作为理论核心，反思以美术之美作为社区改造标准的局限性。"场域中的物：厦港王醮仪式中的船"，对作为一种独特人工制品的王船进行了物的考察，将其放置在疍民文化语境中解读，通过其在物质场域、仪式场域及博物馆场域的实践转变，反思历来对于王爷信仰及"送王船"行事多从仪式文本和神灵观念上进行研究。这些研究体现了人类学艺术研究的方法，即需要知道艺术的生产地、艺术的制作者、艺术的用途、艺术的功能以及它对制作者意味着什么。

（4）文化变迁与政策权力中的艺术研究。即，就当前"古村落保护"、"非遗"、"文化产业"、"一带一路"的语境，反思过去人们对东南民族艺术的认知，从而对其发展可能给予实践性的规划。如"文化空间视角下的歙县渔梁古村落保护"，基于人类学学理对空间的文化认知，将古建筑保护议题放置在对当地文化景观的整体、动态考察中，论证对文化空间的保护，才是古村落、古民居保护的最佳选择。"非物质文化遗产的地方性保护与实践：以歙县省级非遗项目跳钟馗为例"，通过梳理"跳钟馗"作为非遗项目，在全球知识话语、国家政策、地方政治等不同语境中的实践过程，探讨非物质文化遗产保护与发展中存在的土著观缺失问题，反思在现代化的背景下，如何更公平地认识遗产。"芷溪客家传统建筑艺术与传统村落的保护与发展"对变迁中的传统村落进行了基于"保护与发展"视角的考察，特别对政府工作对当地文保工作及文化发展影响给予了评估，提出以当地人意义为主旨的人类学建议。"柳州棺木工艺品生存现状调查"以国家提倡绿色殡葬为政策环境，探讨了柳州棺木工艺品的产生、发展现状与发展前景。这些研究也表达了对相关议题的不同视角和观点。

（5）民族地方艺术的当代实践。即，当代艺术现象在东南地区特定历史语境与地方文化情境下的生成、发展及意义转换。如"从商业到文化产业：

东南地区'油画村'文化产业调查",对在东南地区得到突出发展的商业油画产业进行了语境性的考察,讨论其在中国社会文化发展进程中的意义流动,其作为当代中国艺术现象的机制,以及"油画村"作为文化产业模式在东南不同地区的地方性实践方式。这一研究以艺术现实为起点,将当代景观纳入到对东南艺术的观察中,为动态研究提供了一种现场视野。

以往对民族艺术的研究多从某一种艺术形式出发,将其作为一项客体化的技艺,缺乏对当地人作为艺术主体的考量;或视艺术为文化的一个层面,侧重于讨论艺术的社会功能,而非艺术本身作为文化总体呈现的一种方式,对艺术形式与内涵的共同作用关照不足。运用人类学学理研究艺术实践,能够充分考虑到艺术的能动性、过程性和语境性,并且将研究者的在场,以及田野过程中的互动关系暴露在对艺术实践的阐释中。研究基于以下具体方法:

(1)田野调查法:根据研究对象或主题的实际情况,采用经典定点研究和多点民族志方法,考察具体艺术实践的过程及意义。作为人类学研究的基本方法,田野调查意在设身处地地体验文化的逻辑,以"当下"目光为结点,审视历史结果与未来走向,对于东南民族艺术研究而言,田野调查既需要关注变动中的艺术本体及其实践主体,也需要关注整体艺术谱系的地方性差异,最终以田野实践达成对艺术问题的理解。

(2)文献法:尽可能广泛且深入地搜集东南民族艺术相关文献,包括文字、图片资料,多媒体等各种形式的文献资料,以及东南民族艺术研究的既有学术研究成果,并对资料进行梳理、甄别、归类、总结,一方面作为研究所需的知识背景,另一方面掌握相关学术话语谱系,作为形成学术对话的对象或依据。

本研究以"东南民族"为题,与"常识"中"少数民族"研究有关,但在考察有关问题时,特别强调以下观点:

(1)东南地区少数民族与汉族关系密切,以少数民族艺术为研究对象往往同时涉及其与汉族共享的历史背景、文化经验与艺术体认。对少数民族艺术问题的探讨可能衍生至"民族问题"之外;也或许,从东南民族艺术的整体局面中可能自然显露出少数民族艺术的差异性,这都需要以具体研究来说明。将少数民族放置在更大视野下的东南民族关系中,更适合东南民族艺术的实际情况。

(2)在当代语境与学术理论中,对少数民族艺术的考察不在于追溯其本真性的传统，而在于情境化的研究，关注民族艺术的地方性实践。因此，所谓少数民族艺术经常是去中心化的，呈现为多重身份和多元关系，与地方艺术、当代艺术交织在一起。分类学（不论是既有艺术门类分类、美学标准分类，还是民族边界分类）往往涉及知识论问题，先入为主的分类不仅容易造成限定，而且在面对活生生的实践时可能失效。对既有艺术体系进行反思正是人类学对艺术研究的重要贡献。

（3）鉴于人类学"以人为本"的研究取向，本研究以"民族"作为对人群的强调，突出人类学艺术研究关注实践主体的意识。

无论是探究民族艺术的发生与发展路径，探讨当地人的艺术实践方式，还是探索艺术及其文化在当下及未来的生存之道，超越主旨、彼此关联的视野在很大程度上反而有利于对主旨的把握，这也是人类学整体观的体现。本研究虽依托坐标东南地区、实践东南学术系统的区位优势，但尝试为中国东南民族、地方艺术研究的带入当代视野，在对学术体系整体发展的关照下，拓展当代艺术人类学的东南田野实践，借此形成学术交流与对话。

对东南民族艺术的研究正应对于我国目前增强文化软实力，重塑大国精神与民族美学的需求和热潮。本研究着眼于"以人为本"的价值诉求，将东南艺术置于历史语境与当下情境中考察，关注其发展历程与实践意义，希望以此为依据，挖掘东南民族艺术及地方文化资源的活力，探索地方民族艺术发展的良性道路，为东南民族艺术的发展提供学术依据和支持，为进一步弘扬东南风貌，建设美丽中国做出贡献。

冯　莎

2017 年 3 月 12 日于厦门

目 录

第 一 章

畲族文化艺术符号研究

❋ 蓝达居

《现代汉语词典》将"艺术"释为：（1）用形象来反映现实但比现实有典型性的社会意识形态，包括文学、绘画、雕塑、建筑、音乐、舞蹈、戏剧、电影、曲艺等。即用一种间接的方式来表达现实生活中经典的内容。（2）指富有创造性的方式、方法。（3）形状独特而美观的。我们在此论证报告中将综合参考艺术概念的这三个层面，也就是说，与此三方面相关的畲族文化元素或特质，可以归入"畲族艺术"这一概念所涵盖的范围之中。

按照人类学家林惠祥的观点，艺术可以分为两类：一、静的艺术，即由静止的状态表现美观的。二、动的艺术，即由运动或变迁的状态表现美感的。妆饰（人体妆饰和器物装饰）、绘画、雕刻都属于静的艺术。跳舞可以说是活动的雕刻，是由静转向动的艺术。跳舞常和唱歌相连，所以动的艺术的第二种可以说是歌谣，还有音乐，即舞蹈、歌谣、音乐属于动的艺术。在任何一个民族中，动与静的艺术都可以构成艺术体系。根据我们的观察，如果按照这一动静分类，畲族的艺术也可以析出动的艺术和静的艺术。

同时，如果把构成艺术体系的任何一项艺术元素看成一种符号，那么，这个体系也可以看成是一个民族艺术的符号体系。也就是说，我们假定，畲族艺术符号，不是一个单一概念，而是一种体系性的复合概念，它应该包含一系列的特质元素，从而构成一个艺术符号系统。

我们还要注意到，艺术既是人类文化的组成部分，也是人类的一种文化表达，文化的逻辑就是艺术的逻辑。由于这种功能上的联系，使得我们很难将艺术从社会文化中抽离出来进行孤立的理解，而必须将艺术置于人类社会文化的整体之中进行描述和理解。也就是说，我们不能仅从形式上去理解一个民族的艺术体系，而应从艺术与民族生存发展的关系上去理解一个民族的艺术体系，也因此而必须从民族历史过程的视野中去深度理解民族

1

文化的艺术体系，这就是我们为了理解畲族的艺术，而要深度理解畲族的社会、历史和文化背景的原因所在。我们只有在把握畲族历史文化逻辑的基础上，才能确定识别畲族艺术典型符号的依据、标准，才能捕捉畲族艺术的代表性符号。

以上这些，是我们对畲族文化的艺术符号进行评估的基本概念前提，也是我们捕捉、梳理和抽选畲族艺术体系代表性文化符号的基本理论前提。同时，本研究也提出关于畲族文化艺术符号评估的方法：

第一，全面把握畲族文化的形貌，把握畲族文化的族性特征。以此为基础，建立比较参照的框架，判断某一畲族艺术符号是否与畲族文化的历史逻辑或文化逻辑一致。

第二，田野调查和文献分析结合，寻找、发现和整理那些镶嵌在整合于畲族文化体系中的艺术符号元素。

第三，从比较完整的畲族文化艺术符号体系中选择具有典型性或者代表性的艺术符号，即具有艺术性的文化符号，或者具有文化性的艺术符号。

对畲族文化艺术符号进行梳理与评估，旨在为畲族传统文化艺术的舞台化作品之制作、展演提供历史学的、民族学的和人类学的学术论证。为了实现这一目的，我们努力遵循学科的学理要求，将田野调查和文献分析结合起来，就"畲族艺术符号体系"进行了初步系统的描述、分析说明。我们认为，我们在这一调查报告中就这一艺术符号体系的呈献，仍然是纯粹理论性的和学术性的，是一种论证评估，而非舞台操作。舞台化的展演操作需要尊重艺术的历史的和文化的逻辑的基础上，进行相关的专业创意和设计。我们相信，人类学与艺术学的对话互动、文化艺术与舞台展演的结合，必将展现畲族艺术之花的绚烂美丽！

一、畲族艺术符号的社会背景

畲族是我国 56 个民族之一，主要分布在我国东南地区。

据 1982 年全国人口第三次普查，全国畲族总人口为 37 万人，其中福建省有 20 余万，约占总人口的 57%，分布在全省的 64 个县市，其中以宁德地区最集中，有 16 万余人，占全省的 80%；浙江省有近 15 万人，占全国畲族总人口的 40%，分布在浙江约 40 个县市，其中温州地区有 5 万余人、丽水地区有 6 万余人,浙南地区畲族约占浙江省畲族人口的 78%;江西省有 7000 余人,分布达 20 多个县市,以上饶和吉安地区较为集中;广东省有 3000 多人,分布达 18 个县市,其中以粤东的潮州居多;安徽省有 1000 多人,主要居住在宁国县。

畲族人口是不断增长的。20 世纪 80 年代以来,随着人口自然增长以及部分地区畲族群众民族身份的识别确认,畲族人口逐步增加。据 2000 年人口统计,全国畲族人口共计约 71 万人。分布在福建、浙江、江西、广东、安徽、贵州、湖南、湖北八个省区。其中,以闽东为主要聚居地的福建畲族人口有 37 万余人,占畲族总人口的 53%;以浙南为主要聚居地的浙江畲族人口有约 18 万人,占畲族总人口的 24%。

畲族人口分布呈现出"大分散小聚居"的特点。不论是聚居或散居的畲族村落都比较小,一般都在几户到几十户,周围是汉族村落,也有的是畲汉杂居。畲族居住大分散的主要原因是后来的不断迁徙。畲族古今居住地区明显不同,唐宋以前,主要聚居于闽粤赣三省交界区域,唐末开始逐步离开三省交界区域向外迁移散居,到明清时期,畲族的大部分在闽、浙、粤、赣、贵等地的一些山区定居下来,形成今天大分散、小聚居的空间分布格局,并与汉族交错杂居。不论古今,畲族居住地区在地理形态上都主要是山区和半山区的丘陵地带。适应山区丘陵的自然地理生态环境以及畲汉杂居的人文生态环境,畲族在长期的历史社会实践中形成了具有地域特色的民族文化系统。

畲族有自己的民族语言即畲语。各地畲语基本上是可以相通的。据语言学家的调查和研究,畲语有两种:一是在广东的增城、博罗、海丰、惠阳等县畲族所说的畲语,属汉藏系苗瑶语族苗语支。占畲族人口中的极少数。其他地方的几十万畲族人讲一种与客家方言有密切联系的畲语,这种畲语在福建、浙江、江西以及广东的潮安、丰顺等地畲族社会中通行。除了畲族内部语言之外,畲族都很熟悉当地的汉语方言。在国家推广普通话的时代,畲族一般也学会讲普通话。另外,畲族没有本民族的文字,在书写中通用汉字。没有语言交流障碍,大大促进了畲汉民族社会与文化的互动,有利于畲族社会的发展,促进了畲汉民族的团结。

畲族是共和国民族大家园中平等之一员,在政治生活中享有一定的民族自治权。1984 年 6 月我国建立了第一个畲族自治县——浙江省景宁畲族自治县,当时全县畲族人口只有约一万六千多人,占全县总人口的 10.5%,

该县下辖的 5 个行政区都有畲族。福建畲族分布在全省各个县市，人数较多的有 18 个畲族乡、236 个行政村、3200 多个自然村。行政意义上的畲族乡村享有我国法律赋予的一定的自治权力。

畲族人民在长期的生产、生活实践中积累了丰富的知识和经验，保存和创造了许多优秀的民族文化，形成了具有自己特色的民族艺术体系，表达着丰富多彩民族的情感世界，并展现畲族文化自觉之绚美。

以上所述可见，畲族是我国 56 个民族中的一个民族，与其他 54 个少数民族分布地区不同，畲族是广泛分布于我国东南丘陵山区的主要的少数民族，是一个聚居山区、与东南汉族交错杂居、在经济文化上频繁互动的少数民族社会。因此，在文艺舞台的艺术表述展演活动中，应该而且可以表现畲族社会的不同于汉族、也不同于其他少数民族的民族性。这可以说是畲族文艺舞台最重要的民族社会背景。

二、畲族艺术符号的历史背景

尽管古籍文献中有一些相关畲族历史文化的记载与描述，也尽管畲族社会里有着关于自己族群历史的记忆与书写，但是，长久以来，现代学者认为一种可信的畲族历史尚未存在，他们或抱着追求历史真实、为畲族立史的科学目的，或抱着民族平等、民族发展的目的，试图为畲族制作"新的历史"。从追求民族历史的角度来说，畲族人们也期待专家学者为他们写一部"科学的"畲族史。

综观学术界的讨论，有关畲族族源研究的文章，虽然有着各不相同的意见，归纳起来主要有两大观点：一是主张畲族是从其他地区迁入的，尤以湖南长沙"武陵蛮"说居多；二是认为畲族是古代当地土著民族越族的后裔。近年学界也提出畲族族源多元论。而且也有学人将畲族的历史追溯到更遥远的过去。我们这里的历史重构，综合了各家学说，以图建立一种更接近历史事实的叙述，也希望这样的叙述，能够与畲族社会本身对自己民族历史的记忆图像相吻合，从而使得畲族自我历史记忆图像的舞台表现，更具真实性。

（一）遥远飘渺犬图腾

根据畲族族谱和传说,畲族远古先民的历史,是从中国北方迁移到南方的历史。

在先秦时期的北方有一个以犬为图腾的民族,中原称其为犬封、犬夷、犬戎、昆夷、戎狄等等。名称非常多,是分支众多的庞大民族:犬图腾族。这是从龙图腾族分化出来的民族,犬图腾是由龙图腾衍生出来的图腾。那么它的始祖是谁呢?是盘瓠,盘瓠是帝喾高辛氏的一个御犬官,与帝喾高辛氏同祖同宗,同是皇帝的子孙。盘瓠在帝喾高辛氏为帝时,为朝廷杀敌立下大功(即畲族盘瓠传说里所说的揭皇榜退敌一事)。但因盘瓠不是高辛氏的嫡系后裔,故不能继承其帝位,高辛氏于是在当时的帝都东部割地分民于盘瓠。立功授地的盘瓠就带着儿女在这个地方建立一个新的诸侯国,叫犬封国。

犬封国最初是在今天渤海湾一带,尧舜时期天下爆发大洪水,黄河下游及入海口,洪水泛滥严重,这里的人们没办法待下去了,所以犬封国举族迁徙东北地区,夏朝末期其势力又扩张到西北地区,到周朝的时候,犬图腾势力发展到极盛时期。他们就分成东北、西北两大部分,东北部中原人把他们称之猃狁(xianyun),西北部中原人把他们称为犬戎。至周穆王的时候,这两部又融合为一个比较庞大的部落联盟体。到了西周末期,这个族人的势力达到全盛。当时西周朝廷政局动荡、王权式微,诸侯争霸,于是以犬戎为主的犬图腾族人乘机举兵,一举推翻了西周王朝,在中国历史上书写了辉煌的一页。

春秋之后,大批犬图腾族人进入中原。大家不要认为这个犬戎一直都是西北边境的,其实他们不断地流动迁徙。有一部分进入中原,在中原的势力,其中势力最强的两大分支,一个是赤狄,一个是陆浑,他们分别在中原建立了潞国、陆浑国。战国时期,犬图腾族的另外两个分支势力在中原建立了代国和中山国。我们中学课文里学过的《中山狼》的传说,文中的"中山"指的就是这个中山国。春秋末期以后,中原的一些大诸侯国就联合起来共同对付这些居住在中原的犬图腾族人。因为中原人始终认为我是嫡亲,我是正统,犬图腾人你不是嫡系,不是正统,所以他们联合起来共同对付犬图腾族人。以秦国、晋国为首的中原大诸侯国逐一灭掉犬图腾族的主要分支势力。到了战国初期的时候,秦、赵、燕三国又在北方筑起长城,把西北的犬图腾族势力与聚居在中原的犬图腾族势力割裂开来。后来中原这个地区的犬图腾族人就开始进入颠沛流离的这样一个历史过程。

但是犬图腾族人非常顽强。中原的犬图腾族势力被周朝七大诸侯国灭亡以后，其余势力被迫举族迁徙前往当时的楚国西南的崇山峻岭地区。当时楚国崇山峻岭地区就是现在长沙这一带，湘西武陵蛮这一块。当时因为楚跟秦、跟中原是有矛盾冲突的，楚国的国王曾经想"问鼎中原"，中原的人就跟他说这个鼎不是你可以随便问的。历史上楚国有个楚平王（畲族的族谱里面写成"评"，就是"评论"的"评"），楚平王可能是想利用那些犬图腾族人，也可能是因为楚平王和犬图腾族的关系不错，他就同意中原犬图腾族人的请求，专门拨了一块地，给中原避走而来的犬图腾人居住。楚国的地盘很大，拨给犬图腾族人居住的那个地方也偏僻。而这些进入楚国西南地区发展生息的犬图腾族群后裔，后来被称为"五溪蛮"、"武陵蛮"或"盘瓠蛮"。学界认为，他们是今天畲族、瑶族和苗族的共同祖先，盘瓠则成为畲瑶两个民族的共同人文始祖。

对于这样的远古故事，史书和畲族记忆中都有零碎的片段，但因为信息是零碎的，不相衔接的，而且是虚实难证的，所以也往往被科学主义史学认为是荒诞的。而我们认为，这种记忆中的虚幻飘渺，正是所有人类远古历史在人类记忆中所呈现出来的特征，恰恰是这种梦幻般的历史记忆的虚幻性所具有的诗性魅力，为民族历史的文艺舞台表现提供了巨大的想象空间。

（二）奔向圣地凤凰山

畲族先民的一个关键发展，是从与瑶族的同源走向分流的历史，从楚国西南走向东南越地的历史。

随着华夷文明体系的发展，华南犬图腾族群的历史并不止于盘瓠蛮，但是盘瓠蛮族群内部的发展却朝向了不同的历史。逐渐地，犬图腾族进入到楚国西南地区这个地方的势力又分化为两部分：一部分主要向两广散居，他们就是瑶族的祖先族，指向湘南桂北地带的"千家洞"成为瑶族永恒的人文地理图腾。另一部分，沿着南岭山脉向东迁徙发展，主要聚居在包含潮州凤凰山在内的今闽粤赣三省交界接合区域，广东潮州"凤凰山"一如瑶族的"千家洞"，成为畲族历史文化中的神圣地理图腾。这部分盘瓠族群后裔，就是畲族的祖先族。

我国民族史学界一般认可，南方的瑶、畲民族，族源相同。远在两汉、魏晋南北朝时期,瑶、畲先民属于"盘瓠蛮"的组成部分。而史书又往往按其所居住地域而冠以不同的称谓。如:汉代的武陵蛮、长沙蛮、零陵蛮和桂阳蛮;南北朝时期的荆、雍州蛮,等等。"长沙武陵蛮",史籍一般又称"五溪蛮"或"长沙黔中五溪蛮",都是指秦汉时期居住在洞庭湖至五溪地区的非华夏族群。秦置长沙、黔中二郡,西汉时改黔中郡为武陵郡。五溪则因该地区有五条溪流而得名。宋范成大《桂海虞衡志·志蛮》曰:"瑶本五溪槃瓠之后,其壤接广右者,静江之兴安、义宁、古县,融川之融水,怀远县界皆有之。"

根据民族史学家吴永章先生的研究,唐、宋以前,畲、瑶即已开始分流;唐宋以后,日益分化而逐渐发展成为今日的畲、瑶两族。伴随历史的发展,"盘瓠蛮"的势力不断南移,至唐、宋时期,湖南南部已成为其居住的中心地区。以湘南为起点,瑶、畲开始族群的分化。由于迁徙路线的不同而在新的社会生态环境中,逐步形成各自的族群特点。由湘南越南岭,分道进入两粤者为瑶;而由湘南向东入赣南,再至闽西南、粤东者为畲。后者不循越岭南进入两粤路线,他们由衡、郴诸州向东发展,在赣、闽、粤三省交界处,逐渐形成有别于瑶族的畲族族群。

在宋代,这支"盘瓠蛮"已活跃于江西吉、赣诸州。嘉定年间爆发的罗世传、李元砺领导的郴州黑风峒瑶民起义,其基地就在湖南郴州与吉州一带,故史称:"黑风峒者,在郴、吉之间,而地属桂阳县(治今湖南汝城)"。当时,瑶民起义军不断攻打赣西南地区。据载:"祸连江西吉(治今吉安市)、赣(治今赣州市)四府"。"东践吉、南安"(今江西大庾)。"掀永新,撤龙泉,江西列城皆震"。可见,湖南郴、衡州和赣西南吉、赣州为宋代瑶人连片聚居区。这就是后世赣西南畲人的来源。分流的结果,造成后世湘南有瑶无畲,而赣西南主要为畲区的格局。

在南宋时,东进的"盘瓠蛮"不仅已经赣西南进入福建汀、漳及粤东潮、梅地区,且已在历史上首次出现"畲"的族称。据南宋刘克庄《漳州谕畲》载:"西畲隶龙溪(今漳州市),犹是龙溪人也。南畲隶漳浦(今漳浦),其地西通潮(今广东潮州)、梅(今广东梅州),北通汀(今福建长汀)、赣"。又宋文天祥《知潮州寺丞东岩先生洪公行状》载:"潮与漳、汀接壤,盐寇、輋(同畲)民,群聚剽劫。"

至明代,湘南瑶民龚福全起义,以郴州、桂阳为基地,活跃于湘、粤、赣三省间,其重要特点是与畲族相联合。据《明武宗实录》卷一六四,正德十三年七月己酉条载:"江西輋贼、广东、三猂头诸贼悉平。先是,江西、广东、湖南之交，溪峒阻深，江西上犹等县峯贼谢志山等据横水、桶冈诸如巢，广东龙川县贼池仲容据三狤头诸巢，与瑶贼等联络，亘千百里，时出攻剽，势甚猖獗"。这次湘南郴、桂瑶人和赣南上犹畲人，广东龙川畲人"联络"一事表明：这一带地域相连；瑶、畲同类相应。这是赣南、粤等畲人是从湘南徙入的有力例证。

我们根据厦门大学畲族史专家蒋炳钊教授等人的研究认为，畲族的来源除了荆蛮地区的"武陵蛮"之外，东南地区的百越土著也成为畲族的一个重要来源。根据文献记载，我国古代东南地区是百越民族的居住地。从考古资料比较，我国东南地区的文化与中原的夏商周文化有明显的不同，最主要的特征之一，即在陶器表面拍印几何印纹，考古学界过去称东南区的这种文化为"印纹陶文化"。这种文化产生于新石器时代晚期，发展于相当中原的商周，衰落于战国秦汉时期。从印纹陶文化的发生、发展和衰落过程，同"百越"民族的兴衰历史正相符合。

商周到秦汉，在今长江以南的苏南、皖南、浙江、福建、台湾、江西、湘东南和两广这中国东南半月形地带分布着百越民族。"百越"是一个多个民族的泛称，在东南地区的越人中包含着几支不同的族群。一般认为闽越主要分布在除闽西外的福建大部分地区和赣东北，界于闽越与南越之间有个相对独立的越文化区，该区大抵是闽西、粤东、赣南这片区域。早在清代，史学家全祖望就指出，闽西、粤东、赣南是西汉初"亦粤（越）之世"的南武侯织（后晋封为"南海王"）的领地。

在"百越"系统中，介于闽越和南越交界的闽粤赣三省交接地区的民族是属于"南武侯织"这支越人。这支属南武侯织领地的越人在西汉还存在，尽管发生了西汉王朝派兵平定南海王的反叛，将其降军"处之上淦"。上淦在今江西新淦之南。但南海王织的领地即闽粤赣交接地区的越人不可能完全消失。此后至三国也没有发生什么有关的变故会使这支越人骤然消失。入西晋以后这个地区土著民族的被记载是以"山都"名称出现的，"山都"在西晋以前，亦即必早于记载就生息于此了。"山都"是闽粤赣三省交界地域的土著族群，其见于方志、文集的准确记载，始于西晋，频见于唐宋，依稀见于明清。记载较多是赣南、闽西，其次是粤东。由于闽粤赣三省交界地区一直是历代王朝统治势力比较薄弱的地区，因此历史上的土著族群能够长期地保存下来。而唐代在这一地区出现的族群"蛮僚"，不仅同迁徙进入该地区的畲族先民有关系，而且同历史上居住在这一地区的古越人后裔"山都"也有着密切的关系。从史书记载来看,闽粤赣三省交界地区成为东迁畲族在历史上的聚居区,而该区域土著越人的一部分被迁徙外地,一部分则在长期的历史过程中逐渐融入于其他族群(除畲族外,还有汉族)之中而发展成为新族群,成为畲族的一个历史来源。

此外,根据厦门大学民族史学者郭志超教授等人的研究,我们认为,在长期的历史发展过程中,也有部分汉人因各种原因而融入畲族社会之中,从而也成为畲族族群的一个重要的历史来源。历史上有一些汉人为了逃避赋役、迫害和战乱,而避居畲族社区。"畲民不悦(役),畲田不税,其来久矣",但从南宋开始就有小部分畲民成为纳税服役的"版籍民"。这种入籍的输赋服役的畲民数量历代不断增加。这类畲民是由游耕转为定耕的"有恒产者"的自耕农(其中有极少量变为地主)和"无恒产"的佃农。明代初期,官府对未入版籍的畲民采用"略输山赋"、"稍听征调"以示"羁縻而已"的安抚笼络政策。还有大量散布于荒僻山区的畲民,特别是采用刀耕火种的流徙畲民,统治阶级鞭长莫及,其赋役状况便是"不役不税",这种情况持续到清末。据光绪年间的《春明梦余录》载:"闽中有流民余种……不入编户,凡荒崖弃地居之,耕猎以自食,不供赋役。"不役不税或轻徭薄赋的畲族社区,对于一些不堪甚至反抗封建政府压榨的汉民来说,是有吸引力的。在福建,南宋"南畲隶漳浦,其地西通潮、梅,北通汀、赣,奸人亡命之所窟穴,畲长拔止于机毒矣。汀、赣贼入畲者教以短兵接战,故南畲之祸尤烈"。"陷畲者"还有"知书及土人";在江西,明代"吉安府龙泉、万安、泰和三县并南安府所属大庾等三县居民无籍者,往往携带妻女,入峒为盗";在广东,据乾隆年间《潮州府志》载:"莲花山雷公岭,层冈叠嶂,为潮、惠二县之界,奸民逋赋役者,辄藉口邻封,彼此窜避,或托为瑶壮逃化外"。此处所谓"瑶壮"即畲,如"潮州府畲瑶民有山峒,曰瑶僮"。汉民亡命入畲的原因,除了逃避赋役外还有封建统治阶级的迫害、追杀。例如:"潮州倭二万与大盗吴平相犄角,而诸峒蓝松三、伍端、温七、叶丹楼辈,日掠惠、潮……遂使招降吴平……平未几复叛…大破之…(吴平)奔据饶平凤凰山";"至元七年庚辰十二月,漳州民陈桂龙兵起,福建都元帅完者都等击走之……桂龙遁走入畲洞"。这些事实说明从宋代开始即有汉民为逃避赋役和封建统治阶级的迫害、追杀而逃入畲族社区。

汉民一旦进入畲族社区,畲、汉通婚也就自然而然发生了。若汉男娶畲女,其婚生之子从畲族风习,则父方汉姓变为畲姓;若汉男入赘畲家,所生子女或从母或从父,若从父,汉姓变为畲姓。20世纪以前,畲民入赘汉家或娶汉女甚少见，即使发生了，也极难或不可能有汉姓变为畲姓的可能。汉男娶畲女或入赘畲家而造成的汉姓变畲姓的例子如：闽东霞浦李姓畲民，其始祖李廷玉，本是汉民，"原籍福建泉州安溪湖头"，于明天顺年间（1457—1464），"因闽倭寇作乱，而从湖头逃出，至福州汤岭蓝色艳家借宿，公观其品行端方，才貌过人，故招为女婿，子孙特授盘瓠郡马之职，厥后，称雁落洋（今霞浦水门半岭）"。后李姓成为霞浦东部一大宗族，该族又派分闽东福鼎和浙南泰顺县。又如，霞浦盐田吴姓畲民先人，于清乾隆元年（1736 年）来自福安城关吴厝坪，其始祖原祯，本是汉人，因遭祸，发妻被杀，只身潜来南山避难，后娶盐田村钟氏女为妻，随从畲家风俗。福安吴姓汉民在明代经连续数代娶畲女后，其后裔风俗语言习从畲族，遂为畲民。有的地方，汉人入住畲村娶畲女，畲民还预约汉人风俗从畲。广东凤凰山区凤坪村蓝姓畲民接纳钟姓汉人，有"讲话、风俗随着畲民"的协定，钟姓汉人娶了该村的畲女，并居住在该畲村，到解放初已传 15 代。因此，畲汉通婚促进民族血脉交融，汉族的部分基因漂移汇入了畲族族群的基因库。

（三）漂泊定居的历程

畲族古代历史后续发展的一个重要特点是从闽粤赣交界聚居区经迁徙漂泊而定居闽东浙南区域。

总体上看，畲族历史后续发展的特点与其民族经济生活方式有着互为因果的联系。畲族先民社会经济生活的重要特点是"随山散处，刀耕火种……食尽一山则他徙"和"巢居崖处，射猎其业，耕山而食……率二、三岁一徙"。经过一段时期的种植，地力耗竭，便举家举族另觅肥沃的处女地。这一畲族社会经济生活特点以及传统中国社会的族群关系，对于历史上畲族分布格局的形成有着重要影响。

魏晋以后，畲瑶已分流发展。至隋唐时期，今闽、粤、赣三省结合部的交界区域成为畲族先民相对稳定的聚居区，随后的迁徙过程，大体上可以分为前后两期，前期为隋唐和宋元两个阶段，后期为明清两个阶段。

前期的隋唐阶段，基本上尚局限在闽、粤、赣三省交界的地区——即九龙江以西的广大地区，这里是畲族先民——"蛮僚"出没之地。这个阶段畲族主要是在漳、汀地区局部范围内进行短距离的移动，当然也有个别情况远迁福州乃至浙江等地的。如《新唐书·王潮传》和《资治通鉴·唐纪》记载：王潮、王审知兄弟率领的中州部队到达漳州后，又曾"将兵攻福州"，此次军事行动可能得到滨海畲族的支持和参与,他们抵达福州后,有的可能长期就地落籍,有的迁到闽东罗源等地。

宋元阶段,特别是宋代,畲族尚在狭小的区域范围内缓慢地移动。入元以后,史书记载的畲族的迁移活动就频繁起来,由于连年不断的战争各地畲军、畲兵的征战调动以及戍城、屯田等,这个时期畲族的迁移路线错综复杂,迁移范围广泛。而迁移路线基本上是与当时两支畲族起义军转战各地而的行军路线相吻合。一支是漳浦的陈吊眼,另一支是循州的钟明亮。陈吊眼于至元十三年(1276年)自漳浦起义后,率领数以万计的畲族人民,到处攻城略地。其行军路线(亦视为迁移路线)是由漳浦→漳州→安溪→泉州。与此同时,潮州畲民妇许夫人率领诸峒畲户配合陈吊眼,共讨蒲寿庚于泉州,其行军路线是由潮州→云霄→诏安→漳浦。此时,与闽南义军遥相呼应的建宁政和人黄华在闽北揭举义旗,畲民妇许夫人又率领畲军转战闽北,汇入黄华义军的队伍。其行军路线可能是先西向而后折北潜行,由漳浦→漳州→汀州→南平→邵武。钟明亮于至元二十三年(1286年)在广东的循州举义,他们转战于福建的漳州、汀州以及江西的赣州等地。这支义军的移动路线是由广东的循州→福建的漳浦→漳州→汀州→江西的赣州。以上系畲族随着抗元义军转战各地而移动的主要路线,这些移动纯属军事行动。由于抗元义军最终为元朝所镇压,元朝对其所采取的善后政策是:"诏福建黄华畲军有恒产者放为民,无恒产与妻子者,编为守城军。""令于南诏黎、畲各立屯田——及将所招陈吊眼等余党入屯,与军人相参耕种,为户汀州屯一千五百二十五名、漳州屯一千五百一十三名"。因此,在某种意义上,军事性质的移动是与畲族迁移同时进行的。

后期的迁徙活动,明代同元代相比,有显著的不同。这个时期迁徙活动频繁,迁徙路线复杂,迁徙范围更为广泛,几乎遍及闽浙各地山区和赣、皖部分山区。这个时期畲族地区的社会经济生活相对比较安定,因此,她们的迁移主要不是军事性质的,而主要是基于畲族社会经济生活特点——刀耕火种,去瘠就腴,食尽一山则他徙。不过迁徙的速度是缓慢的。迁徙的方向,总趋势是自南而北,也就是说福建畲民多迁自广东,浙江畲民多迁自福建。

浙江畲民的迁徙活动与在丽水流传的畲族史诗——《高皇歌》大体是吻合的。《高皇歌》歌词云:"广东掌了多少年……山高土瘦难作食……走落福建去作田……福建官差欺侮多,搬掌景宁与云和……景宁云和来开基,官府阜老也相欺,又搬泰顺平阳掌,丽水宣平也搬去,蓝雷钟姓分遂昌,松阳也是好田场。"可见，浙江的畲族是由广东、福建迁来的，而且遍布各地。《处州府志》云："畲民，处郡十县尤多"，山乡几乎"处处有畲客"。

据江西铅山、贵溪的畲族族谱记载和辈分推算，这两县的畲族是从福建汀州府迁来的，距今已有二十多代、五百年左右，他们的先民由闽迁至赣东北当在明代中叶。另据《安徽宁国县云梯畲族情况调查》认为宁国的蓝姓和雷姓畲族于光绪间分别由浙江的兰溪、桐庐迁来云梯定居的。

此外，明代闽西南还有一批以种菁为业的畲民，他们迁到莆田、永泰、古田、罗源等山区栽菁为活。如闽西种菁的畲民，"每年数百为群，赤手至各邑，依寮主为活，而受其佣值，或春来冬去，或留过冬为长雇也"。莆田多从汀漳流徙来的，永泰也多漳泉延汀种畲插菁畲民。据《八闽通志》记载：福州府"诸县皆有，闽侯、长乐尤多"。因此，明代福建菁以量多质优闻名全国，畲族对此做出了自己的贡献。

逮至清代，特别是近代以后，畲族经过几个世纪缓慢的长途跋涉，已基本上停止了迁徙。他们在闽、浙、粤、赣、皖、湘等广大山区找到了定居地，基本结束了"刀耕火种"，"率二三岁一徙"的"迁迁住住、徐徐而行"的游耕农业生活，并形成今天这个"大分散、小聚居"分布格局。福建、浙江是畲族主要的分布省份，以闽东、浙南为最多。江西的铅山县、贵溪县、安徽的宁国县和广东的整个粤东地区，都有一些畲族分布在崇山峻岭中。各地畲民分布相当零散，一般是几户或几十户聚居，周围是汉族村落，彼此交错，也有与汉族杂居在一个村落的。畲族这个"大分散、小聚居"的分布特点，是经过长期历史发展过程，直至明清时期才最后形成的。畲族这种大散居的格局，使得一种凝聚民族群体共同意识的祖先历史传说成为必要。

（四）从传统到现代的嬗变

唐朝以前的畲族社会处于文化自治的时期，唐朝以后其文化与汉族文化互动而发展。整个古代时期，畲族社会历史的发展，大致可分为唐、宋元、明清三个时期。

唐代，是畲族和汉族发生较多联系的最早时期。当时畲族还是聚居在漳州（唐时的漳州辖有闽、粤、赣交界的大片地区），这里唐以前尚属炎徼之地，到处深林丛莽，人烟寥绝，几疑非人所居。社会经济尚停留在原始游耕农业阶段，劳作粗放，生产力低下。入唐以后，唐王朝为了"靖边方"，强化封建政权对畲族地区的统治，于垂拱二年（686年）在泉、潮建州县，以控岭表。

由于畲族地区设置了郡治,加强了畲、汉两族间的联系。唐王朝为开发漳州,而招抚散居山野的畲民,将其编图隶籍;又迁内地汉人居于畲区,促成负耒耜望九龙江而来的汉人络绎不绝。于是使这里原来为"苗人(畲族)散处之乡",逐渐变为"民僚杂处"。拓荒垦殖,渐成村落,山区得到了进一步开发。随着唐朝政府在畲族地区的设治,此一区域的畲族社会纳入到了传统帝国与地方社会的政治架构之中,开始施行帝国管治。如政府对畲族"劝弄桑,定租税",要求他们"纳贡赋"。这些措施说明唐朝政权是要把畲族和汉族一样纳入国家政治的轨道。

宋元时期,畲族地区的社会经济比唐代有了进一步的发展。随着社会经济的发展,国家也加强了对畲族社会的控制,汉族地主和封建官吏对畲族进行的赋税征收、土地掠夺也随之加重。刘克庄《漳州谕畲》云:"贵家辟产,稍侵其疆,豪干诛货,稍笼其利。官吏又征求土物蜜蜡、虎革、猿皮之类。"土地兼并剧烈,元朝统治阶级强占汀州路畲族农民的土地作为赐地。广大畲族人民丧失赖以生存的生产资料,生活艰难,被迫反抗起义,有元一代几无间断过。反元的烽火几乎燃遍所有的畲族地区,其中以闽南的陈吊眼、闽北的黄华和畲民妇许夫人、闽、粤、赣交界的钟明亮,规模最大、时间最长、影响最深。畲族反抗斗争的长期的历史实践,塑造了这一民族勇敢无畏、不屈不挠的民族性格。

明清时期,是畲族社会经济发展的一个重要时期,其社会经济发展阶段和当地汉族基本一致。这个时期畲族经过长期的动荡和迁徙之后,已定居在闽、浙、粤、赣、皖等省的广大山区,他们自称"山哈"(意为山里的客人),繁衍生息在各地。长年累月的辛勤劳动,为我国东南山区,特别对新的畲族聚居区浙南、闽东山区的开发做出了重大贡献。因为畲族来此新聚居区之前,这里的自然条件较好的平坝地方多为汉人所垦,畲民只能在自然条件较差的地方,开山劈岭,建造田园。凡山谷冈麓地带,"皆治为陇亩",有水源之处开为梯田,仰赖天雨的山地,辟为旱田。浙江景宁、云和的土地就多为畲民所开垦。景宁"(畲民)佃耕以活,邑之陇亩,其所治者半"。"云邑荒田多赖开垦。"经过畲族人民积年累月的开发,可耕面积迅速扩大,为发展山区农业生产创造了十分有利的条件。

畲民在垦荒造田、扩大耕地面积的同时,还大量学习汉族的先进生产技术,如在改良农作物增加产品品种方面,赣南畲族地区种植的稻谷就有七八种,闽东、闽北、浙南种植稻谷品种也非常之多。特别是各地畲民利用"火田"、"火地"种植番薯等杂粮，因系高产作物，成为各地畲民不可缺少的主要粮食。他们还根据山区特点，经营各种经济作物，如香菇，为畲民普遍所种植，是畲民收入的主要来源之一。蓝靛，福建山区畲民在各地搭草寮垦荒种菁，被称为"菁寮"。当时的"福建菁"闻名全国，其染色"为天下最"，从侧面反映畲族地区生产蓝靛的盛况。茶叶，是畲民种植的传统经济作物，几乎无园不种茶，如广东畲民种植的"洪峯茶"、福建畲民种植的"武夷茶"、浙江畲民种植的"惠明茶"，品质优良，畅销各地，颇负盛名。此外，畲民为解决生计困难和满足商品交换的需要，还从事狩猎、樵苏、编制筐筐、养蜂收蜜、饲养家禽家畜等，其产品除自给外，畲民还将剩余的部分提供市场同汉人进行交换，如蓝靛转贩至浙江，香菇远销至粤、赣、川、陕，竹器、蜂蜜及野兽山禽之类作为交换品，家禽也"皆鬻于市"。畲、汉交易，主要以货币形式进行，以物易物也居相当重要的地位。

进入晚清近代，畲族社会与中国大历史发展紧密相连。畲族社会受到双重挤压。一方面是受到传统封建国家严密的政治控制压迫。如在闽东、浙南等畲族地区推行保甲制度、举办反动团练、建立警察制度、创设巡警局，以加强对人民的监视和统治。同时，封建统治阶级还对畲族人民施以民族压迫和民族歧视政策，使他们过着毫无政治权利的生活。如不准畲民应科举，他们被迫隐姓埋名，当局强迫畲民改变服饰、婚丧等习俗，违者就被"概指为异类"或"以异类目之"。人为地制造民族间的隔阂，破坏民族间的团结。另一方面，1840 年鸦片战争以后，东南沿海地区畲族社会自给自足的自然经济因西方商业入侵而逐渐瓦解，国际商品和资本的输入极大地影响了畲族社会经济生活。如畲民喜穿的蓝布衣服，其染料为自种的靛菁，自鸦片战争后，"洋靛输入，种者日稀"。因"（进口）染料……比土产染料受欢迎得多，土产染料显得衰落了"。《霞浦县志》记载："西洋之靛竞进，力比土靛强二十倍，土靛十二斤半仅当彼之十两，色泽较鲜而价较廉，而土靛遂一败涂地。"此外，照明用油、花带、花边、毛巾乃至畲族妇女缠头发用的绒线也无不使用舶来品了。由此可知外国商品在畲族地区渗透的程度。

新中国建立以后，畲族社会发生了根本性的变迁，畲族人民同全国各族人民一样，在国家民族政策光辉照耀下，发挥民族的自主创造精神，努力建设家园，畲族的社会历史和文化进入一个新的时期。在新的时期，畲族社会经历了两次大的变迁。第一次大的变迁，是在 20 世纪 50 年代的社会变革。中国共产党和人民政府领导和帮助畲族人民进行社会改革，建立社会主义制度,社会主义制度下的畲族文化开始确立并逐步发展。进入 20 世纪 80 年代,畲族社会开始第二次巨大的变革。自 1978 年以来,随着改革开放政策的实施,畲族社会文化正经受着一场新的历史性变化。总的来说,畲族社会的社会变迁体现为:

政治地位的飞跃:(1)族群政治身份的确立:畲族的先民,史籍中被称为"南蛮"、"百越"、"峒僚"或"畲瑶"等,"畲民"这个称呼最早出现于南宋末年刘克庄的《后村先生大全集·漳州谕畲》。畲族自称"山哈"。历史上各个时期对畲族的称呼不一致,史书中记载也很混乱,中华人民共和国成立以后,对畲族族称问题,党和政府十分重视,1953 年中央民委派出民族识别小组,赴浙江、福建等畲族地区进行民族识别调查。根据马克思主义关于民族的定义,结合我国的民族实际情况,并尊重本民族人民的意愿和遵循"名从主人"的原则,最后确定畲族是一个具有自身特点的单一的少数民族。1956 年由国务院正式公布确认,畲族是我国伟大的统一的多民族大家庭中的一个平等成员。从此,"畲族"就成为法定的族称,从根本上结束了历史上族称混乱的现象,大大增强了畲族内部的凝聚力。(2)畲族人民成为社会的主人,畲族政治地位日益提高,浙江省成立了景宁畲族自治县,闽、浙、赣、粤、皖都分别建立了许多畲族乡。

民族经济的发展:中华人民共和国成立以后,畲族文化得以弘扬和发展,闽、浙、粤、赣、皖等省区各级党、政府认真执行党的民族政策,大力发展少数民族地区经济、社会各项进步事业,增强了各民族团结,促进了各民族的共同繁荣。特别是改革开放以来,不断深化的民族地区改革,为畲族地区经济文化注入新的生机和活力。畲族地区经济不断发展,绝大多数畲族人民解决了长期困扰他们的温饱问题,突破了畲族山区传统产业,实现了历史性的经济跨越。

社区文教的进步:随着经济的发展,畲族地区的文化、教育、卫生、体育事业日益繁荣。教育方面,以畲族为主的民族小学达 1800 多所,儿童入学率平均 95% 以上。在中等教育方面,浙江省于 1952 年在丽水创办浙江省少数民族师范学校,四十年来,培养小学教师及行政干部 1900 多人。福建省于 1958 年在福安创办民族中学,建校三十多已颇具规模,培养了大批人才。此外,政府还有不少人具有学士、硕士和博士的文化水平。畲族乡、村建立了文化馆(站),组织了文化团体。在畲族人口较多的县(市)都编辑出版了畲族民间故事、歌谣、谚语集成、舞蹈、音乐等民间文艺集成。福建、浙江两省还多次举行畲族文艺会演。畲族地区设立了民族民间文艺学会，文化工作队，歌舞团、博物馆、革命纪念馆等机构，在开展畲族文化活动，发展繁荣畲族文化事业上做出了积极贡献。卫生方面，除了在畲族地区积极开展医疗预防，保护畲族人民身体健康外，政府还专门为畲族地区举办医护人员培训班，建立畲族乡卫生院、村医疗站，研究使用畲医、畲药。福建省福安市还建立民族医院，闽、浙两省都在省属医学院办少数民族班，培养畲族中、高级医疗、卫生工作专业人才。畲族传统体育得以挖掘、整理和弘扬，畲族地区先后涌现了一批畲族传统体育先进单位。

民风习俗的变迁：随着社会的剧变，畲族社会风俗在最近几十年更发生急变。以民族服饰为例，畲族民族服饰发生了几个阶段的演变。清末以前是畲族改装的第一阶段，男子服饰几乎全部汉化。第二阶段是清末至1949年前。部分地区妇女服装发生改变。1949年新中国成立后至1958年"大跃进"是第三阶段，由于在政治上的民族平等，民族文化的互相交流与传播，畲族地区的服装很快地改变。不少畲族群众认为，解放了，各民族平等，服饰也应"平等"，于是便改装了。而在"大跃进"中，许多人响应号召，献出自己心爱的凤冠银饰等服饰用品，以至民族装束无法再疏理穿戴。如福建宁德畲族是从1958年起改装的，福鼎的畲族也是在此时期不戴凤冠的。第四阶段是"大跃进"到"文化大革命"期间。个别地方，民族服饰也被当作"封建糟粕"而加以革除，但此阶段改装的人数少，规模不大。第五阶段是"文化大革命"结束以后至今。畲族改装的速度和规模达到前所未有的程度。福建的闽东地区所有的畲族乡村都受到不同程度上的影响。畲族近几十年来改装的情况可以从一个侧面反映出几十年来畲族文化变迁的一些情形。

从上面有关畲族历史过程的叙述中，我们认为在把握畲族历史特征的问题上，有几个根本性的历史元素值得强调。一是以高辛帝和三公主为象征的北方历史源头；二是以盘瓠为族群人文始祖的祖先记忆；三是从北到南和从西到东的持续迁徙历程所型塑的民族图腾式的"凤凰山"人文地理情结（也有附以"南京"、"七贤洞"这样类似的地理记忆情结）；四是贯穿古今的山区耕作狩猎生活烙印。这些历史的元素丛，必定系统性地反映在其民族文化的自我表达上，并以民族文化审美的各种形式升华展演。以历史深度把握畲族的民族特征，是我们捕捉畲族艺术文化典型符号的最重要和最关键途径。

三、畲族艺术符号的文化背景

　　民族文化是一种复合物。这种文化复合物就是某一人类群体在社会实践中,为求得自身生存和发展,借助于群体内部的沟通而形成的共同的行为习惯模式及其物质成果以及内蕴其中的思想观念。按照这样的理解,民族的文化可以分为三个组成部分,即物质文化,也就是文化的"器物层",包括人们所创造的物质和精神产品;制度文化,即文化的"制度层",包括人们相互关系规范化的东西;精神文化,即文化的心理层,精神文化作用于物质文化和制度文化,又反映物质和制度文化。在这里,我们即依照人类学这一文化概念的分析逻辑,对畲族的文化进行总体性的、但不是民族志式的概要扫描,目的是为了检视反映畲族历史民族特色的人文成就,以便从中捕捉民族艺术的文化符号象征。

　　(一)畲族的物质性文化(衣食住行)

　　早期畲族的生计方式是适应东南山区丘陵地带的刀耕火种,地力尽而他徙。辅之以狩猎采集。至迟到宋代出现了定耕农作。自此,畲族的农作分为游耕和定耕这两种形态。在闽粤赣交界区域原聚居区的畲族,其定耕和游耕,此长彼消。迁出原住区的畲民农作采用游耕类型,他们在新的移住区逐渐改游耕为定耕。这种以山区地理环境为生存环境的适应,使其在物质生活上基本上是靠山吃山,山地种植和采集所得,是其物质产品的最可靠来源,并具有了山区特色。另外,畲族与汉族由于形成了交错杂居的格局,而在经济上形成一定的共生关系,这主要体现在商品交换。畲族的铁制农具、猎具,还有油盐酱醋、火柴等日常生活用品,甚至部分纺织品,都要在汉族市场交易获得。市场需求也刺激耕猎和山货的采集生产,还有采薪烧炭以及竹器手工业。畲族饮食习俗既反映生产类型和对环境食物资源的利用,也体现民族特色。

　　1.畲族建筑文化

　　(1)畲寮演变

　　畲家宅舍称为"寮"。寮的主要形式有:

　　①茅寮。畲族游耕时期或初迁阶段的宅舍,茅寮分为山棚(山寮)和泥

间(土寮)。山棚(山寮)以树丫架上横条为主架,上盖茅草或杉树皮。泥间(土寮)寮内以数根竹木为支柱与主架,以泥土夯成围墙,或以小竹、菅草、芦秆编成篱笆墙,再涂上泥巴,俗称"千枝落地"墙。

②草房。山棚与泥间的混合体,畲族定居的最初一批宅舍样式,是由茅寮向瓦房转化的过渡性宅舍。整体为以"个"字形、"介"字形和复合"介"字形结构为主的木结构,屋面多为双坡悬山顶,茅草为盖。筑土为墙、墙体低矮、内多统间、门户极小、无特制烟囱。范绍质在《瑶氏纪略》中云:"结庐山谷,诛茅为瓦,编竹为篱,伐荻为户牖,临清溪栖茂树,有翳翳郁目然深曲"。

③瓦房,俗称"瓦寮"。是当今畲族最主要的宅舍样式。以木为柱梁,榫合结构,屋架为抬梁式,上铺木椽,椽上覆瓦,屋面多为悬山顶。四周筑以围墙,土墙前后各开一门。前门正对前厅稍大,后门偏小。

(2)聚落布局

畲家所居均为山地,按以农耕文化之特点,聚落择基主要凭借经验,选择山水田俱佳之处。畲村传统聚落布局和畲寮的特点是:

①散村多于集聚型村庄。散村因极为分散且户数少,故也称为"单座寮"或"几栋厝"。

②少有拘束。虽然没有严格地按风水学理念进行畲寮的内部布局,但十分讲究宅门和灶门的朝向。

③注重实用。畲寮重实用,朴实无华,极少装饰。大多随势建造,少见斜门、假窗等。

④重视种树。畲村的村前屋后注重栽培树木。认为树木能"培荫风水"。畲谚云:"造成风水画成龙。"为此,畲村的村口、后门山或者紧靠村旁的厝兜山都留有拔地参天的松、杉、樟、榕、柯、枫等大乔木。很多宗谱中都有严格要求护卫风水林,不得任意砍伐的家训。

(3)居住形态。

畲寮居住形态注重人畜之别、长幼之别与喜丧之别。畲寮内突出厅堂的重要位置,厅堂居中,卧室都置在厅堂两侧的前后间,前间叫"厅堂间",后间叫"后厅间"。一般户主多住在前间,一旦年老,后辈继任户主,老人便退居后间。新婚洞房设在前间,而病人临危多移至后间,一旦死亡,遗体便安放于后厅。

畲民居住山地,畲寮多为两层。为防野兽侵害,底层土墙围舍较为封闭,用作牲畜和家禽饲养。二层敞开的木构架和大挑檐利于通风遮阳,用作家人居住。随着发展,现在畲寮均用作居住,而把禽畜饲养另辟与居住分开专门用作饲养的屋寮。

(4)建造工艺。

畲家泥瓦匠、"大木师傅"手艺高明,北京紫禁城的建设便是出自畲民"样式雷"之手。畲家建房以族内的大木师傅为主。凭经验绘草图,在家备料,择日进行。一户建房,亲邻相助,责无旁贷,农闲多干,农忙少干,只管酒饭,不付工钱。一派和谐气氛,展现了畲民的团结凝聚精神。

2.畲族饮食文化

明清以后畲族逐渐成为定居的农耕文化民族,逐渐发展起以梯田水稻耕作和定耕旱地杂粮耕作为核心的生计模式,畲族的饮食传统也发展为一种山区农耕文化的饮食传统。

主粮:畲族种植稻谷少,多种杂粮。"种薯种豆以为食","姜薯蓣豆种山椒,叉木诛茅各打寮"。稻谷产量少,所以多以杂粮为食。平时以番薯丝为主食,在重要的节日活动中,常制作富有特色的山区饭菜,有客人来访时才吃一些大米。有特色的主粮是红薯米饭、番薯丝饭、香竹饭、乌米饭、菅粽、横粑粽、糍粑。

菜肴:在畲族的日常生活食物中,除了盐巴以外,其他大都是自己种植的。种植的蔬菜种类也不多,主要有萝卜、南瓜、豆类、丝瓜、洋白菜、空心菜、芥菜等等。有时也向市场购买酱油、咸鱼、虾皮、海带、味精等食品。其具有特色的烹饪菜肴有火锅豆腐、螺贝螃蟹酱、腌菜、炒烟竹笋、炒苦竹笋、生食荸荠竹笋、绿竹笋片汤、绿竹笋片煮蛏干、绿竹笋片焖肉、冬笋肉片、冬笋香菇、鸡茸金丝笋、扑笋等等。

酒饮:畲族人家男女老少皆喜饮酒,乃至以酒代饭。每逢喜庆佳节、结婚生子,大事小事往往离不开酒。一般都是喝自己酿造的糯米酒,加白曲制成的称白酒,调红曲的称红酒,均为原汁低度酒,醇香浓郁,甜美可口。老人爱喝糯米酒,年轻人喜欢番薯烧,妇女爱吃酒炒鸡,小孩乐吃酒娘糟。家家砻米,户户酿酒。主要酒品有糯米酒、地瓜酒(番薯烧)、南瓜酒、蛋鳖酒等。与饮酒有关的习俗有喝定情酒、嫁女酒、上楼酒、暖房酒、认婿酒等等。畲族的饮酒与特有的盘歌、对歌风情结合起来,形成了畲族特色的酒文化。

茶道:畲族山区盛产茶叶。浙江景宁有惠明茶、福建闽东有坦洋功夫茶、广东畲族有洪畬茶。对畲家人来说,园里无茶不成寮,山上无茶不成村,畲山无园不种茶。在畲族中有"茶哥米弟"之说。正月出行要饮新年茶,祭祀要喝敬神茶,婚礼要喝新妇茶,待客也以茶为先。这些场合都要用较好的茶叶。平时家家户户都在灶头置放陶制的大茶壶或茶缸,茶水常年不断。劳动时也茶水随身。除了解渴之茶,以及婚礼茶、敬客茶这样的茶俗,还有用于保健医疗的药用茶。

3.畲族服饰文化

根据调查,畲族服饰类型繁多,不同地区具有各自的特色,尤其头饰的差异更大。早在20世纪40年代,官长塘曾对福建各地畲族服饰做过描述,凌纯声也曾对头饰区分了三种不同的型式,其中福建的一种被称为福州罗冈式,并做了详细描述。20世纪60年代蒋炳钊进一步将福建畲族头冠分为三种类型。20世纪80年代,潘宏立根据田野调查,发现畲族服饰类型的区别,不仅在于头冠的差异,而是与头冠相应,包括发式、衣饰在内整个服饰的不同。也就是说,畲族服饰类型的差异,不限于服饰某一部分的不同,而是从头到脚整副打扮的不同。福建畲族服饰可分为罗源式、福安式、霞浦式、福鼎式、顺昌式、光泽式、漳平式等七种类型。

需要强调的是,畲族妇女服饰具有浓厚的凤凰情结。这种凤凰意蕴首先在晚清时期罗源、连江地区的畲族服饰中出现,并完善于20世纪50年代。其凤凰象征,根植于盘瓠传说中三公主的故事,根植于祖地凤凰山的追远,也受到了汉文化的激发,罗源、连江妇女服饰的凤凰意蕴扩及闽东其他地区,并在20世纪末期影响浙南。由于畲族妇女发型服饰与畲族祖先图腾文化结合在一起,使其成为畲族民族文化的最典型和最显性的标志。

(二)畲族的社会性文化

畲族的社会性文化,指畲族作为一个群体而形成的那些制度性的文化,这些制度性的文化帮助畲族个体结成为一个有组织的群体。这样的群体包括家庭和宗族这样的社会单元与血缘组织、在此基础上建立的村落社区以及如会馆这样的泛社会组织。这些组织和社区,体现了畲族内外的社会关系。

社会单元:家庭是基本的社会单元。在大分散、小聚居的畲族,家庭对于个体社会化的作用较为突出。家庭是畲族社会的基本支撑点。妇女的家庭地位接近男子,未嫁出女可与兄弟同享遗产权。妇女在家庭中的地位比汉族的高。婚姻是家庭确立的先决条件。20世纪50年代以前,畲族社会有男"嫁"女、"做两头家"、"服务婚"、"回头亲"、"对婚制"、"姑换嫂"、"童养媳"

等婚姻形式。男嫁女占有明显比例。一夫一妻的小家庭是畲族家庭的普遍形式。畲族男女婚后通常和父母分居,另立门户,独立生活。兄弟分家时多由舅父主持公道。围绕着婚姻家庭的联结和确立,在畲族社会形成了民族特有"歌为媒"的婚恋风情文化。

自然村落:在闽粤赣交界地区,古代畲族聚落称为"峒"。从闽粤赣交界区域迁到闽东浙南后,因平地和山谷盆地已遍布汉族村庄,畲族受到排斥,其居住环境和方式仍然是依山结庐,"窜居山坳",采取"惹不起却躲得起"的生存策略。

畲民以自然村为单位,聚族而居。自然村以血缘关系为纽带建立起来,大多是同宗族为一村。若是同村不同姓,不杂居,各成聚落。山腰山岙建村,有较大块平地,各家房屋就比较集中,否则就比较分散。随着人口增长,如果没有新的地方另辟新村,村落的民居就有集中的趋向。

社区组织:社区指在一定地域范围有某种社会结构的群体。畲族的社区组织有行政社区、祭祀社区和保卫社区等。

1.行政社区。明清时期,粤东实行"抚徭土官—畲总—畲长"行政管理。畲长为自然领袖,畲总从畲长中选择,而土官一般是熟悉畲情的汉族豪强。清代基本袭用明制。民国时期,各地畲区编入保甲制,在保甲制度下的畲族社区仍保持固有的社会组织。

2.祭祀社区。指共同祭祀某一神明的一定范围的社区。祭祀社区在汉族社会常见,但在畲族地区少见。在畲族村落相当集中的浙江景宁敕木山一带,出现了祭祀汤夫人的祭祀圈。而畲族的迎祖祭祀活动可以说是以传说的始祖盘瓠为主祭对象的祭祀圈。建于畲民蛙跳式的迁居和宗支分蘖,在一定区域,分布着同一宗族的分支。在闽东,有些宗族以迎祖祭祀来维系同一宗族的不同宗支的联系。迎祖祭也叫请祖祭。

3.宗祠社区。畲族社会多以血缘相近的聚居于同一村落,共用一个祠堂。祠堂建立以后,其基本组织是不变的。同一近祖分裂出来的若干家庭称为同一房。当某一族人从一地搬到另一地后,如人口繁衍不多或在新地居住时间不长,一般不另立祠堂,仍然作为一个房的组织迁出,与原迁出地的祠堂保持联系,包括修族谱和祭祖。如果迁出后,人口繁衍较多,在新地居住时间较长,就另建祠堂,另修族谱。其与原迁出地联系变疏。一般来说,畲族是比较不重视祠堂的,他们重视的是始祖盘瓠之祭。在闽东浙南畲族历史比较悠久的罗源县,畲族维系不建祠而祭祖的传统,其祭祖在祖厝进行。

4.民族会馆。会馆是旧时同省、同府、同县或同业的人在京城、省城或大商埠设立的机构,主要以馆址的房屋供同乡同业聚会或寄寓。霞浦福宁山民会馆则是区域性的民族会馆,不同于一般的汉族会馆。畲族是以盘瓠为始祖、四姓为同宗的泛宗族认同,来达成民族认同的,其山民会馆以大宗族为体,以区域性民族组织为用。

畲汉关系:畲汉关系是畲族社会关系的重要方面。早期畲族社会因处深山而被看成是"化外之民",不纳税不服役。唐宋时期,在闽粤赣三省交界区域,畲族与汉族发生越来越频繁的民族互动,这种民族联系充满着矛盾。随着汉文化的传播和畲族社会的发展,畲汉民族的互相了解日益加深,民族融合日益加强。畲汉不通婚发展到畲汉通婚。民族经济联系和文化交流日益频繁,畲汉一家的思想意识日益深入人心,民族团结的兄弟情谊也日益加强。

社会礼仪:社会礼仪是用来处理人事关系,调节人际关系的规则。在畲族社会中,处理男女人事关系的传统社会礼仪最重要的是用来帮助个体社会化的人生礼仪、确定男女婚姻关系和建立家庭的婚姻礼仪;以及用来整合畲族社会内部人员关系的各种社会仪式,包括社会节日活动。其中,畲族的传统婚礼最具民族特色,定亲环节有"歌为媒"和"做表姐";迎娶环节有"难为亲家伯"、"哭嫁",以及拜堂中的"男跪女不跪"的情节等等。畲族社会性的节日仪式,颇具特色的有"请祖节"、"蓝公节"、"会亲节"、"乌饭节"、"敬祖节"等等,这些社会仪式活动,具有纪念祖先、调节人事、整合人心的作用。

(三)畲族的精神性文化

畲族在长期的个体生命体验和社会生存发展的历史过程中,为了适应自然环境、社会人事生态以及神秘世界,形成了自己的精神文化,即对自然的认知、对人类自我的认知和对超自然力量的认知,并塑造了自己的民族心理和意识结构,发展创造了表达情感和意识的方式。这些民族心理、意识、认知和表达,构成了畲族社会的精神文化。它们包括:以盘瓠祖先传说和崇拜为中心的历史意识及其表现,作为这种历史意识象征的各种艺术审美活动;作为畲族民族主体意识的民族心理和民族性格表现;畲族言情表意的音乐和舞蹈;作为对超自然力量的认识及处理超自然力量的方式等等。即:

1.历史的记忆和书写。涉及盘瓠传说故事,盘瓠祖先崇拜及其表现形式(如祖图、族谱、凤凰情结等)。

　　2.畲族历史塑造的畲族民族心理。表现为勤劳勇敢、爱国忠勇、淳朴和静、团结友善。

　　3.情感表达。如音乐(畲歌)、畲舞、工艺(服饰绘画)、艺术文本(歌本)。

　　4.身体的观念。体现在畲族医药、畲族体育等方面。

　　上述关于畲族文化的叙述,意图是从总体系统的角度,把握畲族文化的内容。当然,作为一种复合物的民族文化,其包含的文化元素是丰富的,无论如何观察,我们能够表述的也只是整体的一部分,而不可能是全部。我们要做的,而且能够做到的,只是将畲族文化复合物中最基本的、反映畲族历史过程特征的、具有民族特色的文化内容和文化元素进行抽取描述。在这一个步骤中,我们注意强调那些镶嵌于畲族民族文化系统整体中的"艺术元素",但为了不影响对文化整体的关照,我们并没有对这些文化中的艺术元素进行抽离。这样说,有助于清晰表达我们对于文化与艺术内在逻辑关系概念的理解。我们认为,畲族的文化充满着艺术的元素,而畲族艺术元素本身就是畲族文化的内在组成,而绝不是外在于畲族文化的独立存在对象。畲族文艺元素有机地镶嵌于畲族文化的整体系统的各个链接之中,成为畲族文化系统的有机环节。在尊重这一文化内在逻辑的基础上,我们再试图对那些被整合到畲族文化系统中的"文艺元素"做单独的分析处理。这个过程,是梳理、捕捉畲族文化之文艺典型符号的必要论证步骤。

四、畲族艺术符号的形貌描述

　　厦门大学已故著名人类学家林惠祥在《文化人类学》一书中,列述的人类族群艺术形式有"人体妆饰"、"器物妆饰"、"绘画雕刻"、"跳舞"、"诗歌"和"音乐"。学者易中天在其《艺术人类学》一书里进一步把"建筑"和"戏剧"列入,列述艺术"原始形态"包括工艺、建筑、雕塑、人体装饰、舞蹈、戏剧、绘画、音乐、诗歌。他们的对于艺术形态所做的分类可供本文参考。根据畲族社会的实际情况,我们将畲族的艺术分为三个层面,即物质性的艺术,包括建筑、工艺、服饰;社会性的艺术,包括社交音乐、舞蹈、体育游戏;精神性的艺术,包括民间文学、民族历史审美等,主要是盘瓠祖先崇拜诗性表达、凤凰情结的艺术表现,以及对真善美的艺术表现。

（一）畲族的建筑、器物、饮食、服饰——物质性的艺术

畲族物质文化生活的艺术性，属于工艺性的，主要表现在其建筑艺术、生产生活工具的制作和衣着服饰编织上。

1. 建筑艺术

畲族民居建筑经历了从"草寮"到土木结构的"瓦寮"房屋的变迁。民国时期是畲族民居的"草寮"、"瓦寮"的并存转型期，如浙江省畲族，半数房屋为土木结构的"瓦寮"，半数房屋为茅草或杉树皮为屋顶的简陋土墙房屋。新中国成立后，畲族居住条件得到明显的改善，许多方面与当地汉族已经没有什么差别。

畲族是一个主要居住山区的少数民族。早期畲族过着刀耕火种、迁徙不定的生活，为了适应游耕农业而经常迁徙，所居是茅草竹木的简易搭盖。这种搭盖，是极为简陋的山棚。中间竖起两根顶端有丫叉的立柱，丫上横架着木或竹，两边以若干竹木斜撑，形成架构。然后，在斜木上横置一些细竹或破开的竹条，上端扎于屋顶横着的竹木，下端着地。其上覆盖茅草编扎成的草帘片，以葛藤或竹篾扭扎固定，层层相叠。着地的斜面茅屋顶的两侧，以杉皮、荻草或芦苇加固于竹篾，作为屏障，留一进出口。

畲族早期的这种极其简陋的茅草房叫"草棚"。而"草寮"与草棚稍有不同的是，虽同以竹木为构架，但四周皆为竖立的墙体，即以竹片或芦苇秆为篱墙，有些还涂上泥巴。设前后门，无窗户，没烟囱，大多没有隔间。这种草房一般占地面积只有 20 平方米左右，寮高约 3 米，墙高约 2 米，屋顶坡度在 45 度以上，檐距离地面约 1.5 米，出入都要低头弯腰。直至明清以后定居闽东浙南的畲民，开始也还是此种建筑。后来才逐渐向汉族生产生活方式靠拢，从游耕农业转向定居农业，住房也逐渐向一二层的土木结构过渡。而在畲族中，明清以后所居住的木结构或土木结构的瓦房，叫"瓦寮"，在名称上保留了早期畲族民居的印记。

畲族早期长期居住的草棚、草寮建筑，适应其山地游耕的迁徙生活，在形式上与汉族的房屋有很大差别。从艺术的角度来说，很难说其有多大的成就，我们只能说是因地制宜，因陋就简，与自然环境相融合。

说到畲族在建筑艺术上的成就，有人可能会提到清朝时期著名的"样式雷"，这是清代 200 多年间主持皇家建筑设计的雷姓世家的誉称。样式雷祖籍江西永修，从第一代样式雷——雷发达于康熙年间由江宁来到北京，到第

七代样式雷——雷廷昌在光绪末年逝世,雷家有七代为皇家进行宫殿、园囿、陵寝以及衙署、庙宇等设计和修建。因为雷家几代都是清廷样式房的掌案头目人(首席建筑设计师),即被世人尊称为"样式雷",也有口语"样子雷"的叫法。样式雷建筑世家用智慧和汗水留下了众多伟大的古建作品。样式雷的作品非常多,包括故宫、北海、中海、南海、圆明园、万春园、颐和园、景山、天坛、清东陵、清西陵等。这其中有宫殿、园林、坛庙、陵寝,也有京城大量的衙署、王府、私宅以及御道、河堤,还有彩画、瓷砖、珐琅、景泰蓝等。此外,还有承德避暑山庄、杭州的行宫等著名皇家建筑。总之,中国1/5世界文化遗产的建筑设计,都出自雷家人之手。雷家为中国古代建筑做出了巨大贡献。

雷氏家族的每个建筑设计方案,都按1/100或1/200比例先制作模型小样进呈内廷,以供审定。模型用草纸板热压制成,故名烫样。其台基、瓦顶、柱枋、门窗以及床榻桌椅、屏风纱窗等均按比例制成。样式雷的作品非常讲究选址,并在建筑设计上保证房屋冬暖夏凉,很多建筑工艺就算拿到今天都很先进。同时,样式雷的作品轴线感特别强,例如清东陵,景物和建筑相互对应、紧密结合,真正实现了"天人合一"。

虽然雷氏家族的建筑设计艺术达到了很高的成就,但这些建筑设计却无法代表畲族社会一般建筑文化面貌,因而也不能作为畲族建筑艺术的代表。

2.竹编艺术(花斗笠)

畲族长期生活并适应于山区,利用竹林环境资源,就地取材,制作了富有民族特色的竹编工艺品。精巧的竹编工艺品从材料破竹到染色喷漆需几十道工序。除日常生活用的屏风、挂联、枕头、席子、椅子等外,还有许多造型生动,美观精巧,色彩鲜艳的筐、篮等。如鹅形筐,以鹅身为容体,以回首的曲颈为提梁,以乳白原色竹篾为羽毛,栩栩如生,美观实用。许多竹编工艺品已远销海外,深受人们的青睐。

畲族竹编以斗笠最具民族特色,堪称畲族一绝。其竹篾细若发丝,一顶斗笠的上层篾就有220至240条之多。其整体做工精细,设计考究。从斗笠的外缘看,有两条边和三条边两种。从斗笠的上面看,有斗笠燕、顶、四格、三屋檐、云头、燕嘴、虎牙、斗笠星等多种不同的花纹。斗笠以油嫩剔透的五彩九重篾编织而成,既精致轻巧,又滴水不漏,配上水红绸带及各色珠子,更加耀眼夺目。由于花纹细巧,工艺精致,富于民族特色,是畲族妇女最爱的装饰用品之一。畲族妇女在外出赶集或走亲访友时，都要戴上花斗笠。花斗笠也曾是畲族姑娘出嫁时必备的嫁妆，寓意着勤劳与美好。

随着时间流逝，畲族花斗笠及其制作工艺几近失传。2012年初，在花斗笠的原产地——宁德市霞浦县崇儒畲族乡上水村开展的畲族非物质文化遗产调查中，花斗笠再次进入人们的视线。上水村是一个有着300多年历史的畲族村，是蓝氏大家族聚集地。历史上，这里曾经是畲族手工艺制作的集中地，其产品主要是为了满足闽东一带畲族人的需求，花斗笠就是其中之一。目前全村唯一还会制作花斗笠的80岁老人是蓝兴佺。据他介绍，"花斗笠直径40厘米，用材都来自山里非常考究的竹、叶、藤、清漆等，工艺也很复杂，10天时间、30道工序才能编织出一顶。过去，畲族妇女要靠花斗笠遮阳避雨，后来渐渐演变成一种饰物。"为了保护和传承这项畲族竹编绝技，当地政府在上水村专门为蓝兴佺老人开设了花斗笠传承班，培养传承人。

3. 服饰艺术（凤凰装）

人口相对集中的闽浙两地畲族服饰尚存一定的民族特色，尤以闽省畲家妇女服装特色显著，并因地域、婚姻状态而纷呈异彩。

畲族服饰特色主要体现在妇女装扮上，被称为"凤凰装"：红头绳扎的长辫高盘于头顶，象征着凤头；衣裳、围裙（合手巾）上用大红、桃红、杏黄及金银丝线镶绣出五彩缤纷的花边图案，象征着凤凰的颈项、腰身和羽毛；扎在腰后飘荡不定的金色腰带头，象征着凤尾；佩于全身的叮当作响的银饰，象征着凤鸣。已婚妇女一般头戴"凤冠"。它是在精制的细竹管外包上红布帕，悬一条30多厘米长、3厘米宽的红绫做成的。冠上有一块圆银牌，下垂3个小银牌于前额，称为"龙髻"，表示是"三公主"戴的凤冠。

畲族妇女的服装大多是用自织的苎麻布制作，有黑蓝两色，黑色居多，衣服是右开襟，衣领、袖口、右襟多镶有彩色花边，一般来说，花多、边纹宽的是中青年妇女的服装。她们均系一条一尺多宽的围裙，腰间还束一条花腰带，亦叫合手巾带，宽四厘米，长一米余，上面有各种装饰花纹，也有绣上"百年合好"、"五世其昌"等吉祥语句的。还有的是用蓝印花布制作的，束上它别有一番风采。衣服和围裙上亦绣有各种花卉、鸟兽及几何图案，五彩缤纷，十分好看。另外，有些地区的畲族妇方系黑色短裙，穿尖头有穗的绣花鞋；有的喜爱系入幅罗裙；裙长及脚面，周围绣有花边，中间绣有白云图案；还有的不分季节，一年到头穿短裤，裤脚镶有锯齿形花边，裹黑色绑腿，赤脚。

畲族女子的"凤凰装"随着年龄的不同,有严格的区分。共分大、小、老三种:"小凤凰装"为未成年女子穿着,样式和穿法同"大凤凰装"无异,只是相对简约,显得单纯、活泼、可爱;而"老凤凰装"则是老年妇女穿着,头髻较低,衣服和腰带的颜色、花纹也较为单一,体现出庄重、沉稳的风采。

凤凰装以闽东诸县最有特色,一般为大襟衫。其共同特点是上衣多刺绣。尤其是福建福鼎和霞浦的女上装,在衣领、大襟、服斗甚至袖口上都有各色刺绣花纹图案和花鸟龙凤图案。在气候热的地区,妇女们不分季节都穿短裤,裹绑腿,腰间束彩色条带。头发盘梳在头顶上,成螺状或者盘状,上绕红色绒线。

但各地的服装又略有不同。福安的凤凰装上衣沿服斗的边上缝一条3至4厘米的红布边,边下端靠袖头之处绣半个方形的角隅花纹。畲家称,这是上古高辛王赐封时所盖的金印。福鼎女服在右边襟袖间有两条比衣襟还长的红色绣花飘带。霞浦县畲女上衣尺寸特异,即前后裾等长,大襟上有服斗,小襟上也连做一个服斗,便于翻穿,做客时穿正面,日常在家穿背面,同时衣服按绣红色花边的多寡分为"一红衣"、"二红衣"和"三红衣"。

畲族妇女装束最重要的特色在于其承载这畲族的历史和文化信息。相传畲族的始祖盘瓠王因平番有功,高辛帝把自己的女儿三公主嫁给他。成婚时帝后给女儿戴上凤冠,穿上镶着珠宝的凤衣,祝福她像凤凰一样给生活带来祥瑞。三公主有了儿女后,也把女儿打扮得像凤凰一样。当女儿出嫁时,凤凰从广东的凤凰山衔来凤凰装送给她作嫁衣。从此,畲家女便穿凤凰装,以示吉祥如意。另一说法为,畲族始祖盘瓠王率领族人征战南北,后移居宝地广东凤凰山繁衍生息,为了占山为王,遂以传说中美丽的凤凰为本族人的图腾符号,凡本族人生下女儿,均赐予凤凰装束,世代相传,沿袭至今。但无论何说,都与族源认同和祖先记忆有关,并内化为日常生活实践的逻辑。有些畲族地区把新娘直接称为"凤凰"。因为新娘具有"三公主"的崇高地位,所以在新郎家拜祖宗牌位时是不下跪的。

4.饮食之道

畲族山区盛产茶叶。畲民依山结庐聚居,垦山为食,很早就植茶制茶、饮茶,留下"畲山无园不种茶的谣谚"。其民不仅种茶饮茶,而且善于制茶。浙江景宁畲族制茶讲究精良,互赛高低,历来佳茗送出,旧时为州县的贡品,称为"惠明御茶"。清代学者严用光《惠明寺茶歌》赞叹曰:"敕木峰高插苍昊,山中茶树殊超伦"。惠明茶"肥壮卷曲、银豪显露、甘醇爽口、香郁持久"。

　　畲民认为茶能解渴、提神、清目、祛病、健身，故素重饮茶，并以之为俗，有"茶哥米弟"之说。日常生活里要用茶，节日和重要场合更离不开茶。正月出行要喝"新年茶"、"出行茶"，清明要喝"清明茶"、"敬神茶"，十二月要喝"送神茶"，春节要喝"春节茶"，婚礼要用"茶礼"、喝"新妇茶"，要给母舅敬"九节茶"，新人要"食蛋茶"。而丧礼上，"祭动身"、"宣娘家"要用茶。礼俗上有"擂麻茶"、"打油茶"。畲族风俗离不开茶，"无茶不讲话"，养成了"日不离茶"的常年喝茶习惯。

　　畲族的婚礼茶颇具特色。畲家姑娘出嫁上轿前，要用茶叶拌米谷贮藏在樟木八角红漆茶盘中，边唱"分酸"歌，边向厅堂撒茶米，意为娘家播下茶种谷种，日后能添丁发财。有的地方在姑娘花轿出门时，以一碗茶叶拌米谷撒向轿顶，祝福他们一路平安。有的地方新娘花轿到达夫家时，由新郎的姑母手执托盘安上两杯清茶向轿里晃一晃，新娘立起递上红包，并把随身带的花生、米花之类"茶泡果子"抛撒出轿外，让孩子们争捡，然后新娘才下轿拜堂。

　　闽东一些地方，新婚之夜新娘要向舅公敬"九节茶"。意为舅公为首饮新娘第一杯糖茶时，压在杯底的红包要用"九节薯郎"那么大（现钱要逢9，如9元、19元、29元）。在新娘过门之前，亲家嫂要向前来接亲的亲家伯敬"宝塔茶"。他们像耍杂技一样，在红漆樟木八角茶盘上将五大碗茶像叠罗汉式地叠成三层——一碗做底，中间三碗围成梅花形，顶上再压一碗。饮茶时，亲家伯要用牙咬住"宝塔"顶上的一碗茶，以双手夹住中间的三碗茶，连同底层的一碗分别递给四行"行郎"（轿夫），他自己一口喝掉咬着的那碗热茶，才算功夫到家。要是翻碗或泼溅茶水，就会遭到亲家嫂们的善意奚落。

　　畲族的另一饮料是酒。有关记述畲族饮食习俗的历史资料中，都记载了"畲民嗜酒"。的确，畲民的生活离不开酒，不但节庆之日喝酒，农忙之时喝酒，而且当你到畲家做客，主人会双手捧上一大碗热气腾腾、清香扑鼻的"米酒"，看着你一饮而尽。

　　畲民制酒工艺历史悠久。畲民最早酿酒，不是用米曲，而是用一种草药，畲民称之为"土莲香"。传说在很久以前，一个叫莲香的畲家妹在宰相家煮饭。起早摸黑，工作很辛苦。因为太累，有一天起床晚了，怕误了宰相上朝，过于匆忙，不小心手被锅沿划破，血滴到饭里，宰相也不在意，吃了进去。早朝时，皇上见宰相满面红光，年轻了几岁，问其原因，宰相答不上。宰相回到家问畲客女，早上给他吃了什么？莲香告诉他早饭中有她的血。第二天宰相上朝，把昨天早饭的经过全报了皇上。皇帝就想，你宰相吃她一滴血，年轻了几岁，如果我吃了她全部血，不就返老还童了吗？于是命人把莲香抓进宫，抽她的血来做饭，皇帝吃了之后，果然也满面红光，年轻了几岁。越年轻，就越想补。莲香的血被抽干了，不久就死了。畲民们把她的尸体埋葬在畲山上。后来墓上长出三根像莲香花一样的草，开出三朵花，又香又好看，畲民们称其为"土莲香"。畲民们把其采来插在饭上，纪念莲香，结果饭慢慢地变稀变红，变成了酒。喝了这种酒，个个红光满面，越来越年轻。从此以后，畲民们就用土莲香来酿酒。

传说无可考，但畲民用这种花草酿酒，却是事实。如今，畲民酿酒，分两步进行，先是制曲，再用曲酿酒。制曲，畲语为"做酒米曲"，有用花草发酵，也有用"酒脚"，也就是酒缸底不清的部分，与米粉一起发酵，制成"曲娘"。用早米浸泡一天，捞出蒸熟，倒在地上摊开，待不烫手时，用曲娘拌米，拌到米不结团，每颗米沾上曲娘为止。然后，把曲米堆成一堆，用布袋等将曲米盖好。约一昼夜后，曲米发烫，千万不能等到曲米冒烟，如果冒烟，就没用了；但也不能太早，如果没有发热，说明发酵的不够，也不能做成酒曲。曲米发酵到手烫，立即把曲米装入筐内，放到淡石灰水中浸泡一下，干后倒在地上，待曲米发热时，把曲米慢慢地摊开，第二天再浸泡石灰水，反复三天，曲米变白，七天后变红，酒曲就成了。这是红曲，黑曲与绿曲的制法相同，只不过是曲娘的颜色不同而已。

酿米酒时，将自产的糯米浸涨用饭甑蒸熟，称"糯米酒饭"，倒入缸中，拌以自制的酒曲，加水发酵。曲与米的比例是"加二"或"加三"。"加二"，就是一斗米掺二升曲，酒的浓度较低；"加三"，就是一斗米掺三升曲，酒的浓度较高。水与米的比例，小缸是一比一，大缸是一比一点五，米为一。如果要早点出酒，那么要用开水，因开水制出来的酒已是"熟酒"。不用烧开，只要热一下就可以喝；而且水和糯米饭的温度要高一点，以 40℃～50℃ 为宜，这样三五天就酵出酒来。当然，只是急用时才如此，酒的质量也差一点，是不得已而为之。一般用生水，水与饭拌的温度在 30℃ 左右，水比酒饭高出 20cm 左右。经过约 24 小时，饭涨不见水，进行"开缸"，也就是用木棍把酒饭搅拌一下，这个时间是酵酒的关键，搅早了，难以发酵，做不出酒；搅晚了，酒饭面出现大隙缝，做出来的酒就是酸的。

畲民最喜欢酿的酒是"十月缸"，就是在农历十月份酵酒，因为这时有了糯米，天气又暖和，可以做好酒。一般一家做一大缸，然后分成几个小坛，最好的"缸面清"，放到第二年春耕大忙请人帮工时用；余下的春节享用；第二次再加水酵成的叫"二老爷"，味较淡，留着平时自己饮。用酒当水，再酵酒，就是"加饭酒"。用草药煎水酿酒，酿出的酒是药酒。用早米酿的酒称之为"早米酒"，用麦子酿的为"麦酒"，用番薯酿的叫"薯酒"，多数酿"番薯酒"。酿酒后的下脚料是"酒精"，加上煎糖后的下脚料，拌在一起，闭于坛中，月余，再蒸出蒸馏水，就是"白酒"。冬季晒番薯丝时，要一天干，如果二三天，就会发酵。南方遇到雨天是经常的事，番薯丝干不了，发起酵来，畲民就将计就计，干脆将其煮熟，拌上曲或酒糟，封于坛中，把其蒸出蒸馏水，这就是"番薯烧"，其酒精度可达 50％以上。在这种白酒中放入草药、蛇等，又是一种"药酒"。

畲族酒文化之美，体现在酒与社会的关系方面。酒在畲族青年缔结婚姻的过程中起着十分重要的作用。畲族青年男女通过对唱山歌而自愿结合，或者经过媒妁之言而结合。在结婚过程中，一般要经过三个阶段，每个阶段都离不开酒和酒宴。

第一阶段"说亲"。男方托媒人去女方说亲，媒人拿着男方准备的一斤面条到女家去征求女方家长是否同意与男方结亲，此时，女方家长一般并不正面回答。招待媒人吃过酒饭后，如果说："你回去不要来了"，就表示不愿意结这门亲事；如果说："你回去再来吧"，就表示有商量的余地，但不收面条。当媒人第二次来后，女方家长仍不收面条，只对媒人说："你再来吧！"到了第三次，才收下那一斤面条，就算口头同意了这门亲事。女方同意后就会请本房亲戚来吃面条，借此向亲友宣布这门亲事。

第二阶段"定亲"。由媒人带着手镯一副、银戒指一个、面一斤、红糖一斤、红糕二对（四块）、鱼二对（四条）到女方家议定聘金数目和酒的数量，叫作"送定"。此后，仍由媒人带去面、红糖各一斤到女方家讨年庚，以便择吉完婚。当男方把吉期选定后，由媒人带面、糖各一斤去女方家提出婚期；女方宴请舅父、姑父等亲戚，叫作"请媒人"。席间，女方家长对媒人提出的结婚日期如无异议，就向媒人提出要衣服几套、绣花布鞋几双、彩礼多少等等。媒人带着女方提出的要求，回到男家，男方也摆宴席请自己的亲戚，由媒人逐项宣布女方提出的各项要求，使亲戚们都知道。然后，由媒人送去礼金。新郎于婚前的两个月，亲自送去女方酿酒待客所需的糯米（每席酒 5 千克糯米），另加三斗，备做酒时吃。

第三阶段"娶亲"。男方娶亲队伍于举行婚礼之日的前二天到女方家。

到后,女方请吃"落脚酒"。饭后,由男方准备第二天请女方亲戚的菜肴。男方在女家备办酒席,首先要当"当门赤郎"唱"借锅"歌。男方在女家菜肴做好后,一开始就由"阿姨"、"姨姆"唱劝酒歌。劝酒时,米筛上点一对蜡烛、二杯酒,被劝酒的人要给红包,一般只给一个。唯长舅不同,劝他喝酒时要唱:一双酒盏花来红,奉上酒宴劝舅公;劝你舅公吃双酒,酒宴完满结成双。舅公喝一杯,给一个红包,喝第二杯酒,要再给一个红包。此外,如果劝酒所收的红包是单数,舅公还要拿一个出来凑成双数。

　　除了男女缔结婚姻,畲族社会个人之间联络交往怡情也需要酒。畲族谚语:"无酒难讲话"。酒令云:"三字同头左右支,三字同傍清淡酒,若是左右友,示造清淡酒,若无清淡酒,难敬左右友"。有酒,就有话可说,起着人际交往、沟通、联络感情的作用。畲族的主食粗糙简单,一般不会请人吃饭,都是酿了酒后,才说,"我家中酒酿好了,请来喝上二碗吧"。到别家串门,主人请你吃饭,一般不会留下来吃,倘若请喝酒,自然都会乐意,且不会觉得不光彩。喝酒时,主人倒上一碗满满的酒,说:"酒是体个(自己)做的,请品尝。"接下来又说:"酒淡不成敬意,一碗联友谊,二碗祝如意。三碗庆丰收,多喝几碗,延年益寿。"而且总是不断地说:"没有菜,酒多喝一碗。"酒文化也同汉族一样,想方设法让对方多喝。开始也是"甜言蜜语",接着是"和风细雨",后来就是"豪言壮语",达到无所不说的程度。酒,加强了族人的凝聚力与向心力。一个人在家自饮,慢慢喝上二碗,除了消除疲劳外,还可以消除烦恼,赏心怡情。

　　畲族重要的社会场合,需要营造喜庆氛围,也少不了酒。节庆日、喜事之时,没有酒,就不算是过节,不是喜事,不是请客。礼俗离不开酒,建房时是"树寮酒",上梁时有"上梁酒",过生日称"生日酒",定亲称"定亲酒",嫁女是"嫁女酒",娶亲是"讨亲酒",完婚后还要请"佳期酒",祭祀祖先是"祭祖酒",人死后讨位称"讨位酒"——都冠以酒。酒桌上,族人、亲戚、朋友,相聚一堂,喝着一碗碗的酒,情同手足,增添了喜庆的气氛。畲族在正月十五夜,由头年家中有添子婚嫁等喜事的人家出酒,全村各家出食物,举行聚餐乡饮,歌舞、赛拳(畲族武术很有名),欢庆通宵。

　　(二)畲族的音乐——社会性的艺术

　　畲族的音乐具有十分久远的历史。但在理论上所追溯的畲歌历史,至早只至宋代。畲族音乐的歌词既是畲歌的文学部分,也是畲族文学的主体。

31

畲族民间文学非常丰富，包括有山歌、民族起源等神话传说、民间故事、谚语、谜语、儿歌等等。畲族认为，歌言是畲族祖先所造并成为礼俗而世代相传。畲歌唱道："歌是原底祖公礼。"《歌是山哈传家宝》唱到："水连云来云来天，山哈歌言几千年……祖宗代代无田分，留下歌言分子孙，歌是山客传家宝，千古万年世上传。"《祖公歌》唱到："人莫断祖公礼，一代过了一代唱……什么人断开祖公礼，疑是番邦野人养。"又有"歌是山哈写文章，大小男女学点唱，谁人不学山哈歌，不是祖先盘瓠生。"以"祖公礼"为印记的畲歌，成为民族认同的标志。反之，以始祖为符号的民族认同，维系着畲歌，成为不竭的长流水。畲歌的器乐以及舞蹈，基本上出现在醮仪音乐舞蹈里。传说中的盘瓠王"裹红巾执银铃"，"踏罡步斗"，恰似畲族醮仪音乐舞蹈的祖师。始祖崇拜宛如主旋律之魂，穿越于畲族音乐舞蹈史的千年时空。

根据研究，畲族民歌有若干个基本音调，若干个地方音调归属于一个基本音调。在闽东，有六个地方音调。郑小瑛在1958年的调查报告中说："（我们在7个县）发现了4个不同的曲调，这四个曲调的调式、节奏、音程进行等方面都有一些共同的，可以称为是畲族山歌调的基本特点，但又因语音音调与各地区的爱好而不同"。根据蓝雪菲的研究，畲族民歌有四大音调，即闽浙调、罗连调、顺文调、闽皖调。而闽东畲歌的地方音调有六个地方音调，包括福鼎调、霞浦调、福宁调、罗连调、古田调和永泰调。其中罗连调特点突出，与闽浙调并列为畲歌四大音调中的两大音调。浙南畲歌有四个地方音调，包括丽水调、景宁调、龙泉调和文成调，涵盖浙中、浙北地区。

畲族的民歌分为两类，一类是长篇叙事歌，包括畲族的历史传说歌、小说歌和时政歌，长篇叙事歌俗称"正歌"；另一类是"杂歌"，即所谓山歌，两者统称民歌。长篇叙事歌分三种：一是历史传说歌，其中最重要的是祖公歌。祖公歌是民族史诗，特别是《高皇歌》（也叫《龙麒王歌》、《金龙歌》、《龙皇歌》、《盘瓠王歌》等），在畲歌里具有崇高的地位。祖公歌还有《麟豹王歌》和《封金山》等。二是小说歌，又称"全连本"或"戏出"，也叫"大段"，约有100多种。其中有关本民族流传的杰出人物的长篇叙事诗，取材于本民族的历史文化，具有很强的民族思想性和较高的文学价值，如《钟良弼告阻考》、《插花娘》、《钟景祺》、《蓝佃玉》等。三是时政歌，指现代畲族所经历的政治斗争的叙事长歌，如《景宁山哈打盐霸》、《蓝大嫂打游击》等。

畲族的杂歌，可长可短，数量极多，内容丰富，富有艺术魅力，或是即兴创作，或是即兴创作的精品而流传。畲歌一般七字一句，但在杂歌中，也有在头句是三个字或五个字的。杂歌的内容,主要是表现爱情,以及劳动和各种日常生活、礼仪等,或议事,或咏物,或抒情,或兼而有之,形式多样,语言生动活泼,讲究比兴,山野气息浓郁,情感淳朴真挚,是畲歌的精华。主要有情歌、劳动歌和礼俗歌等。

畲歌山歌曲调,朴素单纯,具有高亢、健朗、自由、舒展等山野风格。曲调虽有地方性差异,但在结构、调式、节奏、旋律等方面都有许多共同点,形成了鲜明的民族风格。畲歌以轻声细语为特色,它追求的不是奔放,而是纤细之美。唱畲歌或用假声,或用真声,或真假声结合。畲歌以对唱为主,还有独唱,很少有齐唱。畲歌有地方音调的变唱,尤以双音为著名。

畲歌艺术的人文之美,在于畲歌艺术的生活化,它是完全融入于畲族社会生活日常的艺术,是与畲族日常生活水乳交融的艺术。比如对于情歌对唱而言,畲族因处于山区环境,居住分散,交通不便,不利于青年男女的相识聚会。与这种生活环境和生活方式相适应,能够突破地理限制的音乐成为青年男女相识相爱的媒介,畲族青年通过畲族音乐来表达男欢女爱之情,于是在畲族社会中,音乐成为一种社会性的艺术,就是用来联系男女、帮助男女青年表达爱情、组成社会家庭的艺术。

(三)畲族的绘画、舞蹈——心态性的艺术

我们在这里将畲族社会中那些用于或服务于宗教活动的艺术形式,归为心态性的艺术。这种艺术形式如用于祖先祭祀活动的祖图,以及醮仪音乐舞蹈等。

1.祖图——畲族的绘画

畲族祖图又称"长联"、"太公图"。现在闽东、浙南、粤东和闽西南,留存的祖图,绘制时间都是清代,年代最早的是"漳平赤水乡雷姓族人藏"的祖图,绘制于康熙四十四年(1705年)。祖图是展示盘瓠传说的连环画,质地通常是棉布、细麻布,有的用绢帛,个别用纸质。采用平图勾勒填色,浓墨重彩,以长条状的横幅长卷居多。有的横幅分为前后两幅,有的是直幅多"屏"组合,也有的是单幅轴卷式。每图的上方配有文字说明。畲族祖图是畲族社会中最重要的、与畲族历史相联系、反映畲族历史的绘画图卷。它以图画的形式,通过具体生动而又富有宗教神话的意味来表述畲族的历史,体现的是畲族人民对祖先的怀念、对民族历史的记忆。

2.醮仪音乐舞蹈

醮仪是祈福禳灾的祷神驱邪仪式。从闽粤赣原住区的"由来风俗好呼巫"，到闽东浙南的"俗借师巫驱鬼祟"，畲民驱邪迎祥的醮仪活动一直延续着。醮仪的核心是祷神，而祷神则须娱神、感神，最早的音乐舞蹈的产生可能与祭祷神灵有关，而后形成专门祭祷神灵的音乐舞蹈。根据调查，畲族的醮仪就其内容可分四类："做福"醮仪、祭祖醮仪、对亡者的救度醮仪、奏名传法(醮名)醮仪。在进行醮仪的时候，巫师"裹红巾执银铃"是标准的醮仪形象。主要是师公口吹龙角，手舞灵刀，在锣鼓敲打声中，边唱(或念)边舞，有独人、双人、四人或集体舞，舞姿舞步多为狩猎动作。

在整个醮仪演示过程中，音乐是作为科仪中的巫道法术的实施手段之一，与不同醮仪的各种程序的内容融为一体。其仪式的完成以浩繁的科仪卷本为基础，依醮仪各个不同主题项目的确立而重新加以选择、编排。科仪本中须用人声加以诠释的是大量的咒、诀、经牒及某些具体法事。从音乐的角度来看，其人声表达伴随着有声乐的念诵和歌唱。

醮仪的歌唱的曲调类型有两种，一为当地"嬲歌"基本音调的变体，另一种则为师传或家传的互不相同的特性音调。后一种是做禳灾纳祥的道教科仪的音乐，有两种传承：一种是当地汉族的道教音乐。另一种是在闽粤赣接合部原住区，畲族祭师以巫术作法的畲巫传统。在闽东浙南移住区，畲族祭师学习当地汉族道教的民间派系即三奶教，改用以法术作法，其醮仪音乐也就采用当地所师承的当地汉族道教音乐，这是闽东浙南畲族醮仪音乐的主体。而原来畲巫的传统也可能随着迁徙转移到闽东浙南区域。

除了念诵歌唱的声乐，在醮仪活动中还有醮仪器乐。它是人与神鬼交流的中介，特别是法号之鸣和和锣鼓之声，尤具有通神和摄鬼的功能。

醮仪音乐和醮仪舞蹈相随进行。畲族的舞蹈几乎都是祭祀中的巫舞，是畲族法师跳的。清代描述闽西畲族祭祀中的巫舞，有诗云："由来风俗好呼巫，祭赛刑牲也自娱，好是击铙歌且舞，挑灯直到跃阳乌。"此即是载歌载舞的畲族巫舞。畲族巫舞基本动作的风格特点是"踏、步、蹲"，即左脚向右脚前侧斜进一步，同时双膝往下弯曲成蹲状，或右脚向右侧斜进一步，左脚踏在右脚后，同时双膝向下弯曲成蹲状。不仅手势、蹲腿、独脚、抖肩、翻滚、旋转等舞技的表演，造型独特，丰富多姿，而且技术精湛，难度较高，具有稳健、庄重、典雅的风格，整个舞姿和谐优美。畲族法师"踏罡步斗"等作法时的舞蹈可能师承自汉族法师，至少师承了大量的汉族道教的舞蹈元素，而与祭祖相关的舞蹈最可能是畲族传统祭祀舞蹈的传袭。由此也可看到始祖崇拜对于畲族舞蹈的维系和影响。

畲族传统民间舞蹈主要有祭祖舞蹈、行罡舞蹈和醮名舞蹈。

（1）祭祖舞蹈：即祭祀祖先的舞蹈，与盘瓠图腾祖先崇拜有关，集中表现在始祖祭祀活动中，尤其是迎祖活动。畲族祭祖一般在祠堂或祖厝大厅，由本族法师设法坛祭祀，开祭时跳祭祀舞。参加祭祖的人，集于祠堂中，进祠堂门时，半跪蹲行进。法师在请神安位、开谱和悬挂祖图、请祖安位以及祈求福祐中，都有舞蹈动作。迎祖，俗称"请龙头公"，是同宗的若干宗支组成祭祖祭祀圈，在进行交接"祖亭"的仪式。1958年郑小瑛等在宁德访问曾主持或参加迎祖的法师和群众，了解到在甲村的法师或长老要请走龙头杖，而乙村的法师或长老佯装不愿让甲村取走时，有一些又歌又舞的动作。20世纪50年代以后，文艺部门有人根据畲族祭祀舞蹈的素材，整理、改编、创作出《踏步舞》（后来又改称《捕猎舞》）、《龙伞舞》、《婚礼舞》、《龙头舞》等。

（2）行罡舞蹈：是一种祈福性的舞蹈。法师作法有独特的步法，"行罡"即在三十六颗天罡星组成的星斗上行走，从而产生驱邪纳祥的效果。文艺部门根据畲族传统行罡舞蹈的素材，创作新舞蹈《祈福舞》。《祈福舞》系独舞，角色男扮女装，以草席、魔蛇、令牌、龙角、铃刀等法器为道具，行走"罡步"，表现驱鬼、求神、消灾、添福的法事过程。舞蹈分三段：一是"打案出厅"，表现驱鬼；二是抽兵马"行罡"，表现求神；三是"行九州出山"，表现奶娘舍命救民。《祈福舞》属于武科，舞姿多彩，技艺较高。舞蹈动作刚健有力，以"开步"、"双辗步"、"八字步"为主，手脚身法变化起伏大，音乐仅以锣鼓伴奏。

（3）醮名舞蹈：醮名祭祖仪式是畲族男子成年后举行的仪式，为历史悠久的男性成年礼。在闽东，醮名也叫"传法入录"、"奏名传法"；在浙南也叫"传师学师"、"做聚头"等。在醮名祭祖仪式活动中，有单人、双人、四人和包括学师者的传师学师人员12人，踏着锣鼓、龙角的节奏，同唱同舞的舞蹈。有"造五营寨舞"、"造老君殿舞"、"造水洗坛舞"、"过九重山舞"、"学师求乞回家舞"等。

（四）游戏、竞技——强身保健的艺术性

1. 游戏

游戏主要属于少年儿童体育娱乐活动，有助于促使少年儿童身心发展。

在游戏中，少年儿童的运动器官得到很好的锻炼，他们学习如何使用肌肉，发展视觉和动作的协调能力。通过游戏，少年儿童的各种心理过程能更快更好地发展起来。畲族少年儿童的游戏，有如爬树、射竹、摔跤、扳手劲、打弹弓、打竹秋千、老虎吃猪仔、孵小鸭、放纸鸢、扭扁担、弹花毽、打陀螺、跳水牛、孵鹅蛋等。

模拟动物的游戏，是畲族儿童游戏的特点，颇有民族特色，反映了畲族历史上传统的狩猎生活方式。如"虎抓羊"（或名'老虎吃猪仔'）、"猴子抢蛋"（与孵鹅蛋游戏相似）、"猴子占柱"等。

2.竞技

在长期的生产劳动中，畲民还创造了很多有趣的竞技活动，这些竞技活动，反映了畲族尚武精神和热爱劳动生活的性格。比较有名的传统竞技项目有"打尺寸"（流行于闽东浙南）、"操石磉"（流行于浙南）、"骑'海马'"（流行于霞浦、福安沿海地带）、"扭扁担"等。

新中国成立后，文体工作者将畲族劳动因素和武术因素整合发展为体育表演项目，如闽东的"打抢担"表演项目，吸收畲拳畲棍中的拔、挑、架、劈等对打动作，融体育、武术、舞蹈为一体，成为畲族传统创新体育表演项目的经典。

武术属于竞技体育项目，是一种强身健体的身体艺术。畲族武术，主要分为拳术和棍术两大类。拳术主要有"金斗洋畲家拳"（福安金斗洋畲村）、"八井畲家拳"（罗源八井村）、"双华畲家拳"（福鼎双华畲村）和"蓝技拳"（明嘉靖间蓝松三所创，曾流行于粤东闽南，已失传）等；畲家拳融畲族传统功夫和少林武功与一体，具有畲族独特的风格，而以福安金斗洋畲家拳最具代表性。棍术主要有"齐眉棍"（俗称"柴槌"）、"丈二棍"（又叫"长槌"）。

畲族武术与盘瓠信仰和祖先崇拜有着密切联系。在粤东，畲村的祠堂或作为练拳场所，有的称"武馆"。据了解，畲民习拳目的是继承远祖盘瓠的法术，荫其子孙"累朝护国"，健身自卫。

结语:畲族艺术文化的典型符号

畲族艺术文化的典型符号，应该是最能体现畲族历史文化特征的符号，是最能体现畲族历史文化特征内涵的艺术性符号。

畲族历史文化最重要的、最核心的特征内涵是什么？通过学术界数十年对畲族社会历史文化的论述、梳理、分析,我们发现,畲族既没有共同地域也没有共同经济,语言除了接近客家话的畲语外,还有苗瑶语族苗语支的语言,他们始终保持对始祖盘瓠的信仰,这个信仰贯穿在祖图、族谱、祖杖、传说、山歌、服饰、习俗、祭祀等方面,在畲族文化中占有重要的地位,对于维系民族内部凝聚力和加强民族自我意识起着重要的作用,使畲族保持着自己的文化特点和民族意识。以盘瓠信仰为核心的"表现于共同文化上的共同心理素质"起着维护畲族发展的作用,成为维系民族文化界限的决定性力量。这一民族自我意识的纽带,构成畲族文化最根本的特征。

盘瓠传说在畲族历史文化中占有核心的地位。它是畲族认同的核心标志,并延伸出凤凰山祖地认同。盘瓠传说以拟人化的手法,把盘瓠描绘成为神奇、机智、勇敢、英勇杀敌的民族英雄,被畲族尊称为忠勇王,推崇为畲族的始祖。这个传说是具有神圣意义的民族起源的信仰,不但家喻户晓,口口相传,而且把这个信仰贯穿到他们的头饰、服饰、舞蹈以及宗教仪式中,反映了畲族原始氏族图腾崇拜的心态。盘瓠信仰渗透到畲族文化的各个方面。它在畲族家族信仰和家族文化中的能量巨大,几乎畲族重要的家族行动多有盘瓠信仰的痕迹。盘瓠传说所内蕴的忠勇精神对畲族民族性格起着塑造的作用。在一定程度上,我们甚至可以说畲族的文化就是围绕着盘瓠图腾崇拜和祖先崇拜而形成的"盘瓠文化"。这个"盘瓠文化"的主要内容和元素、特质包括:盘瓠图腾象征、盘瓠祖先崇拜和祭祀、盘瓠传说、祠堂、香炉、族谱、祖杖、祖图、三公主、凤凰装服饰、凤凰山记忆、山区、狩猎游耕、山歌、祭祀舞蹈、山区游戏竞技等等。

那么,那些承载着"盘瓠文化"意义内涵的畲族社会人文事象,就是典型的畲民族符号;而最能体现畲民族盘瓠文化内涵的艺术文化符号,即是畲族艺术文化的最典型符号。依据这一文化标准,我们判识和确认最典型的畲族艺术符号如下:

1. 盘瓠图腾:包括描绘始祖盘瓠形象、用绘画描述畲族祖先历史故事、叙述畲族民族起源的祖图、象征盘瓠的图腾标志"祖杖"(也叫盘瓠杖、龙首杖)。畲族将盘瓠传说用祖图这种连环画形式来展示祖先来源的历史,这在中国南方少数民族中是唯一的。即使与畲族同源、也有盘瓠传说的瑶族、苗族,也没有祖图。

2. 香炉:畲族人家都有一个象征历代祖先的香炉,在流离迁徙过程中,其他物品能丢,唯香炉不能丢。定居后,要在住房中堂安放祖先香炉,并贴上红纸墨书的"榜词"(如"本家虔奉堂上高辛皇氏敕封忠勇王汝南郡长生香火祖师历代合炉祖宗之位"),这种"香火榜"榜文显示畲族家户所祭的祖先统属于盘瓠的名号之下,反映家庭的祖先崇拜与盘瓠崇拜不可分离的关系。

3.畲族姓氏:盘、蓝、雷、钟。根据畲族的盘瓠传说,畲族的祖图、畲族的史诗《高皇歌》,都生动地叙述了畲族姓氏盘蓝雷钟的缘由。这四个姓氏单独不能表示民族属性,但是放在一起就与"畲族"相互联系,成为畲族的姓氏符号。可以作为艺术舞台的文化背景符号。

4.联文:"安邦定国功建前朝帝喾高辛亲敕赐,驸马金卿名垂后裔皇子王孙免差徭"。这是闽东浙南地区畲民住房或祖祠厅堂两旁大柱上常贴的一副对联,用简洁的对联语言概括畲族祖先历史。畲民祭礼、婚礼上也常张贴这一对联,以表追远念祖之意。

5.《高皇歌》(或《盘瓠王歌》),这是畲族最重要的历史歌谣,主要是颂扬始祖盘瓠传奇的一生,追忆盘瓠子孙的生活和迁徙。它所承载的盘瓠传说是畲族虽长期散居却经千年仍一体的最核心的民族凝聚力之所在。

6.舞蹈:畲族舞蹈与盘瓠信仰关系极为密切,经过发掘编排,整理出《祭祖舞》(祠堂祭祖上供时半蹲式舞步)、《龙头舞》和《迎龙伞舞》(纪念盘瓠征番凯旋为驸马)、《迎祖舞》、《独脚舞》、《铃刀舞》和《行罡舞》(迎祖游行回祠堂后继续祭祖时出现)、《安祖舞》(传师学师和做功德)、《传师学师舞》(体验盘瓠艰辛经历)、《猎捕舞》(原为踏步舞,祭祖时出现)。

7."凤凰山"人文地理图腾。凤凰山出现在畲族的盘瓠传说里,被视为畲族的祖地,是凤凰公主生活之"山",是畲族社会的发祥地,是各地畲族想象的精神家园。

8.高辛帝女儿"三公主",这是畲族历史记忆中的女性始祖,是畲族之母,享有崇高的地位,三公主头戴"凤冠"、梳"凤凰妆"、穿着"凤凰装"。

9.畲族妇女服饰。畲族妇女服饰与盘瓠图腾信仰有着非常密切的联系,是其图腾信仰的外化。畲族妇女服饰可谓畲族文化艺术最典型的民族文化符号。

10.畲族音乐。畲族音乐既是畲族盘瓠文化的内容,也是畲族盘瓠文化的重要表现形式。因为畲民认为,歌言是畲族祖先所造并成为礼俗而代代相传。畲族的音乐与畲族山区生活相联系,也与畲族各种社会活动(祭祀、舞蹈等)相联系,盘瓠祖先图腾信仰是畲族音乐的灵魂。在畲歌中,最具有历史深度,以及空间和体裁类型涵盖广度的,是山歌。从歌俗的角度看,则是嬲歌。而嬲歌主要是嬲情歌。畲歌以对唱(又称对歌、嬲歌)(主要是拦路截唱和落寮会唱)为主,很少有齐唱。畲歌有地方音调的变唱,尤以双音(双条落)为著名。在发音方式上,所谓的"假声"唱法最具特色,也是畲歌最普遍的唱法。

11. 畲家拳。畲族竞技活动中,打尺寸、操石礌、扭扁担等都是极富畲族民族特色的活动。而畲族的拳术在习得汉族武术基础上融入自己民族的竞技元素,成为中华武术中别具一格的流派。在畲家拳中以闽东福安金斗洋畲家拳最有代表性。

12. 花斗笠。在畲族物质文化中,最能反映畲族对山区环境适应、体现了游耕生活的、并具有审美意义的器物是花斗笠。由于花纹细巧,工艺精致,富于民族特色,是畲族妇女最爱的装饰用品之一。

表1　畲族文化艺术典型符号表

典型符号	意蕴说明
帝喾高辛	代表与华夏族群的血缘近亲关系、高贵(自尊心)
"盘瓠"(忠勇王)	男性始祖、文化英雄、血缘图腾
三公主	女性始祖、畲族之母、美丽、高贵(民族自尊)
盘、"蓝、雷、钟"	畲族姓氏、代表畲族内部群体、有指示的唯一性
香炉	代表对祖先永恒的祭祀和崇拜
祖杖(龙首杖)	盘瓠图腾的简约象征、龙化的形象代表汉文化的影响
祖图	绘画符号化的盘瓠传说、畲族历史记忆
赐联	浓缩化的历史记忆,申明畲族与华夏的关系、姓氏的来源、文明地位和政治地位
《高皇歌》	畲族最具文化意义的民族史诗、民间文学典型
"凤凰山"	畲族的人文地理图腾(类似客家的"石壁"、北方汉人的"大槐树"),畲族作为民族的发祥地
花斗笠	反映畲族的工艺能力、山区环境、游耕生活
凤凰妆饰	三公主的文化记忆和化身、盘瓠图腾崇拜
凤凰装	"三公主"女性祖先的文脉传承、最具民族特征的民族符号、不同的地方风格代表畲族内部的文化多样性,

续表

典型符号	意蕴说明
音乐（嬲歌、双音、假声等）	最富有民族特色的声音艺术,具有民族独特性
舞蹈（踏步舞、猎捕舞、奶娘踩罡等）	与盘瓠图腾文化交融的民族舞蹈文化,具有民族独特性
竞技游戏（打尺寸、操石磉等）	适应山区环境生活方式的儿童社会化方式、极富山区民族特色
畲族拳棍	与汉文化的联系、畲族忠勇尚武文化的象征

参考文献

1.蒋炳钊编著:《畲族史稿》,厦门大学出版社 1988 年版。

2.厦门大学人类学系印:《畲族研究论文选》,1985 年。

3.施联朱主编:《畲族研究论文集》,民族出版社 1987 年版。

4.中国少数民族社会历史调查资料丛刊福建省编辑组编:《畲族社会历史调查》,福建人民出版社 1986 年版。

5.施联朱:《畲族》,民族出版社 1988 年版。

6.王黎明:《犬图腾族的源流与变迁》,黑龙江人民出版社 2006 年版。

7.吴永章:《瑶畲分流说新证》,《福建民族》1997 年第 1 期。

8.郭志超:《畲族的汉族血统成分之由来》,《福建民族》1997 年第 5 期。

9.郭志超:《闽粤赣交界地区原住民族的再研究》,《厦门大学学报》(哲社版)1996 年第 3 期。

10.黄向春:《赣南畲族研究》,厦门大学人类学研究所硕士学位论文,1996 年。

11.温春香:《文化表述与地域社会:宋元以来闽粤赣毗邻区的族群研究》,厦门大学人类学系博士学位论文,2009 年。

12.项显美、金霞东主编:《闽东史话》,宁德地区社科联、宁德地区历史教学研究会,1987 年。

13.蓝达居:《试论闽东畲族文化变迁模式》,厦门大学人类学系硕士学位论文,1991 年。

14.华安县民宗局编:《华安县少数民族族谱》,2004 年。

15.雷必贵:《苍南畲族的源流与分布》,中国文史出版社 2006 年版。

16.蒋炳钊编:《畲族古代历史资料汇编》,厦门大学人类博物馆民族研究室,1979 年。

17.陈永成主编:《福建畲族档案资料选编》,海峡文艺出版社 2003 年版。

18.厦门大学民族调查组:《福建省漳浦县赤岭湖西兰姓调查报告》,厦门大学人类学系,1984 年。

19.厦门大学民族调查组:《福建省宁德县金涵公社畲族调查报告》,厦门大学人类学系,1984年。

20.厦门大学人类博物馆等:《福建省霞浦县崇儒公社畲族调查报告》,1983年。

21.郭志超:《畲族文化述论》,中国社会科学出版社2009年版。

22.李健民编著:《畲族文化简说》(修订本),福建省宁德市民族中学编印,2011年。

23.《中国民族文化大观·畲族篇》,民族出版社1999年版。

24.马建钊主编:《畲族文化研究》,民族出版社2009年版。

25.宁德师范学院等编:《畲族文化新探》,福建人民出版社2012年版。

26.蓝炯熹:《畲民家族文化》,福建人民出版社2002年版。

27.蒋炳钊、蓝达居:《饭香酒醇茗佳畲山美》,颜其香主编:《中国少数民族饮食文化荟萃》,商务印书馆国际有限公司2001年版。

28.潘宏立:《福建畲族服饰研究》,厦门大学人类学系硕士毕业论文,1995年。

29.陈怡、裘海索:《美丽的传承——畲族传统服饰文化的开发运用》,中国美术学院出版社2009年版。

30.林丽萍、肖孝正:《畲族民间舞蹈溯源》,《福建舞蹈》总第42期,2002年。

31.蓝雪菲:《畲族音乐文化》,福建人民出版社2002年版。

32.李晨:《畲族民间音乐》,广西民族出版社,2007年版。

33.李联明主编:《中国民间歌曲集成·福建卷》,中国ISBN中心1996年版。

34.雷弯山:《畲族风情》,福建人民出版社2002年版。

35.陈国强主编:《畲族民俗风情》,海峡文艺出版社1997年版。

36.雷必贵:《苍南畲族习俗》,作家出版社2012年版。

37.雷阵鸣、雷招华主编:《畲族叙事歌集萃》,中国人事出版社2002年版。

38.肖孝正编纂:《闽东畲族歌谣集成》,海峡文艺出版社1995年版。

39.宁德地区民间文学集成编委会:《闽东畲族故事》,1990年。

40.宁德地区民间文学集成编委会:《闽东畲族谚语》,1990年。

41.霞浦县民间文学集成编委会:《中国民间歌谣集成·福建卷·霞浦县分卷》,1992年。

42.文成县畲族民间文学集成编委会:《中国民间文学集成·浙江省温州市文成县畲族卷》,1988年。

43.雷启秋:《光泽畲族山歌》,2002年9月。

44.钟隐芳主编:《福安畲医畲药》,海风出版社2010年版。

45.江金秀:《闽东畲族村落文化遗产的保护》,厦门大学人类学系硕士学位论文,2008年。

46.林惠祥:《林惠祥文集》(蒋炳钊、吴春明主编),厦门大学出版社2012年版。

47.易中天:《艺术人类学》,上海文艺出版社2001年第2版。

第 二 章

台湾戏曲与闽台族群认同

✳ 汪晓云　宋燕飞

　　台湾戏曲与福建移民族群认同息息相关。闽南人最初移民台湾，强烈的族群认同意识使闽南移民将"家乡戏"带到台湾；扎根台湾后，族群认同与本土意识融合，形成台湾独有的风格；日本侵占时期，族群认同让位于民族认同，歌仔戏产生。光复时期，族群认同复苏，闽台两地戏曲展开"对流"。国民党时期，族群认同被人为隔断，只能通过空中音声传递与交流。解严以后，闽台族群认同与戏曲交流相得益彰。台湾戏曲受闽南移民族群认同影响，体现在戏曲语言、唱腔、名称、形态、结构乃至地理分布等诸多方面。

一、作为台湾戏曲源头的福建戏曲

　　台湾戏曲与福建戏曲尤其是闽南戏曲渊源有自。台湾著名戏曲学家曾永义先生明确指出，就闽台戏曲关系而言，台湾只有歌仔戏一种系土生土长，其余梨园戏、高甲戏、乱弹戏、四平戏、福州戏、潮州戏、车鼓戏、司公戏、莆仙戏、傀儡戏、布袋戏、皮影戏等十二种皆由福建传入台湾。[1] 邱坤良先生亦表示，由闽南民间戏曲活动的热烈来看以闽南籍汉人为主的台湾的戏曲活动，自可明了其传承情形；而只要把台湾民间的礼俗习尚、岁时节令与泉漳各地风俗相对照，即可知道其间的一脉相承。[2]

---

[1]　曾永义：《闽台戏曲关系之调查研究计划成果报告》，台湾大学图书馆1995年版，第39页。

[2]　邱坤良：《台湾的开发与戏曲活动的兴起》，《民俗曲艺》第17期。

因此,追溯台湾戏曲之源头,不能不从福建戏曲尤其是闽南戏曲说起。福建具有深厚的戏曲演出传统,农村逢年过节、神诞喜庆,多雇请戏班演戏,或由本地民间艺人和业余爱好者自愿组班,称"子弟戏"。福建演戏离不开祭神,据统计,福建全省 3000 多万人口,平均每 500 人就有一所民间宫庙。闽南沿海地区甚至一个村落就拥有二三十个民间宫观。① 除节庆与神诞外,福建婚娶、祝寿、诞子、中举、升官、发财、乔迁、还愿以及丧事皆演戏。《福建戏曲历史资料》列举闽南演戏风俗有"新娘戏"、"普渡戏"、"禁菁戏"、"赌博戏"、"平安戏"、"查埔孙戏"、"睇灯戏"、"祭祖戏"、"做鬼戏"、"做醮戏"、"龙船戏"、"彩楼戏"、"安宅戏"、"做生日戏"、"尪公生戏"等。② 福建还盛行"罚戏","罚戏"名目繁多,如晋江安海安平桥中亭一根石柱上曾刻有"公定界目籴货诸人,越界者罚戏一台"。福建亦盛行"斗戏",闽剧、闽西汉剧、潮剧、芗剧等皆有"斗戏"传统与习俗。

如果说福建文化是"海洋文化",具有海洋的外向性、延伸性特征,那么,福建戏曲也是"海洋戏曲",同样具有海洋的外向性、延伸性特征。福建戏曲很早就跨出中国走向世界,早在明代万历年间,福建戏班就曾赴琉球演出。清代,福建戏班多次到东南亚与台湾演出。福建戏曲的所有特征,几乎都无一例外地传播到了台湾。

台湾自古亦称业余的戏曲团体为"子弟"或"子弟班",又称子弟班演戏为"子弟戏",子弟班和子弟戏遍布任何大城市小乡镇。

台湾各地亦遍布庙宇和神祠,奉祀各种神祇,每到特定节日便要演戏酬神。酬神之外,演戏亦为台湾民众日常生活中的常事,以至于祝寿、新店开张、新屋落成、升学升官、谢恩皆有演戏。与闽南人一样,台湾乡里大小公共事务"无不先以戏者"。"事实上一切大小生命礼俗、村庄固定重大聚会、私人纠纷调解、触犯乡规等,莫不以请戏来解决。可见,在清代,演戏的生活层面很广,戏剧与常民的关系真是够紧密了。"③

台湾亦崇尚"罚戏"与"斗戏",偷甘蔗、"乱丢垃圾、乱抢水源、乱安捕鱼具、破坏公共环境,都要罚一台戏","罚戏"在早期台湾社会充当了司法的功能,各戏班之间拼斗的情况亦十分普遍。

---

① 陈世雄:《论闽南戏剧文化圈》,《文艺研究》第 7 期。
② 福建省戏曲研究所编:《福建戏曲历史资料》第九辑,1963 年,第 51～52 页。
③ 林鹤宜:《台湾戏剧史》,台湾空中大学出版社 2003 年版,第 21 页。

二、历史情境中的台湾戏曲活动

在族群认同的诸多要素中，戏曲只是其中一个细小的分支，然而，作为基本群体认同的要素，戏曲却以其特殊的"强度与韧劲"，体现族群认同的要素"如何在整个丛集中运作，尤其是在政治与社会变迁冲击之下各自扮演的角色。"[①]不同的地方戏曲是不同族群共同的"历史记忆与想象"，如闽南族群的"陈三五娘"、客家族群的"采茶女"。

戏曲在闽台社会发挥着极其重要的功能，戏曲与族群认同的关系也尤为密切，台湾戏曲与福建尤其是闽南移民族群认同息息相关，当族群认同处于最迫切的需求之时，闽南移民即将家乡戏移植到台湾，一旦族群认同松动，戏曲就出现新的内容甚至新的形式。在台湾移民与垦殖时期，强烈的寻根意识与族群认同心理使闽南移民将"家乡戏"如梨园戏、竹马戏、车鼓戏、木偶戏、布袋戏等带到台湾；在移民扎根台湾并在台湾发展时期，族群认同与本土意识使"家乡戏"发生变异，形成台湾独有的风格，如高甲戏；日本占据时期，族群认同让位于民族认同，融合闽南歌舞戏曲特征而又具台湾风格的歌仔戏形成，歌仔戏在台湾滋生，亦在闽南开花结果，这从另一个角度体现了闽台戏曲与族群认同的密切联系；光复时期，族群认同复苏，闽台两地戏曲展开"对流"，但如昙花一现；国民党时期，族群认同被政治隔断，两岸戏剧各自为政，然闽台族群认同却通过空中音声传递与交流；解严以后，闽台戏曲交流与寻根问祖相伴而生、相得益彰。

因为远离家乡，远在他乡的游子才会更加重视家乡的一切传承，戏曲与中国人的密切联系通过移民的视角可显示得更为清晰。实际上，海外华人戏曲皆与移民族群认同相关。正如徐亚湘先生所说，近代中国戏曲海外传播史为华人拓殖史的缩影，只要有华人活动的地方，就有家乡戏曲活动的足迹。[②]

台湾戏曲活动最早可追溯到郑成功统治台湾时期，当时流传下来的记

---

① ［美］哈罗德·伊罗生著，邓伯宸译：《群氓之族——群体认同与政治变迁》，广西师范大学出版社 2008 年版，第 244 页。

② 参见徐亚湘：《近代中国戏班在国外的传播》，《2002 两岸戏曲学术研讨会论文集》。

录表明台湾戏曲与福建戏曲息息相关。首先是荷人据台时，驻台长官揆一所信任的通事何斌，"家中造下二座戏台，又使人入内地，买二班官音戏童及戏箱戏班，若遇朋友到家，即备酒席看戏或小唱观玩。"从何斌"于元夕大张花灯、烟火、竹马戏、彩笙歌妓，穷极奇巧"看，[①]"竹马戏"为闽南地方戏曲，"内地"当为闽南。

据龙彼得《明刊闽南戏曲弦管选本三种》，台湾最早的演戏资料来自一位名叫大卫·赖特(David wright)的苏格兰人，他在郑成功1662年打败荷兰人之前住在一个叫台湾城的小岛上(今日台南附近)多年，当时台湾城人口达一万，供奉的神祇之中有 Scheekong，演员首先要拜 Scheekong，然后才开始演戏，其中提到观音生日与屈原逝世演戏。"Scheekong"即"相公"。龙彼得先生还说到1664年，约翰尼斯·梅特曼(Johannes Metman)随两名荷兰谈判使节去台湾城并充当他们的翻译，他向海军司令巴尔塔萨·博特(Balthasar Bort)报告说，岛上只有约四、五千人，因是新年，大部分人都在街上看戏和游玩。[②]——"相公"正是福建"戏神""田都元帅"，屈原、观音皆为闽南重要的民间信仰，神诞演戏亦为闽南重要的民间习俗。

邱坤良先生指出，明郑时代的汉人庙宇已由荷据时期的一座——吴真人(保生大帝)增加到三十九座，寺庙的建立象征汉人的信仰已与生活结合，当时既已兴建三十八座新庙宇，则中国传统民间祭祀、社火、演戏的形式也当出现于台湾。明末同安人卢若腾在金门作《观剧》诗，即有"只应饱看梨园剧，潦倒数杯陶然醉。"[③]

清代以后，台湾地方府县志有许多关于台湾戏剧活动的记载，正如有学者所说，关于台湾演戏酬神的记载连篇累牍、反复出现，交互征引频繁的程度甚至比资料的内容本身更引人关注。[④] 曾永义先生表示，若将此一现象与福建的情况相比较，不难见出二者之间血脉相沿的关系。[⑤]

日本侵占初期，台湾关于演戏的报道多与迎神赛会等民俗风情联系在一起，当时台湾最早的报纸《台湾新报》关于"梨园"演出的报道即多与迎神

---

① 江日升：《台湾外记》，福建人民出版社1983年版，第155～156页。

② 龙彼得：《明刊闽南戏曲弦管选本三种》，中国戏剧出版社1995年版，第25页。

③ 福建省戏曲研究所编：《福建戏史录》，福建人民出版社1983年版，第51页。

④ 沈冬：《清代台湾戏曲史料发微》，《中国音乐学》2007年第1期。

⑤ 曾永义：《戏曲源流新论》，文化艺术出版社2001年版，第184页。

赛会相关。《台湾日日新报》取代《台湾新报》之后,台湾关于梨园演戏的报道开始以演出观赏为主,同时亦报道中国各地的戏曲演出情况,如《台湾日日新报》1900年10月28日报道北京"亲王演剧",1901年5月4日报道"西安近事",1902年2月20日有"梨园生色"、27日有"女班生色"、4月30日则有"傀儡生新","生色"、"生新"即表明台湾戏曲演出出现新的气象,此新气象即不再以迎神赛会之仪式性为主,而以声色技艺之艺术性为主。这其实是导致台湾本土戏曲歌仔戏形成的重要因素。

歌仔戏的兴起不仅仅是戏曲本体的问题,更是时代社会与历史的问题。首先,日本侵占时期台湾社会已由移民社会转为定居社会,"家乡戏"传入之初寄托的思乡情怀与族群认同已不再是台湾民众的主要精神需求,家乡戏作为迎神赛会、婚丧喜庆之重要载体的仪式功能也不再重要,人们更多是从审美而不是情感、艺术性或仪式性看待之,当初以家乡为载体的"家乡戏"已推而广之为以台湾乃至世界为载体的"世界戏","家乡戏"已然无法胜任。其次,艺术从仪式中脱离是社会作用力的结果,是社会动荡不安导致的集体性不安全感使艺术成为表达个体情感与凝聚集体力量的精神支撑,在现实生活中,这种精神支撑难以获得,人们只能转向虚幻的想象世界,戏曲便成为当时人们寻求心灵寄托的源泉。

抗日战争结束,台湾光复,两岸恢复往来,歌仔戏已在福建开花结果,福建歌仔戏到台湾演出,台湾歌仔戏也到福建演出,福建地区乃至大陆的其他剧种亦再次来到台湾,然而好景不长。正如林鹤宜先生所言,1945—1950年的大规模移民包括了大陆各个省籍的人士,因此,中原文化大规模进入台湾,台湾戏剧生态也发生突变,大陆各省的地方戏如豫剧、秦腔、评剧、川剧、越剧、沪剧、潮剧、粤剧等纷纷聚集于狭小的台湾岛,"彼时艺术版图的构成,完全反映族群结构和权力的分配"。[①]

接着,国民党入驻台湾,闽台乃至海峡两岸开始了长达几十年的阻隔,但是戏曲却冲破时间的隔阂与空间的距离,承载了特殊的族群认同,这就是唱片与广播跨越时空传递的"空中音声"。王安祈先生《两岸交流之前的"偷渡"与"伏流"》一文披露了"京剧爱好者对大陆京剧的认识,其实比两岸交流提前不只十年",这就是许多职业演员、票友和戏迷通过香港朋友的走私,带

---

① 林鹤宜:《台湾戏剧史》,台湾空中大学出版社2003年版,第173页。

来了1949年以后大陆新戏新唱法唱片与录音,从而使台湾的京剧观众在两岸隔绝的状态下用尽一切办法探取大陆各剧团的戏曲视听资料。① 正如王安祈先生所言,台湾岛屿外在的海洋宽阔,他们可以轻易接触到电影、舞蹈、音乐、绘画、现代戏剧甚至任何最前卫的艺术,然而像京剧、地方戏曲等传统艺术,台湾戏迷却处于"艺术饥渴"状态。正是在这样的"艺术饥渴"下,热衷京剧与地方戏曲的戏迷通过唱片、听电台广播与录影带的方式,开掘了一条秘密的"地下管道"。后来成为戏曲研究专家的王安祈先生当时正是这些戏迷中的一员,在"偷听偷看"的戏迷眼中,"偷听偷看"的时代"远比正式交流后的公开观赏精彩丰富得多"。"偷听偷看"的生命体验正是戏曲作为族群认同之载体的体现,也是戏曲作为族群认同之载体超越政治、跨越时空的关键性所在。

　　20世纪30年代,在台湾广播电台的文艺节目中,福建戏曲的播送始终占据相当比重。福建各地广播电台也通过广播播送福建戏曲。1987年后,福建通过多种方式向台湾输送福建地方戏曲录音制品。② 1991年,台湾民俗戏曲专家林茂贤与江武昌将八十六卷大陆出版的戏曲录音带捐给台湾戏剧馆,《中国时报》称"其中包括台湾即将失传的高甲戏二十七卷、与台湾歌仔戏十分有渊源的芗剧二十六卷、与台湾现存的南管戏曲有密切关系的南管十卷、梨园戏十一卷,另有三卷的泉州傀儡戏录音,有三卷纯福建沿海一带的民俗音乐演奏,更有六卷特别标明为台湾歌仔戏。"③ 显然,福建地方戏曲录音带在台湾广为流播。

三、台湾戏曲与闽南移民

　　台湾戏曲深受闽南移民族群认同影响,体现在戏曲语言、戏曲唱腔、戏曲名称、戏曲形态乃至戏曲的地理分布、戏曲结构与历史演变等诸多方面。

---

　　① 参见王安祈:《两岸交流之前的"偷渡"与"伏流"》,《2002两岸戏曲大展学术研讨会论文集》。
　　② 邱剑颖:《闻声不见影,戏音两岸传——20世纪闽台戏曲空中音声传播述略》,《中国戏剧》2012年第6期。
　　③ 《中国时报》1991年5月1日。

　　闽南所流行的地方剧种如梨园戏、高甲戏、打城戏、芗剧、竹马戏等皆用闽南方言演唱，方言是闽南语系剧种依托的基础，规定了剧种的特定流传区域，其受众范畴划分十分清晰，对剧种的发展有多方面影响。[①]

　　台湾闽南语戏曲几乎都有从闽南移植到台湾的相关传说。如晋江海滨有一个梨园戏"戏仔墓"，据说是清末有一个梨园戏班去台湾演出遭遇台风，渔民把他们的遗体合葬在海边高地上。台湾高甲戏则传说是由泉州一名叫保良的演员移民台湾泉州厝后才出现。歌仔戏亦传说是一百多年前有一群人驾着帆船从大陆到台湾头城大坑罟定居后看当地农民唱相褒歌而跟着唱戏曲，并编出《陈三五娘》与《山伯英台》……传说虽未必真实可信，但这些大同小异的传说表达的都是同一内涵，即台湾戏曲尤其是闽南语戏曲是随着闽南移民传入台湾的。

　　台湾戏曲受闽南移民族群认同影响还表现在地理上的指向性。台北布袋戏最负盛名的是新庄布袋戏，日本侵占前期，新庄有一条"戏馆巷"，"小西园"、"小世界"、"小花园"、"锦上花楼"、"锦花楼"、"新兴楼"、"新福轩"等布袋戏班皆聚集于斯。李殿魁先生在研究台北布袋戏时曾指出，研究台北的布袋戏故事，不能不从台北的地理环境说起：闽南汉人沿着淡水河进入台北盆地开垦，最早的落脚点为新庄，新庄亦为最早成型的商业中心，清朝康熙年间新庄港口仍然可以停泊大船装卸货物，当时厦门与新庄已经有点对点的贸易船只互相来往，新庄是当时台湾北部的政治经济中心，同时也是人文荟萃的艺术文化中心，许多从大陆来的闽南籍移民皆以新庄作为重要据点。但是好景不长，嘉庆年间新庄口岸逐渐淤积，大船装载货物不便，于是商业重心逐渐为艋舺所取代，艋舺在雍正初年由泉州府治理下的晋江、南安、惠安人就地盖了几间茅草屋贩卖番薯开始形成聚落，1808 年新庄县承改隶艋舺县承，新庄与艋舺政治地位从此易位，嘉庆、道光、咸丰年间是艋舺商业贸易的黄金时期。1860 年淡水港口正式开港，不久，艋舺又因为河沙淤积让位与大稻埕。[②]

　　戏曲是台湾人最重要的文化活动，移民影响了台湾的戏曲形态，台湾职业戏班、子弟戏、家班皆直接从福建移植，"字姓戏"亦为福建"家姓戏"改头

---

① 王晓珊：《福建非物质文化遗产戏曲剧种现状调查报告》，《福建艺术》2008 年第 4 期。

② 李殿魁：《台北市布袋戏资源调查研究计划期末报告书》，2011 年，第 327 页。

换面,即以同姓或联合数姓为一字姓组织,为神诞庆典共同集资邀请剧团演戏,各字姓组织采取轮流方式,并具有竞赛性质。道光时期,宜兰、台北、台中等地发展演出"字姓戏"。台湾学者张启丰指出,在台湾的开发历程中,民间借由举办宗教戏曲活动,以形塑血缘、地缘、业缘等族群的凝聚力量,不仅是各族群及该地区发展的重要基础,同时也是台湾民间戏曲活动的基本质素之一。这正是"字姓戏"所具有的族群文化凝聚作用。[①] 王嵩山则表示,台湾地方戏曲在活动结构上,存在着以地缘或血缘为基础,借戏曲演出活动而达到情感表达与社会认同的目的,且这些活动往往与民间节令以及人生中重要关口如满月、生日、结婚等相结合。[②]

　　台湾移民社会结构亦深深影响着戏曲结构。《台湾通志》中提到"匪类"一路叫"西皮",另一路叫"福禄",这恰好是台湾北管戏的两大派别。正如林鹤宜先生所说,不同派系子弟活动集结,斗得你死我活,情况严重到让巡抚大人直接把他们称为"匪类",这更说明了这项民间艺术和真实生活串联之密切,实为有史以来所未有,也是它根深蒂固,广为流传的先决优势所在。与此同时,北管的子弟馆阁所以会牵连出那么多的地方情结,和台湾早期农村的结构性质有莫大的关系。[③]

四、作为闽台族群认同见证的台湾戏曲

　　梨园戏在台湾历史最为悠久,台湾梨园戏盛行于台南与鹿港,这恰恰是福建移民尤其是泉州移民到台湾首先到达的港口,也是清代初期和中期台湾的经济中心。除台南、鹿港外,以泉州移民为主的澎湖在清代民间流行的戏曲也一直以梨园戏为主。

　　作为闽南移民族群认同的历史见证,梨园戏已融入台湾闽南移民的日常生活,并在诸多方面显示出与闽南原乡的一致。如在1856年泉州玄妙观碑文记有建筑正音戏台和小梨园戏棚并定下章程之后两年,台湾天公坛亦

---

　　① 张启丰:《涵融与衍异:台湾戏曲发展的观察与论述》,台北艺术大学出版社,2011年,第74页。
　　② 王嵩山:《台湾民间戏曲研究总论:一个人类学的初步研究》,《民俗曲艺》第28期。
　　③ 林鹤宜:《台湾戏剧史》,台湾空中大学出版社2003年版,第82～83页。

定下相似规约。① 同样是神庙祭坛的碑文、同样是戏剧规约、同样是正音(或官音)戏与小梨园戏,且时间如此临近,可见台湾演戏风俗与闽南几乎如出一辙。

以台湾布袋戏而言,台湾称布袋戏师父为"唐山师父",即由于台湾早年习称大陆为"唐山",而这些初期的布袋戏演师均来自大陆,故称之为"唐山师傅"。台湾布袋戏研究者指出,台北市布袋戏的故事非常精彩,它很具体地呈现出闽南移民邀请来自大陆原乡有名的布袋戏师父到台北市表演,而这些来自大陆原乡的布袋戏师父,在台北表演时获得观众广大欢迎,有的演师就台北、大陆两边跑,哪边有戏约演戏就往哪边移动;也有的就在台北市置产住了下来,并且在台北收徒弟传承布袋戏的表演技艺,直到今天都已经开枝散叶。②

从台湾早期布袋戏艺人的祖籍看,"五洲园"的前代"锦梨园"黄马原籍漳州诏安,其子即黄海岱;西螺"新兴阁"戏班第一代演师钟秀智祖籍亦为诏安,"新兴阁"掌中剧团创团始祖钟五全自漳州渡海至云林西螺,将潮调布袋戏带入台湾。③ 钟五全为最早入台的布袋戏艺师。早期来台属潮调系统布袋戏的艺人,尚有一位"法仙",原住福建诏安,于光绪年间由斗南望族沈国珍聘请来台演戏及教戏。在台湾布袋戏历史上,"胡须全"可谓人尽皆知,与他一起并驾齐驱的是外号"猫婆"的另一个泉州布袋戏名师陈婆。与艋舺"胡须全"、"猫婆"相提并论的是鹿港的"算师"、"俊师",两人亦为泉州人。算师、狗师、圳师等人,曾经应清代鹿港首富日茂行邀请来台演戏。不料因此造成轰动,观众欲罢不能,他们客居鹿港四年余。④ 此外,高雄"如真园"木偶剧团团长陈志清亦祖籍漳州;"哈哈笑"王炎祖籍泉州同安。

从台湾早期布袋戏艺人的师承看,"算师"、"俊师"两位师兄弟师承"金狗"、"银猪"两兄弟,"金狗"、"银猪"(有说是"金猫"、"银狗")又和何象、少春同被称为清末闽南掌中戏的四大演师。⑤ 1878 年,黄马拜泉州布袋戏头手师父苏总门下,苏总的布袋戏师承自泉州来台艺师黄阿圳。"亦宛然"的前

---

① 邱坤良:《现代社会的民俗曲艺》,台湾源流出版事业股份有限公司 1983 年版,第144 页。

② 李殿魁:《台北市布袋戏资源调查研究计划期末报告书》,2011 年,第 326 页。

③ 《中国时报》2009 年 4 月 20 日。

④ 陈龙廷:《台湾布袋戏发展史》,台湾前卫出版社 2007 年版,第 42～45 页。

⑤ 黄春秀:《细说台湾布袋戏》,台北历史博物馆,2006 年,第 124 页。

代"华阳台"许金木拜陈婆徒弟"楚阳台"许金水为师,许金水只收许姓徒弟,"小西园"许天扶亦出自其门下,许金木即李天禄之父。① 1983 年台湾《联合报》说"小西园"布袋戏团许王"身怀绝技,唱出泉州老调"、得"古典北派真传,坚守漳州风貌"。② 许王与南派布袋戏艺师李伯芬同台即兴演出《宝塔记》,无须排练,如出一辙,无论从语言到科步都配合默契。③ 直到 20 世纪三四十年代,仍有不少台湾人慕名到漳州学习布袋戏,漳州布袋戏表演艺术家陈南田年轻时即从台南到漳州学艺,学成后留居漳州。

再从台湾布袋戏流行的地区看,布袋戏自漳、泉传来最早时期称之为"笼底戏"时期,来自泉州者盛行于泉州人居住较多的鹿港、新庄、淡水一带。

台湾皮影戏亦深受闽南皮影戏影响。1979 年,法国汉学家施博尔在台湾台南发掘了五份残本流传的古抄本《朱文》,抄本上标有"闽南皮影戏"的字样。英国汉学家龙彼得也在美国加利福尼亚大学文化历史博物馆发现一本台湾高雄县皮影戏演员蔡龙溪的《朱文》剧本影印本,同样注明"闽南皮影戏"。龙彼得教授对高雄县进行深入调查,发现大社村一户人家自称演皮影戏已五代,其祖先来自漳州府。

一些迹象表明,高甲戏也是随着闽南移民传入台湾的。高甲戏传入台湾地区以泉州移民聚居地为主,彰化县伸港乡泉州厝曾经是高甲戏盛行之地。根据文献资料及田野调查之统计,彰化县境曾经出现三十多个高甲戏剧团,另有一些高甲戏艺人散居于台中县后里、梧栖和台北县三重地区。④ 1993 年,台湾仅存的高甲戏班"生新乐"戏班获民俗曲艺薪传奖,《中国时报》在报道这一消息时即从两岸关系与高甲戏的传承说起:"台湾有很多地名和大陆有密切关系,如伸港乡的泉州村有百分之九十是从福建泉州过来的,他们不但以泉州老字号当村名,而且留下当初所流传下来的戏曲——九甲戏,如今九甲戏虽然已式微,但是民间谈起九甲戏,许多老一辈的都说,看戏就要看九甲才是正宗,这份对本土剧种的怀念,使生新乐戏班在今年获得薪

---

① 吕理政:《布袋戏笔记》,台湾风物杂志社,1991 年,第 173~176 页。
② 《联合报》1983 年 9 月 17 日。
③ 白勇华、洪世键:《南派布袋戏》,浙江人民出版社 2012 年版,第 13 页。
④ 林丽红:《台湾高甲戏的发展——以员林生新乐剧团为研究对象》,中央大学硕士学位论文,1994 年,第 68~69 页。

传奖。"①

　　台湾闽南语戏曲的主要唱腔皆为南音，台湾南音的兴起亦与闽南移民有着密切关系。鹿港是台湾至泉州之间距离最近的港口，也是泉州移民的聚居地，鹿港南音之盛即与泉州移民有关。1909年《台湾日日新报》说："南词之曲师系泉人，清时曾供奉于内廷，褒曰御前清客，且赐以冠盖。台南向者多泉郊，子弟及伙伴，学此南词，其会友团体，最为巩固，故相传至今，不致零落。"②1934年12月4日《台南新报》说南音"乃前明忠臣郑延平令部将纪将军由温陵聘来以慰出征将卒之家族者，其由来有三百年之久"。③ 温陵即泉州。许多台湾南音馆阁的创始人皆为闽南移民，如台湾最早的南管社团鹿港雅正斋由泉州人陈佛赐创立，台南振声社创始人张大川亦为泉州晋江人，台北艋舺集弦堂团长江神赐为惠安人。许多台湾南音馆阁都聘请闽南乐师任教。辛晚教先生指出，日本侵占时期大陆应聘来台传授南管的名家弦友有吴彦点（晋江）、沉梦熊（厦门）、郭水龙（阔头仙）（惠安）、陈金龙（业仙）（南安）、骆佛成、林祥玉、陈文地、许启章、江石头、廖昆名等。④ 正如李秀娥女士所说，倘若能对台湾馆阁较多地区的地理、人文发展背景和南管社团多加研究，相信可对闽南人在迁台的开拓与文化生活的适应上有更深一层的了解。因为台湾南管由福建南音传播而来，台湾南管社团的成立应与地方上迁台的汉籍人士有密切关系，尤其是泉州府籍者。台北地区在日本侵占前成立的南管只有两个，一为新庄聚贤堂，一为艋舺聚英社，新庄聚贤堂历史最为悠久。李秀娥女士通过对这两个社团的成立与成员经济状况的分析，指出聚贤堂与聚英社的成立与泉州人聚居有密切关系。⑤

---

　　① 《中国时报》1993年11月13日。
　　② 《台湾日日新报》1909年2月10日。
　　③ 《台南新报》1934年12月4日。
　　④ 辛晚教：《南管在台湾》，新加坡2000年国际南音研讨会。另参见王樱芬：《台湾南管社会史初探》，台湾"行政院"国家科学委员会专题研究计划成果报告，2007年。
　　⑤ 李秀娥：《民间传统文化的持续与变迁——以台北市南管社团的活动为例》，台湾大学硕士学位论文，1989年，第45～46、48页。

第三章

图释的信仰:晚明天主教
耶稣会视觉符号的演变

❋ 邹筱芸

明末天主教耶稣会在传教的同时开启了中国天主教的视觉文化,在不同时期都留下了具体实践的证明。前期耶稣会所投入传教活动的视觉物件大多都是难以复制的舶来品雕塑、画像等,随着他们对中国逐步加深了解,他们在汉文化语境下,与当地人合作创作出了带有浓厚中国特征的视觉艺术,之后又通过木版画的技术将明末天主教视觉文化又推进了一步。本文的关注点在于耶稣会在使用视觉化的宗教物件传教过程中的策略变化,以及这些变化背后的意义,关注的对象限定于雕塑、画作、木版画等可携带物件。耶稣会的美术实践目的是辅助传教,如何从单件的视觉对象转变为对连续图像的使用,具有语境性与情境性。本文希望通过对这些视觉物象本身的关注,分析其背后的文化脉络以及转变的原因。

一、作为视觉符号的天主教美术

自中世纪起,基于不同的时代和立场,基督教对圣像所应当呈现的形式以及是否该崇拜圣像有过各种各样的争论,追溯其根源都是因为视觉形象所产生的影响力。天主教艺术形成的视觉符号系统,在日常宗教实践中成为不可或缺的存在。教皇格里高利一世(St. Gregory Ⅰ,公元540—604年在位)认为不识字的人从图画中所得到的认知,弥补了他们无法通过文字获取知识的缺憾。教堂中图像的存在不是为了让人们膜拜,而是用以教导无知者的心灵，是文字的视觉化表达。[①]

16世纪初，欧洲经历了宗教改革运动，基督新教迅速地苗壮成长，天主教面临着地位的动摇。因此，教廷成立了许多修会，一方面作为灵修团体，另一方面承担着前往世界各地传教的任务。创立于宗教改革运动后的耶稣会，始终对艺术的传教成效怀抱信心。因此，圣像画随着他们的足迹，在所到之处都为当地教区留下了宝贵的视觉资料。

16世纪的中国正处于闭关锁国时代，海洋贸易和交通被明王朝严格管控。欧洲天主教的各大修会都迫切希望能进入中国宣扬上帝的福音。然而，即使已掌握了来中国的路线，也有作为支持的设备，但严格的海禁政策使他们无法随意进入中国的领土传教。直到罗明坚从印度到澳门，再以澳门为跳板进入广东，已是明万历八年（1580年）。

二、明末耶稣会早期视觉文化

16世纪初，耶稣会在中国的传教活动逐步走上正轨，当这些不远万里而来的传教士面对中国复杂的文化结构时，如何传扬福音并使中国人接受基督信仰是他们最关切的问题。当时，耶稣会士将圣像画作为帮助中国人开启信仰之门的一种方式，给中国人带来了全新的视觉体验。传教士从欧洲或是其他教区带来中国的小幅圣像画和雕塑得到了士大夫的关注，并在他们部分人之间引发了相关讨论。

1601年，利玛窦来到北京，当时进贡给万历皇帝的方物中就有"时画天主图像"一幅，"古画天主母像"一幅，"时画天主母像"一幅。[②]然而，利玛窦进京面圣，并非一帆风顺。由于他携带了一个样式逼真的十字架耶稣，而遭到了太监马堂的拘禁，只因马堂认为这是个"不吉利的东西"。[③]

---

① 〔美〕温尼海德米奈著，李建群译：《艺术史的历史》，上海人民出版社2007年版，第10~11页。

② 《熙朝崇正集》卷二，见莫小也：《十七—十八世纪传教士与西画东渐》，中国美术学院出版社2002年版，第55页。

③ 〔美〕史景迁著，陈恒梅，义征译：《利玛窦的记忆之宫》，上海远东出版社1990年版，第336页。

"耶稣受难"是基督教信仰中最核心的内容。上帝通过童贞女玛利亚，将自己的独子耶稣降于凡间，成年的耶稣为了世人的罪，通过死亡完成了对人类的救赎。因此，十字架上的耶稣，是欧洲符号化的信仰精髓，有着深刻的象征意义。但是，十字架在明代的中国却是一个全新的事物。西方传教士刚来中国，就因为十字架引起了不少误解。

被钉在十字架上，"栩栩如生"的血腥半裸男子像，使当时的中国人认为西方的神是一位"罪犯"，感到无法认同。很难理解为什么传教士会随身携带这样一个受过酷刑的男子雕像。此外，传教士杨玛诺也曾在一封信里提到："目前来说，您还是不要寄耶稣受难像为好，这里的人更喜欢救世主像和圣母像。"①早期的在华耶稣会士发现，"耶稣受难"这一在西方基督教中具有核心意义的事件，一旦通过视觉转化给中国人，中国人大多会出于本能地加以排斥。

不同文化环境中的宗教信仰有着自己独有的意义和内涵。初入中国时所受到的种种误解，使明清耶稣会士意识到必须在自身的信仰和本土价值之间找到一个平衡点。在具体的宗教实践中，他们逐渐调整了自己所带来的视觉图像，使之更加符合中国人的视觉习惯，以此更为顺利地融入新的文化环境中。

三、圣母与观音的相遇

天主教视觉图像在地化案例有很多，但圣母像所产生的影响确是最大的。明末中国儒、释、道三教与民间信仰结合，有着一个庞大的神仙体系。尤其南方福建、广东等沿海地区，妈祖和观音等女性保护神在民间有不少信者，她们是妇女和儿童的守护者，也是慈悲的化身。送子观音的形象在北宋时期已有，到了明清两代，更是大量出现在民间。正是在这样的宗教环境之下，传教士发现，圣母像在中国是传递信仰的有利媒介。藏于美国费鲁特博物馆的《中国圣母子像》中圣母面容姣好、神情温和，怀中的小耶稣打扮和相貌与中国孩童无异。在绘画技法上采用的也是以线为主的中国画形式，而

---

① ［意］柯毅霖著，王志成、思竹、汪建达译：《晚明基督论》，四川人民出版社1999年版，第258页。

不是同时代西方运用透视学原理的写实绘画。在传教士的苦心经营下，这样的图像打动了不少中国人，或者说，至少使他们对这一外来的宗教不至抱以敌视的态度。

当时，利玛窦记载了这样一个事件。一位广东韶州教友的太太要生产，因此不愿意放弃敬拜观音，神父对这位教友说："你该叫你太太，恭敬另一位贞女，真正的圣母，她生耶稣时没有感到痛苦。"[①]之后，神父给了她一张圣母像用来取代原本的观音像。

这一时期，传教士为了能够使基督信仰进入更多中国人的视野，并得到他们的认可，曾试图利用圣母形象来置换中国本土其他女神的案例。然而，他们逐渐意识到，这样的方式能够拉近与中国人的距离，并建立起他们的认同感，但是却容易让中国人从根本上对信仰产生误解。明末一位士大夫对利玛窦呈给万历皇帝的三幅圣像中的"圣母抱小耶稣像"有这样的评论："利玛窦所携西域天主像，乃女人抱以婴儿，眉目衣纹，如明镜函影，璃踏欲动。其端严娟秀，中国画工，无由措手。"[②]可见，评论者认为天主是抱着婴儿的女人。

中国圣母子像，纸本着色，120cm，55cm，明代晚期，美国费鲁特博物馆

送子观音像，德化窑白釉，清，高 18cm，宽 8cm

---

① 《利玛窦全集》第一册，光启出版社 1986 年版，第 136 页。
② （明）姜绍书：《四库全书存目丛书》，《无声史诗》卷七，齐鲁书社 1997 年版，第 759 页。

天主教有着不可随意变动的信仰标准和义理，他们不仅仅是希望越来越多的中国人成为"名义上"的教徒，而是能够成为符合天主教评定标准的"上帝的子民"。因此，仅凭本土视觉和宗教经验而激发的认同感只是误解下的情感表现，而并非真正的信仰归属。

广东肇庆的一个教堂中放置了一尊圣母像，根据利玛窦记载：

> 当时来造访神父的人很多……无论什么人进来都像圣母像致礼，先鞠躬，后叩头。都是毕恭毕敬，充满着宗教情绪。大家都非常欣赏这幅画像里的美丽高雅，色调、线条，及活生生的姿态。不久，神父便看出这里存在着一种危险，那就是给人印象天主教所崇拜的神是一女人，神父赶快用救世主像取而代之。

圣像在他们看来是与上帝连接的一扇窗口，是进入灵性思考的通道之一，而不是为了崇拜表面的形象。此外，虽然圣母玛利亚在天主教中有着极为重要的地位，但上帝是唯一的神，这是不可混乱的要义。

地方化的圣母像，不单单出现在中国。在亚洲其他国家，以及拉丁美洲、非洲等区域也存在。天主教在跨区域传播过程中，根据不同地区的文化内涵，对充当信仰媒介的视觉符号加以改造，因此派生出了一系列糅合了当地特征的形象。传教士期望在异文化的环境中找到彼此的共通点，并使信仰在当地扎根因而产生了这些在地化的视觉符号。但是，面对中国教友在不理解教义的情况下对圣母玛利亚的崇拜，传教士感到需要调整他们所公开的视觉形象，他们开始逐渐增加成年的基督形象在中国的传播。

四、作为新媒介的木版画

长久以来，《圣经》都是手抄于羊皮纸之上，再配以精致的手绘图。这样耗费人力、物力所制作的《圣经》往往价格高昂，只供贵族使用。15 世纪，欧洲印刷业的兴起，给普通市民带来了可复制的圣经图像。人们将图像和文字雕刻在一块版上印刷，逐页印好之后再装订成册。内容大多是根据圣经故事绘成图，再配以简短文字说明，主要针对的群体是社会下层民众。常见的主题有基督受刑、基督背十字架、圣母或圣母子像等。① 在木版画诞生后不久，1430 年金属版画也在德国和尼德兰地区诞生，由于多数使用铜作为制作材料，因此也叫"铜版画"。② 这种新兴的技术很快便取代了木版画，成为欧洲主要的图像复制形式。同时也代替了木版画成为传教中使用的重要工具。与木版画相同，欧洲铜版画最早的主题也是圣经故事。

1. 明末天主教版画概况

明末耶稣会在中国尚无制作圣经版画的设备，使用的圣像大多来自海外。绘画和雕塑独一无二的特性赋予它价值的同时也限制了它的传播，作为舶来品的圣像所能覆盖的观看范围是很有限的。这样看来，印刷一本能够对照文字阐释天主教内涵的图像集在当时就显得很有必要了。1581 年11 月，罗明坚在致麦尔古里亚诺神父的书信中提及了他的要求"外再寄一部四文绘图圣经，装订必须精美，几张挂链上绘新旧约故事。"罗明坚在信中提到了"绘图圣经"可见在当时他已经意识到在中国的传教，图像可以与圣经文本配合使用。③

明末耶稣会士用木版画为载体的图册里最为知名的有三本。分别是《诵念珠规程》、《天主将生出像经解》，以及《进呈书像》。这三本明末木版画图册的来源图像都是出自纳达的《福音故事图像》，在明末中国画师尚不了解西方绘画技法及天主教教义理之时，他们就已经开始了对西洋铜版画的模仿。除了崇祯十三年（1640 年）汤若望向崇祯皇帝献上的《进呈书像》之外，另外两本图集所服务的对象都是普通的中国教友。

明末收录圣像版画的书籍寥寥无几，目前可知最早的是程大约1606 年所出版的《程氏墨苑》，书中收录了 4 幅利玛窦所赠予的圣像画。其中 3 幅参考的图像来源是纳达神父（Jeronimo Nadal）编著的《福音故事图像》（*Images From The Gospels*）。④ 分别是"信步而海，疑而即沉"、"二徒闻实，即舍虚空"、"淫色移气，自速天火"。每幅图的下方都有利玛窦所写的简短注释，以帮助读者明晰图中的内容。这本《福音故事图像》由普拉丁等画家作画，魏尔克斯兄弟刻版，在耶稣会士们热忱期盼了 20 年之后，于在 1593

---

① 张奠宇：《西方版画史》，中国美术学院出版社 2000 年版，第 3～4 页。
② 张奠宇：《西方版画史》，中国美术学院出版社 2000 年版，第 6 页。
③ ［意］利玛窦：《利玛窦全集：利玛窦书信集》，光启出版社 1986 年版，第 434 页。
④ 顾卫民：《基督宗教艺术在华发展史》，上海书店出版社 2005 年版，第 122 页。

年由当时西欧最有实力的出版商普朗坦出版。[①]

这本著作在之后的明末中国天主教木版画制作中成为最重要的临摹参考本。1604年，利玛窦在北京赠给程大约四幅圣像版画，除去上述三幅之外，还有一幅"圣母怀抱圣婴耶稣之像"。由日本长崎的耶稣会学校于1597年制作。这幅作品至今还保留在日本，它的参考来源是西班牙塞尔维亚大教堂内壁画"太古的圣母"。四幅图像均是名画家丁云鹏从铜版画中临摹下来后，再制作成木版画印刷的。陈垣曾提及："明末有西洋画不足奇，西洋画而见采于中国美术界，施之于文房用品，刊之于中国书籍，则实为仅见。"[②]这一改变图像原本制作方式的案例，为之后的在华基督教版刻图像打开了道路，提供了可行先例。

2.最早的中国圣经版画图册

罗儒望在万历四十七年（1619年）出版了一本图文配套用来默想的祈祷手册，题为《诵念珠规程》。[③] 导教友念珠、诵经和默想的方式。这本印着连续图像的出版物是早期天主教艺术本地化尝试的成果，本地画工在制作过程中可发挥的空间很大，呈现出浓厚的本土意识。书中内容以对话的形式展开，讲明了何谓"十五超性事"，并指导教友念珠、诵经和默想的方式。此书共15幅图，平均分成三个部分，每5幅自成一类。分别是"圣母玛利亚欢喜事"、"圣母痛苦事"以及"圣母荣福事"。《诵念规程》的图像来源也是《福音故事图像》。这15幅图精简地概括了耶稣的生平事迹，与《福音故事图像》一样按照时间顺序梳理展开。第一部分是耶稣从出生到布道时期，第二部分讲述耶稣受难过程，最后一部分是耶稣复活后，立圣母为天地之主母。《诵念珠规程》在排版上做出了一些改动，采用一图一文的排版，这种图文分开的模式在明代版画中很是常见。但与它所参考的《福音故事图像》相比较，这15幅图虽然画面主题与中心人物没有改变，但却在构图与画面细节上有不少调整，虽然一些画面仍保留着原图的透视结构，但画面大体按照了中国本土的审美。

在"圣母往顾依撒伯尔"这幅主题图像中，《诵念珠规程》的画师更是大

[①] 裴化行：《天主教十六世纪在华传教史》，商务印书馆1937年版，第166页。

[②] 陈垣：《陈垣学术论文集》第一册，《跋明末之欧洲美术及罗马字注音》，中华书局1980年版，第8页。

[③] 钟鸣旦、杜鼎克主编：《耶稣会罗马档案馆明清天主教文献》，台北利氏学社2002年版，第516～574页。

圣母怀抱圣婴耶稣之像（选自《程氏墨苑》）

胆地更换了整个背景，并在人物位置上做了改动。原图场景本是室内，而在《诵念珠规程》中，此图的背景却是一个中式庭院，视角也被处理成由平视、俯视等多角度组成画面。有趣的是，画师在院外画了一棵梧桐树，树旁系了一匹马,暗示着访客的到来。这类提供观者想象空间的委婉表达,是典型的传统中国画表现手法。画面采用俯敝的视点,以围墙分隔庭院内外的图像模式也在明代文学类书籍的插图中颇为常见。中国人面对这样一幅以中国审美趣味为创作标准的图像,很可能要比接受它的欧洲原图来得容易。

在"圣母痛苦事"中有一幅耶稣在十字架上的图像。这是由《福音故事图像》中两幅图像拼接组成的画面,背景用布满山石的荒野替换了原本的耶路撒冷,画师删去了耶稣左右的犯人和十字架背后的人群,其余人群围绕十字架分布。这样的改变使画面中心的十字架和耶稣格外突出。柯毅霖曾如此评价这一画面:"它有力地表明,甚至在中国传教的早期中国人的精神就已能够吸收和表达关于耶稣生活的故事,尤其是耶稣的受难。"不可否认的是,《诵念珠规程》的画师拥有很好的提炼整合能力,虽然每幅图都做了不少的改动,但却能准确抓住中心内容,用物体的大小对比与虚实映衬来带动观者的视觉中点,以强调画面的主体。概括来说,这 15 幅图像都采用了中国画师所熟悉的模式来诠释画面,大致遵循删繁就简,直取画面要素的处理方式。在保留了情节和主要人物之余,进行或多或少的修改。

圣母往顾伊撒伯而(选自《诵念珠规程》)   圣母往顾伊撒伯而(选自《福音故事图像》)

3.艾儒略和《天主降生出像经解》

柯毅霖先生曾经在他的著作《晚明基督论》①中提及一本名为《天主降生出像经解》的版画图集，并从神学的角度针对书中的几幅图像进行了分析。这本著作于福州出版，作者是以意大利传教士艾儒略（Giulio Aleni）为主的三位神父。这是第一本运用中国木版画技术完整阐述天主教核心义理的书籍。

两宋时期，福建已是当时中国三个刻书中心之一。以福州和建阳为中心，形成官刻、坊刻、私刻三大刻书系统："自宋迄明福建雕版刻书始终名列前茅，刻印书籍的数量居全国之冠"。② 一直到明代，福建的刻书业仍不失其活力，"建本"成为快速、大量的代名词。除此之外，还有着"无图不书"的特点，有着丰富的图片印刷经验。

天主教在明末福建形成了几个传播中心，如福州、泉州和宁德等地，在这些地方也有天主教的图书刻书中心，其中较为著名者有福州钦一堂、闽中（福州）景教堂、晋江景教堂等。这些刻书中心刊刻了不少重要的宗教书籍文献。这些便利的条件，一定程度上促成了《出像经解》的出版。明末耶稣会在中国经过数十年发展了一定的地方基础，艾儒略在福建各地建立的教堂。艾儒略1624年随叶向高入闽，虽不是第一个来到福建的传教士，但却被称为"开教福建第一人"③，成为明末中国天主教传播中不可缺少的人物。这些教堂就是他出版书籍的地点，在华期间他至少有20种书籍问世，《出像经解》就是其中之一。

崇祯八年（1635年），《出像经解》作为艾儒略的另一本著作《天主降生言行纪略》的配图，与其一起出版，书名为《天主降生言行纪像》。书中一幅图阐述一个主题故事，连贯而成耶稣的生平。

耶稣会士在中国利用书籍传播基督信仰，文字和语言虽然能够作为思想传递的路径，但仍无法突破一些根深蒂固的屏障。图像的直观性可以代替语言更快速地传播信息。如果想要让人们看到转化为图像的圣经，最为

---

① ［意］柯毅霖著，王志成、思竹、汪建达译：《晚明基督论》，四川人民出版社1999年版，第253页。

② 谢水顺、李挺：《福建古代刻书业》，福建人民出版社1997年版，第1页。

③ 林金水：《"西来孔子"与福建基督教的传播》，收录于《闽都文化研究——"闽都文化研究"学术会议论文集》（下），2003年，第120页。

可行的方法就是用中国本土的木版画技术制作出版。

艾儒略的《出像经解》虽然在人物及景物的表现手法上也对原版图像上有所改变，但却不像《诵念珠规程》那样为使图像的风格更加接近中国传统木刻版画，进行了几乎二次创作的大幅度修改。由此可见，艾儒略没有完全继承罗儒望的"适应性图像"，他似乎更加注重原版图像的重现和相关的神学内涵。他在正文之前的"天主降生出像经解引"中阐明了他仿刻这一系列耶稣图像并编辑出版的目的：

> 粤昔上主尝预示降生救世之旨于古。先知之圣，故从古帝王大圣获龄真传者，咸企望欲见而多未获满意也，逮其果降生于大秦，显无数灵迹，代人赎罪死，复活而升天吾西土有天主降生崩末四部，当代四圣所纪录者。复有铜版细镂吾主降生圣迹数百余幅，余不敏，尝敬译降生事理于言行纪中。茨复仿西刻经像，图绘其要端，欲人览之，如亲炙吾主，见其所言所行之无二也。中有绘出于言行纪所未载者，盖更详圣传中别记，悉绘之以见其全也。①

上文的"天主降生巅末四部"指的就是新约《圣经》中的四本福音书，艾儒略明确说明作为摹本对象的"西刻经像"内容是来源于"四圣"所记录的耶稣事迹。他认为图像能够弥补一些文字所无法传达的内容，所创造出的情境可达到对真实事件的模拟。因此，人们可以通过对图像的阅读，使耶稣的形象在心中越发清明。但由于材料的特性限制，刻工们很难排除由媒介带来的限制，所能达到的图像效果就较之金属版画来得粗糙。画师们即便受过专业的绘画训练，并有着丰富的绘图经验，但在面对运用透视学原理所绘制的图像时，陌生的技法和题材都可能成为他们在临摹时的挑战。

将《出像经解》和《诵念珠规程》放在一起对比来看，前者明显较之后者更加重视对原图的还原。这使它与当时市面流通的中国木刻版画在画面构成上有较大的差异。首先，从构图上来看，中国画讲究"经营位置"②，也就是画面布局的节奏感。所谓"疏可走马，密不透风"，忌讳平均分布。但《出像

---

① ［意］艾儒略著，叶农点校整理：《艾儒略汉文著述全集》，澳门文化艺术学会2012年版，第327页。

② "经营位置"出自南朝谢赫所著《画品》中。谢赫提出了六条绘画的衡量标准，至此中国绘画进入理论自觉时期。后人称作"六法论"，分别是"气韵生动"、"骨法用笔"、"应物象形"、"随类赋彩"、"经营位置"、"传移模写"。

经解》的参考对象是欧洲铜版画，追求的是真实物象的再现。因此，忠于欧洲参考图的《出像经解》，在构图上显得密实繁复。像这样包含信息丰富，紧密构图，页面几乎不留空隙的木版画，在明末实为罕见。甚至连原图中一些次要的细节，也被画师加入了装饰元素以丰富画面，可以说每个细节都能看出求画面精美而投入的心力。

例如"圣母献耶稣于圣殿"这幅图中原本光滑的柱子，被画上了圈圈长绕的花枝。在《诵念珠规程》里的同一幅图中柱子上也加入了类似的纹样装饰，很可能是在它之后出版的《出像经解》中这一细节修改的参考来源。除去这个装饰花纹，在《出像经解》中还能找到多处《福音故事图像》所没有的细节点缀。例如，在"濯足垂训"这幅图中，空白的背景墙被一绘有山水的大屏风取代。这显然参考了明代的室内陈设，"明代第宅的大厅上都是正中一座屏风"。[①] 因此，在明末版画中，屏风时常被画师作为室内背景而绘于图中。

此外，画面右下角的陶罐去掉了原图体现体积感的阴影线，而用了一枝几乎与罐身等大的花枝作替代，就连陶罐后方的洗脚盆上也隐约可见装饰性花纹。同样整个背景被置换的还有它的下一幅"立圣体大礼"，这幅画在《福音故事图像》中的背景是一个与前景相连的独立空间，但《出像经解》用一面左右对称挂着风景画的繁复装饰墙面所取代了前者。在背景布的正中央，也就是耶稣的正后方，挂着一块帘布，其上密布黑色圆点。这个黑点纹饰的布面在《出像经解》中共出现了四次，同样的纹样另外三次被绘在桌布和被子上，纯粹起装饰作用。全书中的主体人物在姿态、位置、衣着上没有明显改动，这些对画面中次要对象所做的修改，均是对其进行装饰性纹饰的添加。明末文学作品中的木版插画，偏向对室内陈设及细节刻画，以提高画面精致度，这或许可以归因于明末刻版业的激烈竞争。笔者认为《出像经解》中的这些细节装饰不具有宗教意义上的考量，而是被明末木版画的绘图惯例所影响。《出像经解》在画面中虽然模仿了原图里的焦点透视取代了明代版画惯用的俯视构图。如果这些图像都是由未经过西画技法训练的中国人所绘，那么临摹57幅内容复杂的画作，显然是需要耗费很大的精力。画面的透视准确性是呈现立体感和纵深感的基础。

---

① 朱家溍：《明清室内陈设》，紫禁城出版社 2004 年版，第 28 页。

　　绘图者对透视法的不理解，以致一些仅仅是在细节上的改动，就影响到整个画面的透视精准度。例如，在"若翰先天主而孕"、"婚筵示异"、"赦悔罪妇"、"立圣体大礼"、"耶稣复活现慰圣母"、"圣神降临"这几幅图中，原本没有任何装饰的地板都被添加了交叉长线所绘成的方形地砖。这些不依透视规律而添加的线条使地面在视觉上失去了原有的空间感，反而与周遭环境格格不入。这种方砖铺成的室内地面如同前文提到的屏风一样，都是明代版画描绘室内场景时的构成元素。以及一些明显的透视错误，都显示出这些图是不悉西洋绘画技法之人所绘。

濯足垂训（选自《福音故事图像》）

濯足垂训（选自《出像经解》）

　　此外，中国画中注重线条的传统与西方绘画的注重体量不同。木版画中的深浅对比，往往是对物象固有色的区分，追其根源是出自"随类赋彩"的原则。这与西方绘画中按照光源和物体结构所产生的"明暗关系"完全是两个着色标准。利玛窦曾经对中国人不悉"明暗法"进行过分析。他认为，正是因为中国人没有画出物体的暗面，使其无法呈现立体效果：

　　　　中国画但画阳不画阴，故看之人，面躯正平，无凹凸相。吾国画兼阴与阳写之，故面有高下，而手臂皆轮圆耳。凡人之面正迎阳，则皆明而白；若侧立，则向明一边者白，其不向明一边者，眼耳鼻口四处，皆有暗相。吾国之写像者解此法用之，故能使画像与圣人亡异也。①

《出像经解》的画师也许不一定能够理解画面深浅层次的变化理由，但对于画面的忠实临摹，使之有了西洋画中的明暗关系。中国人用平行排列的线条巧妙地代替了原本铜版画中交叉刀刻形成的阴影，制造出了画面的"明暗关系"，也塑造了物体的体积感。但是由于对明暗法的不理解，一些画面中虽用线条表现了暗部，但却因线条排列方向的不当，反而使这些线条失去了原本的意义。也因为木版画无法像铜版画那样区分出多层次的明暗关系，仅靠横向铺陈的线条想要达到与铜版画相同的画面效果，具有相当难度。因此，画师对西方绘画的陌生，以及材料上的限制，使《出像经解》的空间纵深感无法很好地表现。

立圣体大礼(选自《出像经解》)

立圣体大礼(选自《出像经解》)

中国绘画与西方绘画本就是两个相异的体系，之间的区别是经年累月所形成的文化差异。当中国人所要临摹的西洋画作有别于他所熟悉的绘画标准时，即使悉心的临摹使原图很大程度上被保留原貌，却也不可避免地带入以往的经验，使一些画面显得充满矛盾感。

尽管这本图集不可避免地受到明末福建木版画的风格影响，在版式与

---

① ［意］利玛窦：《客座赞语》，中华书局1991年版，第154页。

内容上处处有着本土的印记，但它对欧洲式耶稣及玛利亚形象的绝对忠诚，以及内容上的精心选择，成为明清两代再版次数最多的一本天主教图集。根据台湾学者陈慧宏的考证，最少有 29 个版本。[①]《福音故事图像》总共收录 153 幅铜版画。根据 1637 年的版本，《出像经解》在其中选取了其中 63 幅作为临摹范本，最终成像 57 幅。因此，可以说《出像经解》是《福音故事图像》提炼后的延续版本。

　　与单幅图像比较，木版画的连续图像加上文字描述的模式可以带来更清晰的叙述。莫小也先生认为，耶稣受难后产生的"五伤"没有出现在《程氏墨苑》中两幅描述耶稣复活后的图像中，就是因为当时中国人普遍无法接受耶稣受难的形象。[②] 但是，要明白基督的"救赎"的意义，就必须接受耶稣受难的过程。基督信仰最核心的部分就是通过耶稣的受难得以彰显。由于中国人短时间内无法轻易地理解受难苦像的内涵，利玛窦表现得小心翼翼。耶稣会士之所以在图像中尽量避免出现十字架与"五伤"，这两个在西方基督教中具有神圣含义的符号，是为了不让中国人因图像上的冲击而产生误解或反感，从而动摇他们为传教所作出的努力。目前所知道的明末第一幅"十字架上的耶稣"出自《诵念珠规程》。这一举动，使原本中国教友中难以接受的核心教义公开化了。在《出像经解》中，从"耶稣一言仆众"中自愿受繁，到接下去的四张图，"被加荆冠苦辱"，"繁鞭苦辱"，"负十字架登山"，"耶稣被钉灵迹叠现"一共五幅图描述了耶稣受难的全过程。其中，在"耶稣被钉灵迹叠现"里，描绘了兵丁用戟刺耶稣助下，查看他是否死去时的情景。图中耶稣光裸身躯，仅在下身系一短布蔽体，低垂着头，双手双脚被钉于十字架之上。

　　图中从"甲"到"丑"一共十二条文字说明，其内容结合了《言行纪略》中"死被枪伤"，和之后一条"万物哀主"：

　　　　甲、耶稣为赎万民罪，甘受钉于十字架上。

　　　　乙、惟时万物哀主，日月掩光，浑天幽暗。

　　　　丙、同钉一盗认耶稣为天主，悔罪而蒙赦。

---

　　①　HuiHung Chen, *Encounters in Peoples, Religions, and Sciences：Jesuit Visual Culture in Seventeenth Century China*, Rhode Island：Brown University, 2004, p.244.

　　②　莫小也：《十七—十八世纪传教士与西画东渐》，中国美术学院出版社 2002 年版，第 105 页。

丁、圣堂账幔自裂，显露内堂之奥。

戊、大地全震而山崩。

己、石柱裂而石相氅。

庚、古冢自启。

辛、兵将见诸灵异，惊愕赞叹。

壬、恶党亦知痛悔，抚心垂首以归。

癸、兵卒敲折二盗髀，以速其死。

子、耶稣既没，一卒持戟，刺其右肋，水血流出。

丑、圣母诸圣痛望诸状。

这十二条描述配合画面，营造出了一个情感沸腾的场景。伴随着耶稣的死而发生的所有异象，都旨在显示耶稣的神性。第一个条目中的"甲"，直截了当地用"赎万民罪"这几个字指明耶稣为什么被钉十字架，这是耶稣甘愿牺牲自己的原因。艾儒略大胆地用图像给读者展现了十字架上的基督，从侧面可看出当时的中国教众，至少可以说福建教友，已经能够接受并愿意进一步理解"耶稣受难"这一事件在他们的信仰中所具有的意义。

耶稣会从传教初期所使用的舶来品，到发现当地的视觉形象与天主教形象的模糊地带，再到出于信仰而坚持输入欧洲视觉形象。在这过程中，我们看到两种艺术体系相遇之后的交流，以及传教士在信仰前提下对视觉呈现的不断调整。从画面中内容的演变，可以看到画面另一边的中国教友面对新文化介入时的反应。从一开始面对十字架耶稣感到不适，到逐渐接受本土化的圣母像，最后达到能够接受基督信仰的核心要义，也就是"道成肉身"的神学内容。

虽然图像并不是耶稣会在传播信仰的过程中最重要的手段，但在一百余年中，耶稣会士小心翼翼地改变了晚明部分人士的视觉边界。对当时本土的天主教徒而言，他们通过图像唤起情感，帮助自己进一步确认在信仰中的位置。在建立信仰的过程中，视觉符号调动了人的情绪，使之成为符合该信仰的一子。

耶稣被钉灵迹叠现（选自《出像经解》）

第 四 章

渔业社区的工艺文化及民艺之美

✳ 宋 祺

　　"渔村没有艺术，只有生产和劳作。"是非常片面的观念，若以"工艺（Crafts）文化"取代"美术（Fine Arts）文化"的审美视角去看待渔业社区，会发现海洋文化社会自有丰富的艺术资源，渔民群体是一群极具创造力和想象力的工艺生产者。然而，属于海洋文化的文创产业一直在被主流的美术文化审美观念牵引，使得现代渔业社区向第三产业的转型方向上也存在着诸多问题，本文试图从工艺文化的审美角度，呈现渔业社区在民艺美学上的丰富内涵，意在强调以人类学视角关注海洋文化的重要意义。

一、渔业社区转型的文化审美

　　如何对不再以渔业生产为经济来源的渔业社区进行产业转型，已经不是一个新鲜的话题。在各种不同的规划思路中，渔业社区大多倾向于凭借天然的环境优势转向于第三产业。在一个又一个渔业社区向文化、旅游、商业街等方向转型时，其改造者的文化审美决定了整体景观及细节的文化美感，将现当代艺术的审美观强加于渔业社区，其结果未必理想，还颇有张冠李戴的效果。

　　厦门地区的两个渔业社区：曾厝垵与沙坡尾，前者已经基本完成了产业转型，后者的建设工作也已雏形可见。曾厝垵被称为"中国最文艺的渔村"，村中小店售卖台闽特色食品、各种文创产品，但走进任何一家小店，感受到的皆是表现"现代文化"、"青年文化"、"创意文化"的商品，所售之物或许在中国大部分旅游城市都可知见，几家有名的店面，多是海派装修风格，带着几分福建地区的"华侨传统"，侨风鲜明，华韵难见。在曾厝垵，除了当地人的本港海鲜店，很难言说何处有渔业社区自身的"海洋文化"特征。若不是对厦门的历史有一定了解,初次来曾厝垵的人恐怕很难想象这里曾经是一个以打鱼为生的渔业社区。现在的曾厝垵已经完全转型为文创社区,商业小店、小吃摊、旅舍及休闲场所林立,游客摩肩接踵而至,唯有村中的古庙和戏台有厦门传统渔村的影子。村庙供奉村人信仰的海神,由于村人不再打鱼,香火已不如前,寺庙的盘龙柱和庙内被装饰上彩灯,在夜晚也能作为一处景点融入这个全国闻名的文创社区。村庙旁的面海空地处,现在是一家两层楼的海景咖啡馆,提供咖啡、红酒、小吃等西式饮食,装潢为现代风格,客源量可观。

曾厝垵社区无疑是一个成功的商业改造,但其转型过程中对渔村文化的忽视也遭到了诟病。有了曾厝垵为先例,厦门的另一个渔村沙坡尾在转型时就谨慎了许多,据称是募集了不少社会意见才动工建设:尊重市民意见保留渔村的港湾、渔船,将渔港的积水抽干,引入清澈的"海水",建设小沙滩、水上栈道①,保留"渔村原貌"。这确是在一定程度上体现了社区改造者对文化的重视,但保留渔村的面貌就是保留其海洋文化吗?对沙坡尾社区来说,影响力最大的改造者有二,一为政府及管理部门,二为来此进行文化或创业产业的店主们。不怀疑二者的共同愿望都是将沙坡尾建设为有美感的怡人社区,加之沙坡尾已建设有以文化艺术为主题的"艺术西区",沙坡尾应是有其文化基础的。但从建设过程中已成型的部分,笔者不禁疑虑,其改造者是以怎样的审美去对待这个渔业社区,其艺术审美又是否真正适合于这个渔业社区呢?

从政府和管理部门的规划来看,保留渔村的原貌能够从环境上建设一个好的景观。于是,政府将原有的破旧渔船撤出,将因为生产、生活造成的浑浊海水抽干。可以想象未来这里的海港景观应该是清新明净的,虽然人工海水不会有自然海水的潮起潮落,渔船也不是渔民生产所用。在这里将被构建的海港景观,没有其他渔村海港的鱼腥和忙碌,尤似美术画,目的是给将要来此的人们赏心悦目的环境美感。但这是海港真正的美吗?

另一方面,在沙坡尾进行创业的店主们,也在以自己独具艺术气息的审美装潢社区外观和各自店面。沙坡尾的街道墙壁上,随处可见波普风格的涂鸦作画。这些涂鸦的确使这个渔村显得更加活跃,却似乎有些格格不入。

---

① 其建设规划信息来自于笔者与沙坡尾社区沿街店主的非结构性访谈,具体实施细节不详。

最突出的应为店主们集结成的"沙坡尾文化艺术联盟"及其"文艺中心"。沙坡尾文艺中心在沙坡尾主街道的拐角处，门面装饰为极富表现力的当代波普风格招贴画，内容是各式风格的建筑、外星飞船等。进入文艺中心，右侧为一面风格复古但色彩艳丽丰富的电视展柜，十几台风格不同的小电视装饰物被陈列其上，生动有趣。左侧柜台放置一台西式留声机，柜台里侧为中式药材柜。文艺中心中庭的木制书架放有制作精致的书本、明信片，摆成各式造型。四周的商品柜上摆放文艺风格的包、皮具、饰品、明信片、本子、食品等，还陈设一些不出售的复古缝纫机、老式照相机来增添文艺感。整个沙坡尾文艺中心灯光明亮，装修精致，现代文艺气息扑面而来，但在其中仍难以得见任何同渔业社区本身相关的商品，唯有一艘模型小船陈列在中庭书架底部的不显眼处，不为出售，仅作装饰物。再看沿街其他各家已开张的店铺，多售咖啡、西餐、糕点，有一些杂器店，售卖精致的生活日用品，其装潢以现代西式风格为主，有的饮食店彩砖间印上梵高的画作以配合沙坡尾的"艺术气质"。我在十几家店面里寻觅良久，美食、良品、个性小物皆有不少，而真正跟沙坡尾这个渔业社区相关的商品仅有内容为渔船或海景的画作几张、明信片几张。

图 1　沙坡尾的店面（宋祺摄）

图 2　沙坡尾的店面（宋祺摄）

图 3　沙坡尾文艺中心（宋祺摄）

图4　沙坡尾文艺中心(宋祺摄)

从以上两个渔业社区的文化转型案例中,尤其是沙坡尾风格鲜明的以艺术为理念的转型趋势来看,我们不难发现,无论是政府还是个人,都是以一种现当代的艺术审美去对待渔业社区。引入的艺术元素从古典名画、西式建筑到当代波普艺术,皆为传统的美术审美。这种艺术(fine arts)往往是作为被观赏的对象束之高阁,脱离于在其间活动的人群之外,以模仿经典艺术品表达着"纯粹的艺术之美",或是以极鲜明的色彩彰显着"当代大众文化"的艺术个性。在这种审美观念的引导下,渔业社区真正的主体——渔民被隐去了,他们的日常生活被隐匿在光鲜亮丽的小店之后,渔民粗糙的、生活化的、生产劳动的文化被精致的、观赏性的、个性的审美元素取代,或许在许多人眼中,渔业社区本身的元素是"不美"的,但这种审美眼光未免过于狭隘了。

二、渔业社区的工艺之美

对待渔业社区应该以"工艺美学"的审美视角，在此我想先引入日本民艺运动倡导者柳宗悦先生提出的"工艺文化"概念。工艺文化主要的对象是杂器，"说到杂器之美，或许会被认为是标新立异，甚至还会被认为是某种程度的反动。为了消除容易引起误解的联想，有必要在开始增加几点说明。所谓杂器，在此是指最一般的民众所使用的杂物器具。又因为是任何人都要使用的日常器具，故也可称为民具。总之，是极其普通的，谁都能买，谁都能拿的每天不能离开的用具，只需很少的钱就能买到；是在任何时间、任何地方都能够很容易找到的物品。或是'随身用的东西'，或是'日常使用的'，或是'厨房用具'等。都不是点缀壁龛的东西，而是放在厨房中，或是散落在起居室内的各种器具。或盘，或盆，或柜，或橱等等，是在家里使用的物品，是一切日常生活中所必需的东西，其中没有任何贵重物品，都是居家常备的"①。而工艺所指，为实用品的世界，这是完全不同于美术之处，绘画是以观赏为目的的美术作品，而工艺品则是为使用而制作的。

工艺之美，是"实用"之美，其特征为"亲近"之美，②与日常生活休戚相关，甚至可以说构建了人们日常生活的基础。来源于劳动与自然，是一种真正与人类生活不相脱离的"健全的美"，也是关照于整个人类社会集体而非个体的美学理念。之所以要以工艺之美的审美视角去看待渔业社区，是因为海洋族群本身以劳作、生产为特性的渔业传统和海洋文化，使得这种社区的工艺之美尤其丰富而突出，却又尤其容易被人忽略，若是以主流的美术审美唐突地去取代自有工艺之美的海洋文化，使得越来越多海洋族群本身独特的工艺美流失掉，实在是令人扼腕。

1."实用"之美

柳宗悦在工艺美学的理念中一直强调"用"，"用"是超越一切的工艺本

---

① ［日］柳宗悦著，石建中、张鲁译，徐艺乙校：《民艺四十年》，广西师范大学出版社2011年版，第62～63页。

② ［日］柳宗悦著，徐艺乙译：《工艺之道》，广西师范大学出版社2011年版，第189～190页。

质。在传统的艺术审美中,"实用"似乎总是卑贱的。美术之所以得到了比其他艺术都要高的地位,在于它是纯粹为美而制作的。与之相比,实用的工艺就不是纯粹美的物品。然而,实用性不是卑贱的,生活与美之结合,无论怎样也是两者都能得以体现的结果。美术不只是为了美的艺术,鄙视实用是美术所犯的一个最大的错误①。大多数艺术品被藏于高阁,珍馐难得一见,更别说拿出来使用,所以可以使用的东西往往被视为"粗鄙"的,这种对立来得理所当然,却又令人匪夷所思,"实用"之物为何不能为"美"呢?渔业社区中最为实用之物,便是与渔业生产密切相关的渔具,下文以闽东渔村下屿的传统渔具为例,介绍极具使用价值又蕴含工艺之美的渔具。

下屿位于闽东罗源湾连江县,旧日为方圆不足 2 公里的孤岛。20 世纪 80 年代初期因围垦工程才与陆地相连,岛上的渔民世代打渔为生,其社会生活、宗教信仰等都紧紧围绕渔业生产,岛上资源匮乏,唯有取食于海才能生存。渔民的日常生活是劳作的日常,随潮汐出海,伴渔获而归。男人出海捕鱼,女人织网补网。渔业生产是整个岛上人群的生活基础,也是其文化基础。以工艺美学的眼光去看待这个渔村,将发现其中处处都呈现出质朴而永久的"工艺之美"。

(1)渔船

渔船是渔民重要的生产工具。下屿最常见的船只为"舢板船",舢板古称"三板",即三块木板拼接而成的船形,是最古老的船,供渔民进行小规模的海上生产。下屿的舢板船由渔民自己制作,20 世纪 60 年代以前的敞古舢板主要由杉木、樟木、松木造成,渔民根据不同木材的特性与价值,以松木做船体,杉木做龙骨,樟木做坐板。旧时的船为全木制,船上的钉具是由紫藤杂木制成的木钉,敲打木钉的模模锤为加芯杂木制成的模模锤。杂木可使得木锤更耐敲打,捶打木钉需要使用模模版套在钉具上,再用模模锤将木钉锤入船体。模模版由黄榉杂木制成,耐敲不易变形。20 世纪 60 年代以后,造船沿用樟木、杉木、松木,工具换为铁钉和铁锤,仍以手工制作。船身为福船常见的尖头尖尾,曲线流畅。而其颇具美感的曲线弧形并非刻意为之,造船师傅说,船身必须如鸡冠般有曲线弧度,否则无法浮于水上。船体为蓝色,船底漆褐色,辅以白色、红色、橙色点缀,首尾处有似浪花纹样,船首绘有

① 参见[日]柳宗悦著,徐艺乙译:《工艺文化》,广西师范大学出版社 2011 年版,第 46 页。

白底黑瞳的"船眼"。下屿渔船配色鲜明，问起缘由，仅为前人流传，依样绘制，渔民谓之"好看"。

图 5　下屿舢板渔船（宋祺摄）

图 6　下屿舢板渔船（宋祺摄）

　　"好看"之装饰艺术并非造船者刻意为之，其配色及图案皆有缘由。下屿的帆船船体上各部件有"十二生肖"寓意，隐喻吉祥。舢板船因船体简单省去不少？保留有龙骨之"游龙"和船体之"水蛇"，渔民赋整个船体"水蛇"之意，漆为蓝色，以期与海水融为一体，在海上行动自如。船体的重要部位被渔民视为有灵之处，下屿渔民在造新船时，会选吉日在龙骨中放入红布，新船建成，船首尾挂上红布，以祈平安，故渔船首尾漆以红色，是谓红布同意，寓"出海平安"。

　　渔船船头的那对"船眼"，并非"好看俏皮"之物。船眼又称"龙目"，据记载，福建地区沿海渔船船头都装置一对龙目，渔民安装龙目时特别讲究，"通常要在船眼的周边各钉上 3 枚钉子，钉子上挂有红布条"[1]。福建沿海渔民相信，"如果船无眼睛辨不清方向，容易迷航或触礁搁浅。"有了船眼睛，"能避沙驱雾，明视远方"。还有的渔民相信"龙目不明亮会打不到鱼，还会迷失航向"[2]。下屿渔民也常说，"船就像人一样需要眼睛，没有眼睛就找不到航向，也找不到鱼了"。所绘船眼其实是寄予了渔民对生产时渔获丰收、行船平安的希望。下屿的渔船几百年来与渔民生活休戚与共，除了台风天无法出海，每一天都要被使用。一艘船使用七到八年就要换了，难以保留，新的

---

　　① 福建省地方志编纂委员会编：《福建省志·民俗志》，方志出版社 1997 年版，第 26 页。

　　② 福建省地方志编纂委员会编：《福建省志·民俗志》，方志出版社 1997 年版，第 26 页。

渔船又会被建造。一艘艘新旧渔船停泊或劳作于渔港海面的景象,就是下屿渔民最真实、最常见的生活图景。

(2)绳索

绳索是海上作业必备的用具之一,常用的材料有两种,一种为棉麻绳索,另一种为竹篾绳索。

在渔具机械化之前,棉麻绳索都为渔女手工搓制。渔女将多股细小的棉麻线以特定的编织手法,搓成较粗的绳线,再用竹制、木制梭子将其纺织成可供制作渔具标准的线形,这种手工作业被称作"缝线"。问起下屿渔女记忆中"好看"的物件,最常被回忆起的就是"纺线机"和所纺的"绳线":"以前我们自己手工缝线,那个做出来的东西好看,特别好看。"现代下屿的渔女依然会进行手工缝线作业,方法同过去一致,只不过转为使用塑料线、尼龙线等新型材料。

制作竹篾绳索的过程则较为复杂。由于棉麻材料对于没有耕地的海洋族群来说,是成本较高的材料,渔民就选用易得的竹子和稻草来编织竹篾绳索。竹篾为香线粗细的竹丝,渔民拿到竹子后,先"垮竹",即将竹篾用刀具垮为长条状;然后"裂篾",即将长条状的竹子切削成香线粗细的竹篾;"缎索",即将细小的竹篾多股合为一股,缎成绳索;最后在外部用稻草捆扎打结,连接成长绳。这种竹篾绳索坚固耐用,经过龙眼木、荔枝木等天然的材料染制后,即使日日泡在海水中,使用寿命也可有两至三年,稻草内的部分竹篾还可重复利用。

随着渔业的发展,在20世纪60年代前后,下屿渔民为发展定置网作业和海带养殖作业,需要用到更粗更长的绳索,就在手工缎索的基础上,发明了制绳工具。制绳工具最初为大型三角木架,底部有滑轮;其木板上有三个木孔,每股竹篾绳由木孔一侧插入,在另一侧汇聚为一股粗绳;由两人手工推进木架向前,一人在木孔处协助拧绳索,即可制作成更粗的绳索。制作绳索时会根据所需绳索的粗细,决定绳索中间的竹篾数量。例如用于海带养殖的绳索需要由三股如乒乓球直径的绳索组成,因此每股中间的竹篾多达十几条。渔民根据生产的需要,制作各式各样粗细不同的绳索,此手工作业需要较为平坦、开阔的地面环境。下屿有一块名为"老鹰埕"的平地,渔民常在此地打索,制作定置网和海带养殖的绳索又被称为"老鹰埕打索"。

在20世纪50—60年代,下屿的海洋作业均使用这种绳索,至1978年出现尼龙绳与塑料绳之后,这种绳索逐渐被淘汰,用于制作绳索的机器也没有

图7　下屿老鹰埕打索手工作业(下屿文化长廊碑刻)

被保存下来。相对于现在随处可见的机械绳索,这种存在于渔民记忆中的缝线作业、缎索作业,以及现在村中偶有得见的手工编网作业,或许显得简单粗糙,但渔民对自己亲手制作用于生产的劳动工具,感情最为深厚。绳索不仅是海上生产的重要渔具,在海上作业中具有使用价值,还在制作过程中凝结了渔民的智慧。从工艺美学的角度去看待它们,其亲近之感、质朴之美实在是溢于言表。

（3）钩钓

"钩钓"分为两种,一种为垂钓使用,称为手钓。手钓钓具由手线、转环、钓线、钓钩、铅沉子等构成。[①]垂钓使用的鱼钩较为常见,大小不一,呈弯形,系于钓绳上可钓鱼。这种看似简单的鱼钩也有玄机,传说有的铁匠制作鱼钩时,在锻铁时加入祖传的草药汤水,可使得鱼钩锋利耐用。另一种钩钓为延绳钓,又称"钩钓绳",是下屿渔民自己发明的一种作业工具。延绳钓是在一条干线上等距离结附许多支线,支线末端系有钓钩,利用浮、沉子,将其敷设在一定的水层,以达到捕鱼的目的。在钓鱼业中,此种钓具的数量最多,产量最高,有定置和浮动两种:前者用锚或沉石固定海底,宜在流急而渔场窄狭的海区,钓捕底层鱼类;后者随流漂动,宜在渔场广阔,潮流较缓的海区作业。[②]

---

① 杨瑞堂:《福建海洋渔业简史》,海洋出版社1996年3月版,第128页。
② 杨瑞堂:《福建海洋渔业简史》,海洋出版社1996年3月版,第125页。

延绳钓通常以所捕获的鱼类命名,有鲨鱼钓、带鱼钓、墨鱼钓等等。下屿的延绳钓为一条约 60 米长的麻绳,绳子每隔 7 寸系有一个铁制小钓钩,并配有相应重量的浮标。浮标过去为竹或木制,当渔民把钩钓绳投入海中时,浮标应使得钓钩刚好置于海水水平面稍下方处,因此渔民需要通过做相应的实验以配备大小合适的浮标。每个钓钩约有两钱(8 克)重量,筷子粗细,每两个钓钩之间相差七八寸(21~30 厘米),一条钩钓绳有 200 多格。由于钩钓绳上的钓钩很密集,鱼一碰到绳子就会被钩住,鱼若挣扎,周围的钓钩也会晃动,使更多的钓钩勾住鱼群。渔民称这种鱼钩为"有义钩",常用于捕鲨鱼、鲸鱼等大型海洋动物。

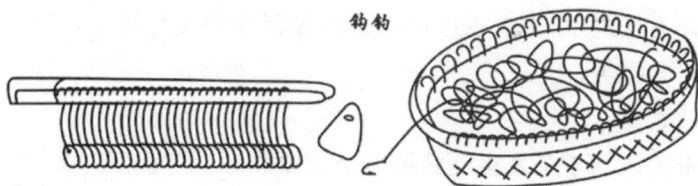

图 8 下屿延绳钓(下屿文化长廊碑刻)

下屿的钩钓渔业在新中国成立,是当地恢复渔业生产的重要作业,极大地改善了当时渔民困苦的生活状况。钩钓作业常在远海作业,作业周期较长,碰到天气恶劣的情况,有的渔民不惜冒着生命危险,也要将放置于海中的延绳钓回收,并非为了鱼获,而是为了宝贵的渔具。对于渔民来说,每一条延绳钓具,都是其基

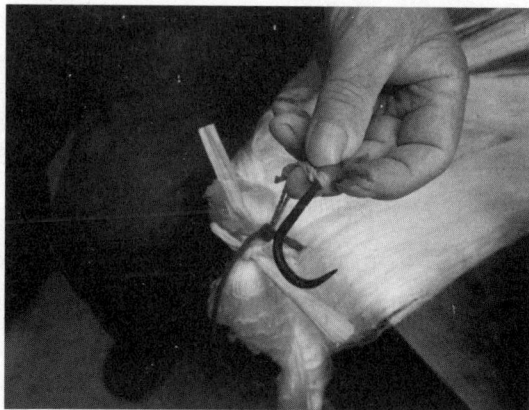

图 9 下屿钩钩(宋祺摄)

本经济来源,"有义钩"勾住的不仅是鱼获,更是生活。现在的老渔民说起当初的钩钓作业,还会激动地从家中找出当时使用的小鱼钩。这鱼钩对于渔民来说,是他们珍藏的工艺艺术品。

　　以上列举的几样渔具,都透露着工艺美学的"实用之美"。这些实用之物与海洋族群的"心"相关联,"物"与"心"就像"艺术"与"审美"一般是合二为一的。人类生活中,从来没有单纯为"使用"而作之物,与其说对艺术的追求是人类精神生活最极致的需求,不如说是人类与生俱来的天分。人类社会初期的遗存,就已有器物上各种纹样的存在,追求生活中可感知的美之愉悦也来自生活中对器物的使用过程。人类通过对物的使用创造了日常生活本身,实用物的美也随着其使用过程在生活中被感知及传播。与此同时,最为实用的东西就与"美"最为接近,最为"实用"之物也最能表达人们对美的理解。我们在理解渔业社区的"艺术文化"时,若是基于"工艺文化"的视角,会发现海洋族群创造了太多值得我们感受的物件。这些物件只存在于他们特有的生计方式之中,是真正应该被关注和留存的文化遗存,当中蕴含了无可比拟的工艺之美。

　　2."多"之美

　　工艺审美区别于美术审美的第二个重要原理,是"多"与"美"的结合。

　　美术的艺术审美其实是个人主义的产物。在现代艺术还未走向"终结"命题的 19 世纪及之前,作为高雅文化的艺术与美学同时也是精英文化与大众文化的分殊所在,尤其是在艺术及艺术家被推上人类精神之神坛的文艺复兴时期。因此,我们谈及"艺术",往往是指"绘画、雕塑"等美术领域(fine arts),而不指工艺(crafts)领域。其实在手工艺鼎盛时期,艺术和美术还没有分化,每一个手工艺从业者都在创造"美",而其中不乏突出的优秀作者。他们被经纪人看中,以其特色为噱头进行脱离工匠群体的个人创作。这种个人主义一方面使得个人的创造力得到了关注,但另一方面破坏了工匠群体的共存状态,使得工匠群体中的更多人沦为"普通手工艺者",其作品仅作为批发商和商业主义的利润产品,在被苦役的工作中失去了创造力。

　　美术与工艺分化之后,美术被抬上了艺术的宝座,工艺却被放在了低下的位置上。那些来自于"手工艺者"群体的"美术家"们,被冠以"艺术家"的角色,逐渐摆脱了"工匠"的身份。加之中世纪后的文艺复兴为人类社会带来了个性的时代,"我之感觉"开始觉醒,极具个人表现力的艺术成为才华的象征,一些"艺术家"被奉为"天才"。天才在美术领域在很长一段时期成为美术品的重要基石,天才创作的作品即艺术品。而集中收纳和展示天才作品的美术馆、博物馆等机构,再次促进了这种实质荒谬的艺术审美,被放置于艺术展馆中展示的作品即艺术品。

这种现象使得人类在艺术审美的过程中失去了一种重要的能力,即"直观力",人们已不再以直观的感受和判断去评判"美"与"艺术",而是不自觉地以各种概念框架去套用审美。现在,即使一个毫无艺术基础的人,似乎也不难判断何为"艺术品":艺术家的作品即艺术品;陈列在美术馆、博物馆的物件就是艺术品;稀少的是珍贵的,珍贵的就是高雅的,高雅的就是美的艺术品。但若真正回归芜杂的大千世界,我们是否还具备判断何为"美"的直观力?

以人类的直观力去判断美,一定是"稀少"的东西才是美的吗?工艺美学之所以提倡工艺品"多"的重要性,首先是建立在"实用之美"的基础上。与生活紧密相连的"实用"决定了"美的工艺品"不是少数人拥有的藏品,而是多数人可用的器物。只有足够"多"的"实用"之物,才能使工艺文化的实用之美在人类生活中得以落实,才能使得工艺之美在人类群体中得以充实。而"多"之物,往往廉价,美术认为廉价与美是相矛盾的,因为美术品以其"昂贵"显示其独有的艺术价值。但以工艺之美的角度,廉价与物美是不矛盾的,或者说这是"贫困与美的本质性的结合"①,这并非不可能。这个社会的富人阶级从来只是社会的一小部分,如果美只属于一部分人,这个社会就不能是美的,这种美也有其局限性。为了使得整个社会都感知到"美"的存在,美就必须成为多数,人们拥有对工艺审美的直观力是必要的。

下屿最贫困的时期是四面环海的时候,不仅没有土地资源,连生活的基本水源都十分有限,主要的水源依赖村西沃处的一口井,被称作"西沃井",这口井哺育了下屿人几百年。西沃井原是六角大井,井口约有 4 平方米,井壁被凿成一个个错落的凹形石阶,供人踩踏。井上边缘有一水槽,大约 60 厘米长,25 厘米宽,形状也呈凹形,井水会从出水口直接流入水槽中。满水时,村人在水槽打水即可。1979 年 11 月,为缓和当年供水紧张而出现的挤井现象,村委会将其井口封闭并改建为入土的三个小型六角井,现在水井还未干枯。

20 世纪 70 年代,打水的工具是茅竹制的。村人选用直径为 15～20 厘米的茅竹节尾段,保留底部,切割成 10 厘米长的竹节;将另一端开口处在地面上摩擦或削薄,使得开口直径变得更大;最后在竹壁上打洞,插入木棍,作

---

① [日]柳宗悦著,陈建译,徐艺乙校:《民艺学概论》,[日]《民艺》1993 年 9、10 月号,第 44 页。

为手柄,即舀水的工具。水桶也是木制,下屿有专门制作木桶的工匠,现在已经十分少见。过去的木桶制作得十分精密,以一块块木板拼成;木板为上大下小的梯形长条,上部长约15厘米,下部长7至8厘米。切割这种木条的是一种弯形的刀具,这种刀具可以直接将木材切削为制作木桶所需的上大下小的木条。工匠将木条的边缘刨光滑,用竹钉将其一一相连,就做成了桶壁。竹钉是茅竹做的,两头尖,直径只有筷子那么大,5~6厘米长,嵌入两边木条各一半长度。铁钉制的水桶会生锈,所以用竹钉。桶底使用一种类似于圆规的工具制成;这种工具由两根木棍组成,两根木棍的两端都钉上一个铁钉,上部合在一起,如圆规般在木板上画圆,直径不可调节。还有一种较为灵活的,其中一根做成木套,套上另一根木棍,当需要画较小的圆时,就

图 10　下屿民具水缸(宋祺摄)

图 11　下屿民具水缸(宋祺摄)

图 12　下屿民具水缸(宋祺摄)

图 13　下屿民具水缸(宋祺摄)

将木棍往回收缩,即可根据桶的大小调节直径。使用这种工具在木板上画出桶底后,用刨刀刨出圆形木板,再将木板锤入桶壁。如果担心漏水,最简单的办法就是将泥土和沙子倒入桶中,将缝隙填满。村人一次可以打一担水,即两桶。当时各家各户的用水量并不大,因为水源有限,村人用水都是"一水多用"。每人家里都有好几个水缸,将用过的水集中在一起,有的洗

脸,有的洗菜,有的做汤,有的刷马桶。最后全部用过后脏掉的水,也有专门的水缸将其集中,村人将其挑到山上去施肥。

挑水用的木桶已经十分少见,但储水用的水缸在下屿的旧厝中依然随处可见。这种陶制的大水缸形制相似,纹路多为环形花纹,稍精致的则在环形纹路中间点缀五角星,稍粗糙的几乎没有纹路。这种家家户户都有的工艺民器,若以直观力判断,其美感是可以被感知到的,不需用那些美术理论去阐释这些简单的纹路和饱满的形塑有何艺术价值。通过这些工艺器物,或者我更愿意称之为艺术品,我们能够看到历史与岁月:在生活贫困的时期,下屿的渔民如何以自己制作的扁担木桶将一桶桶水挑至面前,小心地将水倾倒其中,又是如何怀着对水源的敬畏和珍惜,节约地使用水缸中的每一舀水。这些艺术品已然超越了历史,将渔民心中的故事告诉了我们,我们可以从中读懂他们的自然观和人生观,包括他们的心灵美和温柔,甚至还有悲伤与倾诉。[1] 这是贫困时期的遗存,它们是"多"的,但它们中的每一个都能给我们"美"的观感,这就是工艺之美。

我想提到的另一件"多"之美的艺术品是下屿每家都有的竹篮。竹篮为下屿村人婚嫁、节庆、敬神时装礼物或供品的用具,其本地名称不详,为许多人家中"最拿得出手的物件"。这件工艺品在下屿渔民的眼中确是可以称为艺术品:"艺术品我不懂,如果要说有的话,我们这儿应该就是这个东西吧。"红黑相间的竹篮为全手工编制,两个一组,每个两层;接缝处严实,盖上盖子后整体感极强,几乎看不到每一层中间的缝隙;承重强,过去渔民可以在里面装上女儿所有的嫁妆;下屿拜神的传统是十盘供品,象征十全十美,可尽数放于篮中。竹篮顶部的锁扣为铁制,精致且耐用,可以钩在扁担下面供渔民挑担用。

这种竹篮已经少有人懂得如何制作,但对于下屿家家户户来说却是重要的生活甚至仪式用具。渔女每逢初一、十五日和重大节庆都要以此挑着供品和香烛去祭拜神明。在下屿的男人们都出海捕鱼又没有通信工具的时期,海上风雨难测,向神明祭拜是祈求家人平安的唯一途径,竹篮中装的是渔女满心的盼望与虔诚。竹篮上写有渔女姓名,每一对竹篮总还伴着每一位渔女出嫁当天的甜美回忆。如果说男性渔民对海上作业时使用的渔具怀

---

① 参见[日]柳宗悦著,石建中、张鲁译,徐艺乙校:《民艺四十年》,广西师范大学出版社2011年版,第19页。

有着深厚的情感,对渔女来说,竹篮便是其情感倾注的对象,也是她们的家珍。这件艺术品在下屿同样是多见的,无论从其造型色泽,还是它当中蕴藏的渔民日常生活图景,我们都不难感受到它的工艺之美吧。

图 14　下屿民具竹篮(宋祺摄)

图 15　下屿民具竹篮(宋祺摄)

"多"之美,或者说"廉"之美,绝不应该是"美"的对立面,美术的审美视角将多与廉排除于"美"的范围之外是值得反思的。如果美一定需要极高的代价去购买,需要以孤品为其价值的升华,必然会导致制作者以繁杂的工程与技艺去讨巧,以求精致之美,或以其鲜明的个人特质凸显"天才"。而精致的器物"流于纤弱、陷于技巧、恼于病态",天才走向与人群大众的孤立,这种审美价值不仅使得艺术品失却贴近生活的工艺之美,也会使得艺术家走向偏激的病态。

与此同时,造价昂贵的器物、价格离谱的器物必定会脱离"使用",成为与人类日常生活与记忆没有任何相关的物件。当我们看到它们精湛的工艺时,除了感叹其被制造背后的匠心独运,并不能在其中看到更多属于人类日常生活的美好记忆。这种叹为观止的美,又是否是人类生活中最重要的诉求呢? 是否是人之为人活于这世间,真正有心之感动的直观美呢? 生命并非平凡之物,但平凡之日常充斥了大多数人大部分的人生,如果只有那一星半点的精湛巅峰才是美好,岂不是有的人终其一生也无法体会美和艺术吗? 人真正的自由解放,并非个人主义的极致表达和才华的登峰造极,而是拥有在珍贵的生命时间里生活的才华。在生活的才华中理解平凡之美,这种美是属于每一个人的,也只有这种审美价值才能使得社会有其"美美与共"的可能。

3.自然之美

工艺之美的第三点为自然之美,即正宗的工艺以天然为上,以手工制作,与自然共存。所谓的天然指的是工艺所需的材料,天然的材料是与自然统一的,来自于自然的慈雨沐浴,是人与自然相和谐的映照。而人以手工作业,是人类与生俱来的双手创造力与心之智慧的体现,唯有带着创造力和智慧的作业才能给人类带来愉悦,也使得人向物中注入情感。机械作业虽然齐整快速,但人类无法在其中发挥人最宝贵的能力。机械制品其实是对人手工创造物的模仿与复制,大量的机械作业只是在对人类的创造力和想象力进行重复,这种途径生产出的器物是脱离人类与自然的,并不能带来任何美感。

我们来看下屿的船帆,是如何体现工艺的自然之美的。首先,船帆的材料就是取材于天然的。在中国古代,船帆一般是用竹叶、篾片、棕榈枝叶以及芦苇等天然植物原料编制的席篷。南宋以后,棉布和麻布才逐渐成为船帆的制作材料,在官船上的布帆也有用丝织品制作。帆作为旧时下屿无马达船的重要动力部件,其制作材料主要为棉麻布。制帆过程在染灶作坊中完成,称为染坊作业。

图16　染坊作业(下屿文化长廊碑刻)

图 17　下屿船帆(宋祺摄)

　　染坊作业是把帆船所需的白色帆布染制成赭褐色。染坊内工具有饮艋缯和蒸染灶。渔民先将龙眼木、荔枝木等常用染色木材砍为片状,这一步被称为"砍染",将其浸入饮艋缯中,以柴火加热熏染。木材的汁液被蒸出后,用盘水用的菇斗将有色木材汁液倒入放有帆布或绳索的蒸染灶中,烧柴加热蒸煮,使其染色,染色后用染钳夹起,放入扎染盆内晾晒。被染色后的帆布不容易腐烂,麻绳、篾绳等绳具使用同样的方法染制后,也会更加耐用。改革开放以后,也有渔民采用猪血浸泡网具和绳具,同样可以使其防水耐用。下屿帆船所呈现的赭褐色,并非刻意以颜料涂之,而是因其天然色泽而成。这种工艺对自然的皈依,是在自然欲望之外的无欲之存在,[①]对自然过分的欲望往往会破坏人与自然间的和谐。人类对色彩的过度渴求只能通过化学制剂的不合理利用来满足,而化学制剂的滥用势必会对人类生存的自然环境带来威胁,日后也会威胁到人类自己的生存。

　　不仅仅是染帆,造船也要依循自然之理,大木工匠唯有依循自然之法,根据木材的纹路逆其方向刨削,造出的舟船才能顺流而下。[②]　无论缝线砍竹

---

① ［日］柳宗悦著,徐艺乙译:《工艺之道》,广西师范大学出版社 2011 年版,第 70 页。
② ［日］柳宗悦著,徐艺乙译:《工艺之道》,广西师范大学出版社 2011 年版,第 70 页。

制作绳网,还是削磨竹木制作浮标木桶,渔民都是依据天然的材料,以双手和智慧对其进行极具想象力和创造力的制作,这种手工艺制品,才有其工艺之美的价值。现代渔村的小商店中售卖的许多工艺品,为工厂中批量生产,以化学染料染制成鲜艳的颜色,其中我们既不能看到人类的创造力,也不能感受到渔民在其海洋环境中的想象力,不能成为渔业社区文化的代言物,甚至不能称之为人类群体具有美感的文化产物。即使在当代艺术家倡导"人人都是艺术家"、"艺术回归日常生活"的当代美术审美之下,它们都难被称为艺术品。

　　回到前文所述沙坡尾社区的景观规划的审美上,为何我质疑其人造渔港并非真正的渔港之美? 就在于渔业社区的景观美是与自然紧紧相联系的。渔民心目中最为美好的景观画面是打鱼归航,出海的渔民三三两两数着鱼获,坐在渔船上看着村港随着渔船在海面的颠簸下摇晃,映入夕阳夜色;渔网如丝,鱼鳞如银,各色水光随着波涛闪烁,船笛声和海浪声就是音乐,"这个场景在我心中就像一幅画,特别美"。归航回家,渔民自己建造的房子多为砖木结构或石头砌成。下岙土地少,每户房子之间隔得近,房子间的空隙就是道路,错综复杂,被当地人称为"八卦路"。沿着泥泞的八卦路回家,"有时候一条相似的路走出去没到家,到了尽头是海,也不觉得迷路恼火,反正都是好风景嘛"。

　　渔民的生活中没有牵引归途的木栈道、石栈道,没有花花草草铺陈的沿途绿植、屋内盆景,但渔民也有自己的园艺。下岙随处可见用废旧的脸盆、泡沫箱种植的小植物,有的渔民在石砌房屋的顶部撒上种子,或是鸟儿带来和季风吹来的种子,就开出了花儿,不用刻意打理,依其四时之序自有其美。有的为了防止屋顶的砖瓦被台风刮走,在屋顶的一片片砖瓦上盖上石头,倒是成了建筑物的点缀之美。这一切渔村的小景观显然不是渔民刻意为美而装饰的,仅为他们居于海岛环境的日常所为;而这一幕幕颇具生活气息的日常,才是渔民心中真正的渔村景观。

　　渔民心中关于渔村的美感就是如此粗糙、不加修饰的。海水有其涨落,鱼获有多有少,日复一日地出海和归航,归来的家是有生活气息的。从来不因为海水是蓝的、道路是干净的、渔船是新的、房屋是统一的、沿路是绿植环绕的而有渔村之美,而是渔村与自然本身的相融就是美的。我并非说现代化的环境规划是不美的,但人工塑造的景观越多,越是斩断了人与自然的联系。以城市审美的人造景观代替渔业社区这种紧紧伴着自然环境共存的天然景观,其利弊值得权衡。若能以自然之美去欣赏渔业社区的工艺之美、景观之美,就会发现许多过度的改造都是冗余的。

图18　下屿民居景观(宋祺摄)

图19　下屿民居景观(宋祺摄)

图20　下屿民居景观(宋祺摄)

图21　下屿民居景观(宋祺摄)

4.劳动之美

工艺美学中最重要的一点就是劳动之美,也是我们理解渔业社区的工艺之美的关键。工艺之美一定要与劳动相结合,而担负着劳动之命运的大众就是相关的工艺作者,[①]这也是渔业社区之所以会成为集中体现工艺之美的社区之原因所在。渔业社区相较于农耕社会,其发展更加依赖渔民的日常劳动。农耕社会春耕秋收,有闲时忙时;渔业社区在以渔业为主要产业时,每天都要出海,每天都要进行海上作业。渔民在劳动群体中,有着令人慨叹的劳动强度,却因为其特殊的身份地位,常常被忽略。而渔业社区在这种劳动生产中孕育的海洋文化及其工艺之美,也就随之被忽略。

如果说艺术家是依赖天赋创造作品,匠人们就是通过劳动生产平凡的

---

① [日]柳宗悦著,徐艺乙译:《工艺之道》,广西师范大学出版社2011年版,第62页。

物品。柳宗悦在《民艺学概论》的遗稿中称，只有劳动带来的美才能与健全的生活联系起来。教育等学科也认为，劳动使生活健全。过去，百丈禅师曾说过："一日不作，一日不食"，可见对劳动相当尊重。在宗教的修行中，劳动是必修课。谚云："劳作之蜂不知悲"，"户枢不蠹"，劳动不仅对肉体是必需的，对于精神和健康也是必要的。对于人类来说，适度的强制是有必要的，太多的自由会使人类出现病态。艺术家们屡屡犯错误，是因为有了太多的自由。劳动与技术有着很深的关系，若将劳动视为某种训练，那么，多次的反复会使技术惊人地熟练起来。所谓的"技"，与兴趣的关系不大，而熟练则是劳动所赐予的。即使天赋不太高的人，也能通过劳动的训练后，去从事与天才相同的工作。只有劳动才能创造美，而且，由劳动创造的美绝不会是病态的。当然，劳动被轻视时则属例外。[①]

渔民对海洋性知识的熟稔是惊人的。长期海上作业的渔民对海洋的潮汐、行船、鱼汛、渔法等都了如指掌，其作业目的虽是为了生计的劳作，但任何一位渔民在长期的训练中掌握的实践技能，都堪比该领域的理论专家。渔民在劳动中获取的海洋性知识创造了整个渔业社区的物与文化，他们是最值得被看见的工艺作者。而在渔业社区的改造过程中，渔民的角色却被隐匿起来，以各种外来文化的所谓艺术文化审美覆盖之。这种改造方向不仅是对渔业社区的误解，更是对渔民群体的不尊重，也是对劳动价值的轻视。人类就是因其劳动创造了基本生活，才有了艺术的基石。在人们大肆谈论艺术的今天，却要将艺术脱离劳动与生活，难道不是对艺术的架空吗？更不要说在脱离劳动的艺术审美观念之下，以所谓经典之美、个性之美替换掉渔业社区处处可见的劳动之美，这种行为的结果是忽视了渔业社区及其海洋族群极大的文化及美学价值。

强调从工艺美学的角度看待渔业社区，还因为工艺之美体现了整个人类社会在劳动过程中的协作之美。渔业社区是一个高度协作型的社会，造船、织网、备讯等渔业相关工作，定置网捕捞法、围网捕捞法、敲鼓捕捞法、拖网捕捞法等各式捕捞法以及各种养殖业，都是在整个渔业生产队或多个家庭协作的基础上进行的。渔业社区的个人在劳动生产的纽带下紧紧连结为集体，其创造物为整个海洋性社会的集体产物，这种协作之美正是社会之

① ［日］柳宗悦著，陈建译，徐艺乙校：《民艺学概论》，［日］《民艺》1993 年 9、10 月号，第42～43 页。

美。集体的劳动若不是以资本主义的利润为目的，其劳动的过程是愉悦的，劳动的行为也是被赞美的，而这样的集体社会也是令人感觉到美好的，即使在生活条件贫瘠的渔业困难时期，渔民也从未因此而放弃过生活。渔业社区的一切工艺，都在向我们诉说他们曾如何共同搏击风浪、以海为田。

三、重视工艺美学的艺术人类学意义

综上所述，以美术之艺术审美来对待对渔业社区的文化改造显然是存在问题的。关注渔业社区和渔民群体，"工艺美学"的视角和地位不应被忽略，甚至是相当重要的。以工艺美学的人类学关照去关注渔业社区，才可能真正理解渔业社区本身丰富的文化内涵以及渔民群体对家乡转型的诉求。

柳宗悦强调提高"工艺美学"的地位，并提出"美术必须脱去古老的外衣，投入广阔的社会中。个人主义应该崩溃，为了社会，自由主义必须放弃；为了世界的秩序，必须超越意识形态；为了修行的彻底，必须离开异常性；为了恢复正常，必须改为实用性；为了生活的提高，必须克服少量性；为了民众的幸福，美术必须勇敢地选择新的方向。美术文化必须向工艺文化转化，这是历史的使命。"①先生对现代社会盛行的个人主义持批驳的态度，对美术（fine arts）所呼吁的"人之自由"提出了质问，倡导"工艺文化"与"工艺美学"，我深以为然。这种对个人主义的摒弃，提倡劳动之美与集体协作之美，并非是对人之为人的压抑，而是在现代社会的人之自觉之上，提倡一种健康的社会文化和审美趋势，从某种程度上来说，这是对人类理想社会的一种从容理智的认知，来自全人类角度的更大关照。在人愈加困于自身的异化现实，因而对于"美"无所适从的今天，我们回归柳宗悦先生提出的"民艺美学"，关注工艺文化，有着重要的意义。

---

① ［日］柳宗悦著，徐艺乙译：《工艺之道》，广西师范大学出版社 2011 年版，第 46～47 页。

第 五 章

场域中的物:厦港王醮仪式中的船

❊ 杨紫玥

王爷信仰是流传于闽台地区的一大信仰系统。而与之相关的"王醮"行事,则是王爷信仰中最具代表性的祭祀活动,它是与道教醮法结合的一种特殊行事。为期三天或五天的"王醮"中,最后一天的"烧王船"是整个活动的高潮,因此在民俗学研究中也常常以"送王船"指称整个王醮活动。

所谓"送王船",即把执行"代天巡狩"功能的"王爷"以船送出的仪式。在中国江南地区由船体承载的仪式中,船多采用纸质,且制作比较简单,在闽南很多地方也不例外。但厦门地区的送王船仪式中往往使用木制,且大小与真船无异。历史上,对厦门地区以真船行祭仪的做法,存在众多非议。清人施鸿保《闽杂记》描述见闻说:"厦门人别造真船,其中诸物,无一赝者,并不焚化,但浮海中,任其漂没,计一船所费,或逾中人之产,付诸无用,殊可惜。"[1]甚而道光年间的厦门地方志《厦门志·风俗志》中也批评:"赁女妓,饰稚童,肖古图画曰台阁,坏风俗也;造木舟,用真器,浮海任其所之,或火化,暴天物也。"[2]显然,在"送王船"仪式中出现的"工船",并不是单纯为着日常使用而造的。过去人们的批评,往往出于一种实用主义的态度,认为把能用的船烧毁是一种浪费。但联系王船出现的语境(context),我们可以发现它也有着自身独特的意义。

在这里我们并无意去论证厦门地区送王船仪式中的船是一种艺术品,也许我们只能说,它所表现出来的形式近于艺术。在这里不得不提伽达默尔的一段论述:"艺术属于亚里士多德所说的制作的知识和技能。……但是,我们所称作'艺术'的那些东西,与一般的制作的造型活动不同,它总带

---

① 施鸿保:《闽杂记》卷七《出海》,福建人民出版社 1985 年版。
② 道光《厦门志》卷十五《风俗志》。

有各种各样的谜一般的东西，其'作品'并非'真的'是它所描述的东西，只不过起模仿的作用而已。"①尽管这段话的后半部分很有可能被作为"西方中心主义"的论述而被批判，并且很有可能会被以种种非西方艺术中的日常生产用具（或许被冠之以"原始艺术"的那种东西）作为论据所反驳，但从其整体美学观点来看，对艺术品的定性更多从观赏者与作品的互动而言，其实站在观赏者的角度而言这句话是可以理解的。吉尔兹在《地方性知识》中亦指出土著谈论艺术时与西方艺术观察者的不同："这类倾向看上去并不像是在谈论艺术，而像是言及别的什么事情诸如日常生活、神话、贸易或其他什么玩意儿。"②从这点上说，界定何者为艺术涉及接受者经验的问题。但是，人类学者所关注的，不仅仅是作为理解对象本身的作品，而是基于什么样看上去是重要的原因人们创造了这些东西。也就是研究它们对于其创造者们到底有什么影响和意义。从"送王船"仪式中与船有关的部分，可以一瞥王船在这一行事中对当地居民的重要意义。

一、仪式介绍

以下介绍基于本人于 2015 年 11 月期间参与的厦港地区送王船活动。

（一）造船

王醮的日期由神明附身乩童决定，虽然历届的具体日期都不同，但一般集中在农历九月至十月。理事会成员阮老古先生解释说，这是因为农历九、十月天气干燥温暖，便于户外活动进行。王醮属于平安清醮的一种。所谓平安清醮，是在春季或秋冬，由某地或某一社区民众共同集资并参与，延请道士主持的大型醮祭活动，旨在驱除疠疫灾害，冀求合境平安、祈祷年成丰收。据卢国龙考证，各地平安清醮的举办时间多在冬季或早春，可能是由于

---

① ［德］伽达默尔著，张志扬译：《美的现实性——作为游戏、象征、节日的艺术》，三联书店 1991 版，第 19 页。

② ［美］克利福德·吉尔兹著，王海龙，张家宣译：《地方性知识》，中央编译出版社 2004 版，第 125 页。

此时均为农闲时节,百姓有较多时间举行祭拜活动。①

确定王醮的日期后,要开始造船的准备。开工的具体日期、地点,需要由神明通过乩童来决定。造船的过程伴随着一系列的祭仪,除了乩童和个别工作人员之外,是不允许外人观看的,女人、吵闹者、醉酒者尤禁。造船在特地准备的"公馆"中进行,是一个封闭的仪式空间。每天晚上都必须有人守夜,以防止王船受到侵扰。所有进入船厂的人员,都必须身着红色或黄色的特制制服,以示严肃和尊重。

图 1

安龙骨是造船的第一步。所谓龙骨就是王船的主干。过去在闽台一些地方,依照神明决定的时间,乩童和其他工作人员要到指定地点选好树木,商议购买或物主捐赠,在祭告之后砍下,并一路敲锣打鼓运回庙中以备龙骨制造之用。现在直接砍伐树木已不可能,但使用上好的杉木来造船依然是厦港地区王船制造的基本要求。王船的造法和尺寸与一般的渔船相比,有特定的要求,因此人们会花重金专门请师傅来打造龙骨。

船的主体造好之后,就要进行一些部件的安装和船舱布置。例如制作水仙门、造帆等。船型初成后,还要用油彩将船体漆上独特的绘画和纹饰。在造船过程中,有一个重要的仪轨,称为"请厂官"。王船是在船厂中制作的,因此也需要一个监督工程的神明在场。在安龙骨之后,人们就要在祭坛上祭拜用纸扎成的"厂官"像,请他下凡来监工。

---

① 卢国龙、汪桂平:《道教科仪研究》,方志出版社 2009 版,第 234～240 页。

"点睛"亦是制造王船中的重要步骤。所谓"点睛"，就是在造好的王船上安上龙眼。龙眼的象征作用可在在厦港渔民的习俗中瞥见。如在海上见到遇难死亡的尸体，需要用红布把龙眼蒙住，然后将尸体打捞上船，运到附近的田头妈宫去处理。其他船看见该船都要用红布蒙住"龙眼"侧身避开。因此安龙眼是赋予船以灵魂的重要步骤。

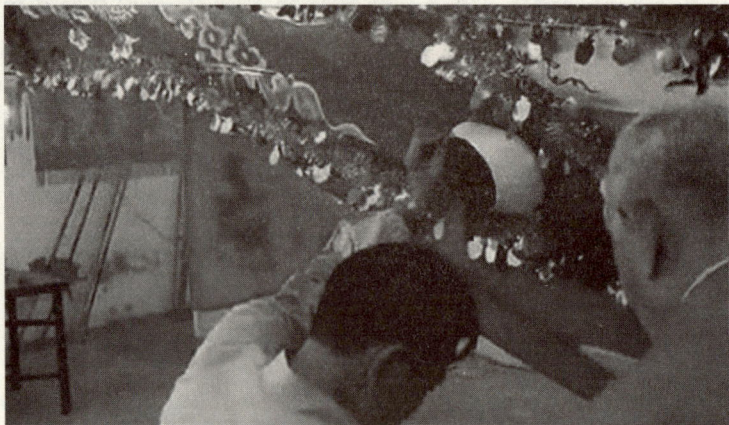

图 2

安龙眼（由于笔者无法参与观看造船这一隐蔽过程，此图截自江清良先生的博客）

在王船主体结构完成之时，要举行竖帆、升桅的仪式，并以牺牲、祭品膜拜。在此期间，所有参与王醮的人员，从工作人员到信徒、甚而参与艺阵表演、戏剧酬神的演员，都必须到船前祭拜。以戏剧演员为例，戏剧表演开场前，他们需要到王船前焚香祭祀，并领取过炉的金银纸到舞台后，表演才能正式开始。

王船造好后即可出厂，此时要举行下水仪式。主持用法绳鞭打王船四周和出厂通道，接着往王船船身泼水，王船就可以出仓。人们在船底安上板车轮子，把王船推到一块送王船仪式的现场空地上，这意味着王船的初航。

王船整体采取古代官船的构造，但与中国古代早期的官船有所不同。宋元时期，随着海外贸易的兴盛，对船只航行能力的要求也有所提高。其中最基本的要求在于抗风性能和安全性能的提高。作为一种改良官船，王船在形制上与闽南沿海地区的钓艚船有相通之处。钓艚是在外海作业广泛使用的优秀渔船。同治九年（1870 年）后，厦门渔船建造出现具有历史意义的

图 3

图 4

转折,产生了 3 支桅母子式钓艚。这种钓艚的特点,一是"形如劈开鸭蛋式",呈 U 字形(渔民称为关帝鞋),具有较强的抗风性能;二是甲板宽阔,可放置竹排、舢板,开展母子式延绳钓作业;三是改篾帆为布帆,航海能力增强。[①] 有趣的是,在当地渔民观念中,池府千岁是保佑钓艚作业的渔业神明,因此也被称为"钓艚王"。尽管钓艚作业在 20 世纪 60 年代已基本退出历史舞台,但历年送王船仪式中船的形状依旧保持了钓艚船的部分特点——主

---

①　厦门市地方志编纂委员会:《厦门市志》第三册,方志出版社 2004 年版。

图 5

要在于船底和风帆。近海作业的渔船一般为平底，难以适应海上风浪。尖底的船只，吃水深，抗风浪打击的能力好，速度快，适合深海航行。从尖底的设计来看，王船属于远洋船的一种。此外，王船都采用三桅五帆的设计。传统的中国古代帆船多使用横帆，王船上的帆则呈现出一定的斜度，远看仿佛三角形。渔民们称这种帆为"三角帐"，其实是平衡纵帆的一种。作为推进装置，"三角帐"型的帆，在逆风行驶时转动更加自如，能够增加船的推进力，在远洋行驶的风浪中仍能维持良好的受风效果。桅杆则采用了特殊的船桅比例，增加船运行的稳定性。为什么一艘仪式用船需要具备远航的能力呢？在当地居民看来，王船上的五府千岁是代天巡狩的地方官员，他们每五年要出巡两次，不仅行使救济万民、押扣邪魅的功能，还要到天乡向天帝汇报并领回御旨。天乡，作为一个常人无法企及之处，必然是遥远的。在渔民朴素的观念中，去往天乡的路上一定充满了未知的风浪。因此这趟旅途不仅需要众多神明的加持，一辆可靠的交通工具也是必不可少的。

　　船上的布置以官船的设置为主。上有"代天巡狩池府千岁"的令旗，左右是青龙、白虎旗。船头绘有狮头，船尾为凤尾。在传统装饰中，龙和凤往往同时出现，但由于龙在古代中国象征着天子，此处为了避讳，船头只能采用比龙低一级的动物——狮子来代替。船身两侧绘有十二生肖。送王船这一行事本身具有解厄的意味，借由船这一承载物，把厦港地区的不洁之物清理出去，以达到净化社区的作用。将能够代表所有人的生肖都绘制在船上的做法，有一种替身受罪的意味在其中，象征着所有人的不幸和烦恼都能随着王船的化吉一同消失。除去彩绘，船上还安置了许多纸扎的人像。三十六官将和八大水手作为五府千岁的手下安置于甲板两侧，而正中的官亭则是为五府千岁而设。在王醮开始之前，人们需要按照标明各位官员阶序编制的秩序册将官将水手们一个个安插到船上。而作为主神的五府千岁只有在宴神仪式之后才会被请入官亭之中。

船舱内装有柴米油盐等生活用品和金银纸钱，供船上的官兵、水手使用。

毫无疑问，王船的尺寸与活动的隆重程度成正比。王醮活动中暗含渡厄的深意，据称，越是不太平的年份，活动就应该愈发隆重，才能达到压邪的目的。考虑到王船内部复杂的设计和添载物，船的制造有一个最初的尺寸，无论出于怎样的情况，都不能小于这个原始尺寸。不过，厦港的王船制作有一个规矩，即每一届王醮上制作的王船，都必须比上一届的稍大一些，取一年更比一年兴旺之意。然而，也存在着例外的情况，那就是当送王船的传统被打破，出现某一年无法举办的情况时，再下一届的王船就必须从最初的尺寸开始制造（如新中国成立后到"文革"时期曾经有十余年未办王醮，90 年代复办的第一届王醮就采用了最初的王船尺寸）。

（二）打醮

王船出厂后，紧接着就是为期五天的王醮。五朝醮是道教醮仪中最为隆重的一种。协助操办过多次王醮的阮老古先生解释说，这是因为五天的醮期中，可以把所有重要的经都念过一遍。醮的内容主要是诵经和拜忏。对信众来说，前四天的醮的意义最为重大，因为这是为家庭消灾祈福的最佳手段。

建醮之前有一系列的准备，如给五王、三十六将、八大水手开光点眼；请五营兵马来镇守醮坛等。醮坛设置、建醮的过程以及诵经拜忏的内容，属于道教科仪，有较为复杂的系统，这里不做详述。

从王醮第一天夜晚开始直到王醮结束的第二天晚上，醮坛前均有娱神戏剧上演。

图 6

(三)送王船

1. 祭船、请神

祭船的主要目的在于洒净。这个过程需要通过神明附身于乩童进行指示而进行。这之中有非常有趣的戏剧性情节发生。

起乩后，乩童先于祭坛前燃香，之后手持香火前往王船停放地点。一路走到王船停放的地点，乩童用剑割破舌头，将血涂抹在供桌前以及黄纸上。接着向王船行礼、吟唱。

忽然乩童开始厉声斥骂，并以头撞桌。边上一黄衣工作人员解释船中央有问题。而后此名乩童以线香示意其徒弟——另一名乩童。该乩童立刻起乩。

第二位乩童起乩成功后，立刻穿过王船周围隔离外界的红线，在船的四周和船底仔细地检视起来。

祭船的主要目的在于祭场的洒净。紧接着是请神仪式。在鼓声中第一位乩童退乩。第二位乩童早已来到祭坛前。此时道士开始手持各种法器，进行"穿花"仪式(其实是步罡踏斗的一种)。乩童亦手持黑令旗与剑，在坛前左右走动，转圈，挥舞令旗。步罡进入高潮，乩童以剑击背。步罡结束后，道士带领乡老进香。乩童亦进香。进香完毕，乡老掷筊，掷出胜杯。围观的

图 7

图 8

信众兴奋地叫道："'王爷'来了！"道士、信众等退出，乩童持剑与令旗于祭坛前挥舞，禹步回绕。此时神舆亦在场前空地上下颠动。随后，乩童走出祭坛，以黑令旗向华盖拂扫，接着走到王船停放处，为三个供桌做洒净仪式。

祭船、请神之后，人们将之前乩童割舌取血画好的符贴在船舱板上。符

图 9

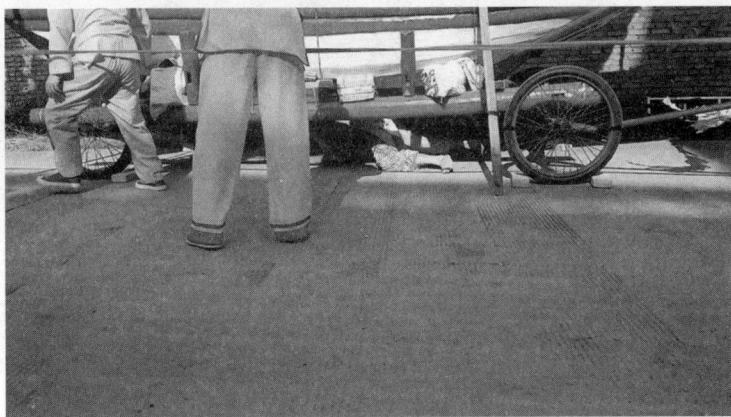

图 10

纸同时具有镇邪和标记的作用,可以引导神明至王船上。

2. 宴神、普度

早上,早在"千岁"检查过供桌后,信众们就纷纷将准备好的供品摆上供桌,为中午的宴神以及普度仪式做准备。摆桌的祭品一式两份,分为生食和熟食,此外人们还另外准备了许多筐瓜果蔬菜。熟食可在祭拜后由信众带回自行享用,生食和瓜果则准备在烧王船之时投入海中以慰海上英灵。

在锣鼓声中,工作人员把纸糊的五王神像送上王船,安在王船正中的官亭里。接着宴神开始了。

图 11

　　道士于供桌前赞咏，邀请各路神明（主要是道教神明，例如救苦天尊）降临。此为请神巡筵。而后是施食赈济环节。高功换上普度专用的服饰道具——五狱冠（五老冠），开始举行普度施食仪式。此时乩童亦起乩，先于王船前祭拜，而后在场内踱步。施食赈济阶段主坛道士及乩童遍撒甘露法食（还有香烟、硬币等）予众孤魂，望其能享用后不为厉。民间观念认为经高功道长持咒变食后之法食具有吉祥平安的象征，因此施食赈济阶段台下聚满大批信众等待接赠法食以分福分。施食完毕后，道士敲木鱼，说文送孤。至此普度仪式结束。

3. 王船出巡

　　安置好参与游街神明的神像后，王船就做好了出巡的准备。此时要举行点兵将仪式。高功道长唱《官将送船歌》，清点官将，并做出摇橹、拉纤等动作示意船上的水手。点完兵将后，高功开始清点船上用品，每点一样其他道士就要应一声："有！"。然后高功宣布人马清点完毕，用品齐备，准备吉时起航，并拿起酒杯向王船泼酒三杯，告祝福之词，祈愿王船出巡一帆风顺，家家户户平安顺利，每祝一词，周围群众即大声应和道："好！"

　　点兵将仪式结束后已是一点半，王船开始出巡。打头的是挥舞五色令旗开路的人们和三太子神舆，运着礼炮的汽车，接着是运着神明的汽车和龙王的神轿。龙王走了之后，艺阵队伍一边表演一边跟在后面。最后出来的是一路唱诵咒语的礼生，和负责引导王船的代表池府千岁副身的乩童脩方龙先生。在他们的带领下，收起风帆的王船被人们推出停放地，走进出巡队

图 12

伍。池府千岁的八抬神轿在最后押尾。

　　在行进途中，人们不时摇动池府千岁的神轿，向前冲撞。走到大马路上的时候，轿子已经到了王船的前面。乩童和礼生也走到了艺阵的前头。阮老先生在大学路上起乩，登上池府千岁神轿。每当队伍变换，抬着哪吒三太子神舆的人们就会到各位神明所在的交通工具前颠轿、转轿、驱邪开路。出巡的路线由王船停放点至珍珠湾沙滩，由于考虑到交通问题（尽量不逆道前进）、王船行进的禁忌（不能走回头路）以及绕境的需要，整条路线基本上围绕了蜂巢山社区和整个厦港街道。

　　4. 王船下水

　　到达沙滩后，人们把船推到近海处。艺阵、道士绕船三圈。阮过水先生在沙滩上用罗盘调试王船下水的方位，人们也不断挪动王船以找准位置。调好方位后，两位乩童随即跑入海中，据说这是王爷让他们视察航道。人们把他们拖上沙滩，接着阮老先生用手在沙滩上刨出两条沟，这叫"开水路"，是为王船通往天河（象征意义上的）开辟的道路。

　　"开水路"之后，在船上的工作人员开始把原本为了出游方便而收起来的船帆张起来。这意味着王船就要出发了。

　　一切准备就绪后，信徒们在道士带领下，到王船前上香，礼拜，祈求平安。艺阵、神轿活跃起来，为告别助兴。人们把准备献给海上英灵的一筐筐祭品投入海中。工作人员往船上添载纸钱。道士开始绕船，最后，高功向王船进香后，把香向海中抛去，然后回身执笏向船行礼。此刻鞭炮、仙乐齐鸣，

图 13

图 14

宣告吉时来到。

　　在礼生的唱诵之中,阮过水老先生把用纸钱折成的令箭点燃,引火向王船。王船很快就烧起来了。因为只有桅杆倒下才象征着"王爷"离开,所以在这过程中礼生要不断唱诵请神咒语以请求各路神明加持护航。一般来说,在桅杆倒下的时候,围观民众要大喊"发",这意味着来年会有好兆头。

　　王船化吉之后的几天是一系列的收尾工作,包括犒军收五营、请神明归位、收拾器物等。农历十月十五还要举行"谢平安"的活动(同时也是水官

图 15

图 16

诞）。收尾工作中有一系列杂碎的活儿，一般是由妇女来承担。

　　尽管出巡和烧王船的片段实际上是发生于"送王"意义对王船的占有之后，但作为承载重要祭祀功能的器物，王船的在场贯穿这个仪式的始终，其意义之重大可见一斑。如吉尔茨所说，意义是源于使用而起，更确切地说，是从使用中产生的。[①] 形式和内容的统一性是,文化上的成就在其发生的地点、程度等方面自有其内在性,它并不是一种哲学的同语反复。[②] 从王船复杂的制作程序和所呈现的样貌来看,这种技艺上的独具匠心并非完全出于审美的目的,而更多地反映了与厦港渔民生活息息相关的价值观念和地方性知识。这种工艺的力量,使王船由一个无生命的死的物变成一个能与使用者在精神上沟通的,具有某种神性的生命体。因而我们可以说,王船是一种有意味的形式。

二、变与不变:场域中的人

在主体祭仪的场域中,也存在着不同的分工与禁忌。这种分工体现了整个仪式过程中各类角色的等级皆序。首先是专业神职人员。这一部分包括乩童和道士。乩童是闽南地区非常盛行的灵媒(闽南语称为"童乩")。乩童通过神明上身的方式来传达神明指令,操作整个仪式,是送王船仪式的核心人物。道士则负责仪式中醮法的操作,包括设置三坛、领经拜忏等。此外,在请神、宴王、普度等科仪中与乩童配合,发挥着关键作用。除去神职人员,现场还有服务于王醮仪式的其他工作人员。从服装上看,正式的工作人员有两种。身着黄色服装的人员行使的职责相当于闾山教中的"三坛",作为"服侍神明的一方"提供服务(围绕在乩童周围);红色服装的人员则是负责协调场内大小事务的。不过,有时也会有一两位身着红色套装的人在乩童周围活动,联系内外。黄色服装的人员主要从事的工作有:唱念请神咒语、为乩童的活动提供道具(如线香的准备、乩童的换装)。唱念请神、退神咒语的人员称为"礼生"(即"三坛"中的"小法"),他们需要运用闽南特殊曲艺"令尺鼓"来吟唱咒语。身着红色服装的人员主要负责协调场内各项工作,例如抬轿、物资准备、王船的看管与保护、维持秩序等。在红色服装中,还分长袖套装和单纯的马甲。穿长袖红色套装的多为龙珠殿理事会成员,

---

① [美]克利福德·吉尔兹著,王海龙,张家宣译:《地方性知识》,中央编译出版社2004年版,第154页。

② [美]克利福德·吉尔兹著,王海龙,张家宣译:《地方性知识》,中央编译出版社2004版,第131页。

负责一些与祭仪相关的大小事务。身着红色马甲的多是负责外部事务的人，例如负责拍摄的人员、维持秩序的信众，等等。穿有"厦港龙珠殿池府千岁"的红色绶带的人员机动性比较强，有些是为了接替较为辛苦的体力活（例如抬轿）而临时请来的青壮年。一些别的庙宇过来助阵的人员（没有代表自己庙宇的服饰的）也身着马甲或写明庙宇名称的绶带。此外，在准备祭品的过程中，一般的女性信徒则身着红色短袖。除去神职人员和工作人员，现场还有大量的信众。信众中同样存在着信众代表和一般信众的划分。信众代表（乡老）由三位身着深蓝色长袍的信徒担任，主要职责是在王醮时候由道士带领，向千岁诵经、拜忏等，并代表社区群众接受千岁的祝福。王船未出游之前的祭祀仪式中，船是被红绳围成的结界与外界隔开的，只有身着黄色制服和部分红色长袖套装的男性人员能够进入结界。

近年来，作为一个已经成功申报国家非物质文化遗产的重要民俗文化行事，厦港的送王船越来越受到各方的关注。与 2012 年相比，2015 年的厦港送王船活动规模大大增加。这其中，当然少不了来自各界的支持。龙珠殿的主持早年跟随国民党到台生活，他到基隆后也建了一座龙珠殿，可说是厦港龙珠殿的分庙。因此，自 90 年代复办以来的每届厦港送王船，必然是两岸信众共同参与的重大行事。历届的送王船活动都要耗费巨资，而这其中最重要的来源莫过于信众的慷慨解囊。此外，作为一项具有重要文化意义的活动，送王船也引起了众多学者的关注。厦门大学人类学系的许多老师曾对此有过研究。2015 年的送王船行事中，主办部门还特别邀请了厦门大学人类学系的石奕龙教授登上文化讲台，为参观本次仪式的人们讲解背后的文化意义。金门大学建筑系的林美吟老师对沙坡尾的空间改造和利用进行了长期研究，近年的几次送王船活动中，她都带着学生前来参与。此次活动也吸引了央视大型纪录片《沙坡尾》的摄制组成员。他们在沙坡尾驻扎已有一年，主要记录厦港渔民的生活史。此次王醮活动中不仅摄制组人员全程跟拍，还出动了精密的航拍设备，全方位进行录制。新中国成立前的送王船，还只是由龙珠殿理事会的成员们筹办、讨海人群体参与的行事；而今的送王船，不仅由沙坡尾社区居委会负责主办，还得到了来自思明区文化馆、非遗保护中心等政府力量的支持。可以说，当今的厦港送王船，已不仅仅是厦港渔民的狂欢，而是一项全民参与的活动了。近年来，随着越来越多的人开始了解王醮和王爷信仰，参与活动的年轻人也越来越多。龙珠殿的理事会中，也注入了不少新鲜血液。与长辈们不同，他们对于王醮的解释更有去神秘化的味道,原本多少具有一些诡秘色彩的送王船在他们的描述中更贴近大众,这或许与政府对于"送王船"作为非遗民俗活动的全民性普及策略相关。

三、从"标本化"到"同戏":对疍民博物馆的反思

近年来,由于沙坡尾避风坞渐渐失去功能,厦港渔民也多被要求停业上岸。沙坡尾作为渔港的功能基本消失。然而,此地独具特色的疍民文化却面临成为无源之水的困境。沙坡尾改造计划中指出,将在此处建"疍民博物馆"以保护发展文化产业。这种做法也引来了多方质疑,一些人认为这种将疍民生活"标本化"的做法无法很好地保存历史记忆。考虑到"送王船"是疍民生活中的重大行事,王船必然会列入陈列事项。然而,如何通过器物来展示疍民独特的信仰,却是值得思考的。尽管王船的形式承载着特殊的意味,但要使形式产生意味,需要一定的语境。伽达默尔认为,只有从解释学的同一性来看,保留着的作品才真正算得上是"作品"……如果这种效果反应就是作品的同一性,那么它始终就是"同戏者"用真实的感受,真实的经验充实着艺术作品。[1] 也就是说,同戏者在艺术作品中主动地灌注了自己的生活积累。如果说仪式中的王船尚且不能成为真正的艺术品,那么进入展览馆的王船,在本质上实现了向"构成物(Gebilde)"的转化。但是,如果脱离了语境,这种转化将是空洞的。艺术品的敞开要求读者的接受和前见,在博物馆的情境中,提供"同戏"的环境是促进对艺术品理解的方式。在今天的博物馆实践中,以时间顺序陈列物品的做法不免要陷入进化论的窠臼,而人类学博物馆的出现则呼唤一种更具整体观的陈列模式。博厄斯曾论述过理想的民族展览模式:以"器物标本"为圆心,向外扩散和推移的立体空间结构,展品周围安放与它的生产使用相关的人和环境,以及影响这一生产和使用过程的其他文化现象。[2] 在此情况下,全貌式的疍民博物馆会是一个值得期待

---

[1] [德]伽达默尔著,张志扬译:《美的现实性——作为游戏、象征、节日的艺术》,三联书店1991年版,第40页。

[2] 尹凯:《博物馆的民族志书写——以林惠祥的厦门大学人类博物馆(1953—1966年)为例》,《北京民俗论丛》第二辑,学苑出版社2014年版。

的选择。尽管在博物馆的空间内无法实地呈现送王船的仪式戏剧，但在光影技术发达的今天，以摄影、影像民族志作为博物馆的陈列方式之一，却不失为一种直观的方法。目前，沙坡尾社区正在建造一处王船文化景观，这项事业也得到了国家经费的支持。龙珠殿理事会邀请了来自龙海月港的造船名匠，将在沙坡尾建造一艘6～7米的王船模型。考虑到此模型的展示而非祭祀功用特性，船上将装备具有厦门特色的工艺。例如漆线雕、传统刺绣等。另一方面，考虑到向全民普及沙坡尾独特文化记忆的需要，沙坡尾民俗文化传习中心也正在积极筹建中，届时将向社会各界筹集厦门重要历史文物、文献，预计将建成一个小型的文化展示、交流会馆。这样的展示能否重现讨海人生活形象，有待观察。

既然要强调语境的重要性，那么就不得不关注支撑"送王船"行事的王爷信仰。所谓"王爷信仰"是学者对于流行于闽台地区的一种人格神信仰的统称。王爷的来源至今无一定论，从各种各样的王爷传说原型来看，他们多是一些蒙冤而亡，或战功显赫，或为舍身救人的人死后转化而来的。

厦港的池府千岁信仰是王爷信仰的一种。概括说来，支撑厦港地区渔民精神世界的有三大信仰系统：保生大帝、妈祖、池府千岁信仰。其中，保生大帝主管医药，妈祖主管海上平安，池府千岁则作为"惩恶扬善"的地方官员的代表，维护着本地治安。同时，厦港的池府千岁信仰具有突出的在地化特性。从厦港地区"池府千岁"的信仰主体来看，这一信仰属于海洋信仰。而池府千岁在厦港在地化的最明显特征在于渔民群体赋予其的渔业神身份。厦门港人口组成主要为疍民后裔。疍民主要姓氏为张姓、阮姓、欧姓。这三姓占了厦门港渔民的大多数。[1] 他们早先均从九龙江迁至厦门港，据说是他们最早在渔船上供奉池府千岁神像，并把这种信仰带到厦港。在当地渔民口中，池府千岁就是俗称的"钓艋王"和"钩钓王"。钓艋，是闽南沿海地区广泛使用的优秀渔船，钓艋上以多种延绳钓作业为主。当地居民称"钓艋"指的就是延绳钓这种外海作业方式。"钩钓"则是一种简单的内海作业。[2]"钓艋王"和"钩钓王"就是这两种不同类型作业方式的行业神。在今天，依然有以"钓艋王的后代"和"钩钓王的后代"区分不同渔民世家的说法。近年来，

① 钟毅峰：《厦门港疍民生计方式及其民间信仰》，《中国社会经济史研究》2007年第1期。
② 厦门市地方志编纂委员会：《厦门市志》第三册，方志出版社2004年版。

随着造船技术的发展,钩钓和钓艚两种经典作业技术已经基本消失了。在龙珠殿内,只剩下少数上了年纪的老人能够指认出钩钓王的神像(虽然在渔民的认知里,池府千岁即是钩钓王又是钓艚王,但其实他们有不同的神像)。原先龙珠殿还有一位作为钩钓王乩身的乩童,现在也已去世。虽然龙珠殿门口的 LED 灯上特别标注了龙珠殿的别名"钓艚王宫",但随着时间的流逝,知道"钓艚"为何物的人也越来越少了。随着"钓艚王"这个名称对"池府千岁"的占有解除,厦港的池府千岁信仰群体也由原先的渔民群体扩展到不从事渔业生产的当地其他居民中(在当地渔民的群体划分里,这些居民是与作为渔民的"讨海人"相对的住在岸上的"山顶人")。近年来,随着沙坡尾避风坞功能的逐渐衰弱,以及沙坡尾整体改造工程的实施,渔民的生计也发生着巨大的变化。被要求上岸定居的老一辈渔民现已大多不从事渔业捕捞,年轻的讨海人后代则更多地选择外出打工赚钱而不是继续渔业生产。但是近年来的"送王船"活动却有越办越隆重的趋势。王明珂在《华夏边缘》中指出,一个族群往往以共同的仪式来定期或不定期的加强集体记忆。[①] 从参与此次活动的人群来看,这次活动不仅有大陆的信众参与,一些到台定居的原厦港居民的亲眷、在海外侨居的讨海人后代亦借此机会与家族团聚。因此,我们也可以将"送王船"视作讨海人对其族群记忆与身份认同的一种强调。这几年随着"送王船"活动的复办以及申遗,龙珠殿的影响力也越来越大,很多不是从事渔业生产的人也来拜拜。

另一方面,从这一信仰自身来看,由"钓艚王"到"池府千岁"的命名转变过程,有一种"神阶上升"的色彩。在闽南大大小小的王爷之中,其实是存在等级的。"敕令代天巡狩"的头衔即是一种帝国官僚的象征,而"千岁"这一称呼则被认为是皇帝的兄弟。厦港的送王船活动中所说的"三十六官将",很有可能是三十六进士系统的王爷神,不过在这里被作为五府千岁的部下罢了。在当地人心中,"三十六官将"是"在外的",而池府千岁才真正属于社区守护者。这种观念形态类似于武雅士对汉人民宗教中神(代表官)、祖先(代表家族)、鬼(代表外人)的划分[②]。在当地渔民的描述中,我们注意到,王船上不仅仅有高级官员和船务人员,还存在着一些被押解的无主孤魂。这

---

① 王明珂:《华夏边缘——历史记忆与族群认同》,社会科学文献出版社 2006 年版,第31 页。

② [美]Arthur P. Wolf 著,张珣译:《神、鬼和祖先》,《思与言》第 35 卷第 3 期,1997 年。

些无主孤魂被称为"谢册仔"或"好兄弟"，是海难中丧生的未知死者的灵魂。死而无祀，将为厉鬼。通过送王船的仪式，厦港人民也对这些不平之魂进行了安抚，并借由神明的力量将其渡往他方。这种独特的神鬼阶序系统，也反映出了民间文化所受到的纵向帝国结构的影响。而对于一种宗教信仰来说，要持续发挥它的影响力，也必须自身做出调整，以适应更广泛的群体的需要。

历来对于王爷信仰及"送王船"行事的研究，多从仪式文本和神灵观念上着眼，而较少涉及物的考察。其实，作为一种独特的人工制品，王船本身的制造和使用也烙上了文化印记。以人类学的方法进行研究艺术意味着在具体研究中需要知道艺术的生产地、艺术的制作者、艺术的用途、艺术的功能以及它对制作者意味着什么。① 在疍民文化语境中对王船进行研究，或许会是一个可以尝试的切入点。

---

① 李修建：《当代西方艺术人类学研究中的几个基本问题》，《内蒙古大学艺术学院学报》2010 年 7 月第 2 期。

第六章
文化空间视角下的
歙县渔梁古村落保护

❋ 王天羽　李　昕

　　了解一方水土,必先了解其历史。据悉,歙县历史上总共有 9 部县志,分别是明万历《歙志》、明天启《歙志》、清顺治《歙志》、清康熙《歙县志》、清乾隆《歙县志》、清道光《歙县志》、民国《歙县志》、1959 年版《歙县新志》、1995 年版《歙县志》和 2011 年新出版发行的《歙县志》。从方志中,我们了解到"渔梁"这一名称的由来,一说是唐代在练江上筑石梁(渔梁坝)蓄水,因而称其村为"渔梁";另一说是从地理上,村子的整体形状像一条鲤鱼,东西向的渔梁老街为"鱼鳞",各南北向的巷弄为"鱼鳍",老街上的鹅卵石路面像鱼鳞,故名"渔梁"。

　　在最新版的《歙县志》中,还有一种说法:"或说以先居之余姓名村,据《余氏宗谱》记载,约熙宁、元丰年间(1068—1085),余靖自遂安迁城南,以姓名村曰余梁,后余姓式微,改为渔梁。继余姓有施、杨、胡、巴诸姓迁入,约元至元末年(1287—1293),姚姓迁入,后又有朱、江、高、阮、毛、汪诸姓陆续迁入,姚姓为村族主干。"[①]方志中,"渔梁"一词的出现多是在水利卷中,以渔梁坝的形式出现,足可见该坝在历史上的重要性,故因坝而名的说法较为可信。而我们从这里也可以看到渔梁这个村落和新安江水运的兴衰有着密切的联系。作为紧邻徽州古城的古徽州主要水陆商埠之一,它的布局和建筑除了典型的徽式建筑风格外,必然有一些同其他徽州建筑不同的地方。我们试图从渔梁的建筑中发现徽派建筑的共性,以及其作为一个商埠所特有的建筑文化。

　　"文化空间"也称"文化场所",最初是联合国教科文组织在保护非物质

---

① 参见《歙县志》,2011 年版。

文化遗产时使用的专有名词，本义是指一个具有文化意义的物理空间、场所、地点①。在联合国教科文组织的《人类口头和非物质文化遗产代表作条例》中进一步界定了"文化空间"的意义："'文化场所'的人类学概念被确定为一个集中了民间和传统文化活动的地点，但也被确定为一般以某一周期（周期、季节、同程表等）或是以一时间为特点的一段时间。这一时间和这一地点的存在取决于按这一传统方式进行的文化活动本身的存在。"②

文化空间是民俗民间文化的重要载体之一，是传统文化传承和发展的土壤。我们认为，在渔梁，其村落建筑所构建的不仅仅是一个供当地人避风挡雨、饮食起居的物理空间，建筑本身所蕴含的文化意义、人们在建筑中所进行的传统活动，以及人与建筑相互作用过程中产生的当地文化，其实已然构成一个文化空间。渔梁古村落若是抛开其地理位置和建筑，其历史韵味就会大打折扣；反之，若是抛开其居民和他们的生活模式，一条老街和些许老屋亦缺少生气，和那些陈列在博物馆玻璃柜中的文物别无二致，我们不再能感受到在地文化所带来的那种文化氛围。这样的景观也是割裂的，不完整的。因此，遵循人类学整体性的研究方法，我们选取从渔梁的"文化空间"角度来整体探讨渔梁的建筑和人之间的密切互动关系。

拉普普的《住屋形式与文化》从文化人类学的视角看建筑，用观念性的架构来解释住屋形式的多样性及影响它们的力量，指出气候、经济、材料和基地等因素并不是决定住屋形式的唯一因素，社会文化因素更为关键和重要。他认为："住屋不仅是一个架构，它是一连串复杂目的连缀而成的系统。"③，"住屋的形式是最广义的社会文化因子系列的共同结果"④。这为我们对渔梁建筑的研究提供了一个方向，在建筑本身的特色之外更多地去挖掘建筑下的社会文化因素。

在书中，他将建筑大致分为了两类：归属于壮丽设计传统和归属于民俗传统，后者又可分为原始的和乡土的两类，"乡土的"之下又可细分为"工业化之前的"乡土和"现代的"乡土。作者将笔墨侧重在归属于民俗传统的建筑，相对于"官派"建筑，它们更能真实反映人们对"理想"住宅的追求。原始

---

① 向云驹：《论"文化空间"》，《中央民族大学学报》（哲学社会科学版），2008年第3期。
② 参见《中国民间文化遗产抢救工程普查手册》，高等教育出版社2003年版。
③ 参见拉普普著，张玫玫译：《住屋形式与文化》，台北境与象出版社1969年版。
④ 参见拉普普著，张玫玫译：《住屋形式与文化》，台北境与象出版社1969年版。

部族中,食物与知识都共享,部族生活的方方面面都为人人所关心,建造房屋还未分化为一门专门的职业,人人都掌握着这项技能和知识,皆能自行建构。一些形式得到普遍的认可逐渐推广和普及,经过不断调整,直到满足了大部分文化、实质和维持方面的需求,就成了"定型"。当社会发展到一定程度,建筑工人负责了大多数住屋的建造时,就进入"工业化之前的"乡土建筑。"当工人为一个农人建农舍,两个人心里都有个大致的样子,无论格式甚至材料,剩下的只是细节问题。形式依所存在的问题和可行的解决办法调整。"①

这种情形为我们的研究提供了另一个切入点,也就是渔梁及其附近村子的住屋,从过去至今,大部分都是当地的建筑师傅所建,他们对当地的情况有深入的了解,用什么料,选什么天气,用多长时间都十分老到,最重要的是他们和屋主对屋子都有很相近的构图,需要讨论的不过是细节。我们在渔梁所看到老建筑,其实就是建造者和使用者同心协力的结果,这其中或许就有当地人的某种约定俗成的传统在其中,抑或他们关于自然和社会的认识。这也是我们在田野调查的过程中决定访谈紫阳村江师傅的主要原因之一。

此外,徽派建筑以及文化空间方面的相关文章,如胡华令的《徽州古民居村落》,何红雨的《徽州民居形态发展研究》,向云驹的《论"文化空间"》,以及张艳玲的《历史文化村镇文化空间保护研究》等,让我们清晰的掌握了徽派建筑的主要特点和发展脉络,文化空间的相关理论和延伸探讨,为我们的田野调查提供了方向和指导。

一、渔梁概况

渔梁位于安徽省黄山市歙县徽城镇,毗邻国家历史文化名城歙县,村落沿练江(新安江支流)两岸分布。民国年间曾设渔梁镇,1955 年撤镇划为徽城镇渔梁街区。2005 年 9 月入选第二批中国历史文化名镇名村名单。

渔梁在唐代已形成街市,它的发展和渔梁坝的兴建有着密不可分的关

---

① 参见拉普普著,张玫玫译:《住屋形式与文化》,台北境与象出版社 1969 年版。

系,渔梁的名称也由坝而来。在《徽州府志》中,多以"石梁"、"石坝"指称渔梁坝,而紧邻渔梁坝、因坝成街的古街便以"梁下"为名。

根据明弘治年间的《徽州府志》记载,渔梁坝"在府城南三里,旧有。以扬之水及黄山诸水凡四溪会流于城西,陡泻而下,无复停蓄,故为津梁以缓水㳇"。渔梁坝始建于唐朝,明朝万历三十三年(公元1605年)重建,入选第五批全国重点文物保护单位名单(2001年06月25日国务院公布,共518处,古建筑类248处)。

表1 第二批中国历史文化名村名单

1.北京市门头沟区斋堂镇灵水村	2.河北省怀来县鸡鸣驿乡鸡鸣驿村
3.山西省阳城县北留镇皇城村	4.山西省介休市龙凤镇张壁村
5.山西省沁水县土沃乡西文兴村	6.内蒙古土默特右旗美岱召镇美岱召村
7.安徽省歙县徽城镇渔梁村	8.安徽省旌德县白地镇江村
9.福建省连城县宣和乡培田村	10.福建省武夷山市武夷乡下梅村
11.江西省吉安市青原区文陂乡渼陂村	12.江西省婺源县沱川乡理坑村
13.山东省章丘市官庄乡朱家峪村	14.河南省平顶山市郏县堂街镇临沣寨(村)
15.湖北省武汉市黄陂区木兰乡大余湾村	16.广东省东莞市茶山镇南社村
17.广东省开平市塘口镇自力村	18.广东省佛山市顺德区北滘镇碧江村
19.四川省丹巴县梭坡乡莫洛村	20.四川省攀枝花市仁和区平地镇迤沙拉村
21.贵州省安顺市西秀区七眼桥镇云山屯村	22.云南省会泽县娜姑镇白雾村
23.陕西省米脂县杨家沟镇杨家沟村	24.新疆鄯善县吐峪沟乡麻扎村

在渔梁坝左岸,有刻着"全国重点文物保护单位"标志和简介的石碑各一座。简介如下:

渔梁坝建于隋末唐初(618年前后),经历代修建成为我国古代石质重力溢流坝。坝长143米,横断面呈不等腰梯形,坝面偏南设置三道水门(泄流道)。坝身石砌,面石用花岗岩,条石之间以石银锭榫、石键等连接,中并立石柱。坝趾有石护蓿、石护坦。坝附近有崇报祠(坝祠)、神庙等附属建筑,明万历三十五年(1607年)《重建渔梁坝题名碑》等碑刻现陈列于崇报祠内。

渔梁坝,是我国古代杰出的水利工程,是研究我国水工科技历史的宝贵实例,是我国古代,保护自然创造良好生态环境的优秀环保工程。

根据安徽省人民政府划定,渔梁坝,保护范围:整座及其南北各 30 米,东西各 40 米;崇报祠北十米,其余三面至街巷;姚家巷口经坝神庙至百步阶级堤岸。建设控制地带:坝北岸渔梁街、南岸龙井山、紫阳山北麓。

相传渔梁坝是由曾在隋朝义宁年间称吴王的唐越国公汪华所建,后世多次重修。渔梁坝扼练江,合歙、黟、休宁、祁门、绩溪五邑之水,上通黄山、祁门、徽州府城,下达杭州,是新安江上游要的水运枢纽,对徽州地区的发展有重要意义。

渔梁街市的形成与发展,都依托于渔梁坝。渔梁坝建成后,为保护堤坝,官府下令禁止在堤坝上堆积货物,于是上下游的货物都需要卸下后经大大小小的水运码头,从渔梁街穿过,再装船。往来行商带动了渔梁街的发展,货栈、商铺等纷纷出现,渔梁街成为集居住、水运码头、仓储中转、批发零售等功能相结合的综合性社区。渔梁街上的建筑也相应地具有店坊结合的特色,现存的许多房屋还保留着商业、仓储、居住、码头等多种用途于一身的结构。如渔梁老街上的铁铺"同和堂"和"巴道夫过塘行",都是前店后坊的格局。街道靠近练江的房屋,多在屋后有小型的私人码头,方便自家人和货物的进出。

二、渔梁建筑及其所形成的文化空间

(一)自然文化空间

徽州素有"八分半山一分水,半分农田和庄园"之称,于碧水青山间,粉墙黛瓦的徽州古村落星罗棋布。在这样的自然环境下,如何适应自然、利用自然资源,成为渔梁等徽州村落形成和发展的基础。

渔梁村落对自然环境的适应和利用体现在村落分布形态、街道建设、建筑特色等方面。

许多徽州古村落都以山为屏,以水为魂。如黄山市著名的八卦村呈坎,就围绕湖泊和河流分布。呈坎周围的八个山头如先天八卦,而其中的湖泊状如太极鱼,村落以湖泊为中心铺呈开来,这样的"水口"使得村子的财运福气源源不断。渔梁虽然也"靠水吃水",但是村落的形态与呈坎完全不同。

北有问政山，南有龙井山和紫阳山，渔梁村落沿练江呈东西带状分布。这种村落形态既充分利用了自然地势，又有利于借助水运要道的便利条件来发展商业。黄山市另一处徽州古村落屯溪老街，也是依托于水运便利发展起来的商业集镇。屯溪老街处于新安江、横江、率水三江交汇之地，地势平缓，可用建筑土地多。因此主街道虽与水道平行，但背水一侧多有较深的巷道，主街道以店铺为主，巷道内则多住宅、祠堂等建筑。而渔梁老街则不同。地势限制下，渔梁的建筑用地有限、人多地少，商业用地和居住用地的区分很难实现，店坊结合因而成为渔梁老街建筑的一大特色。

走在渔梁老街上，最引人注目的可能就是街道两旁古旧的木板房和脚下由青石板和鹅卵石铺成的路面。东南大学和歙县文物保管所合编的《徽州古建筑丛书——渔梁》中提到，渔梁老街的形态如肚朝练江、背向问政山的大鱼，而渔梁老街上的鹅卵石路就是鱼鳞，老街也被称为鱼鳞街。但也有当地居民称，鱼鳞街只是政府为了推动旅游开发而制造的景观。除了渔梁老街，我们在呈坎等古村落中也见到了石板路和鹅卵石路。无论鱼鳞街的历史如何，这种石板、鹅卵石镶嵌而成的路面，既利用了徽州丰富的石料资源，也起到了防治泥泞、防滑、便于排水等作用。

渔梁老街的建筑，很好地体现了徽派建筑"天人合一"的特色。与世家大族聚居的棠樾古村落中追求审美和气势的深宅大院不同，渔梁的房屋更有生活的味道。在这里，每一寸空间似乎都曾被细细考量，再三布置，才在这狭窄的两三进小院落中安排下一大家人的生计和生活。首先，房屋的结构适应了有限的自然环境。人多地少、地势限制的条件下，渔梁老街上的房子多面积较小、纵向延伸，且以二层为多。这样既扩大了居住空间，也有利于隔绝地面潮气，便于居住和储存粮食、盐、茶叶、药材等货物。房屋面积较大的二三进院落，多以第一进为店铺，第二、三进居住。老街上的百年老字号药铺"元和堂"，就是典型的"前店中坊后宅"的店坊结合式三进院落。元和堂第一进为药铺，第二进为炮制药材的作坊，第二层阁楼用作药材的储存，第三进则是左右对称、背靠背的厢房，分别从两侧的走廊进入。厢房后有厨房，厨房顶上曾有晾晒药材的晒台。而只有一进的店坊结合式的房屋，多一楼为店铺、二楼居住，我们相熟的撑船的张师傅家就是这样的构造。另外，靠江的房屋多为吊脚楼，既适应地势，又能防潮防汛，且在屋后有台阶或私人码头，直通江岸，十分方便。

其次，建筑材料利用了当地的自然资源。渔梁老街上传统的民宅以砖木结构为主,也有部分完全是木架构。紫阳村的建筑师傅江师傅称,当地的房屋,多以松木、桑木为梁架,以樟木、柏木为雕刻用料。这些木料是当地常见的木材,不仅结实耐用,而且就地取材可以减少费用。除了砖木石搭建的房屋,我们在渔梁还看到了各种竹制的生活用品。渔梁多山,气候温暖潮湿,适宜竹子的生长。当地人采笋为食,取竹作器,竹椅、竹凳、竹篦、竹制晾衣架等处处可见。

徽派建筑的一大特征就是用长石条砌成的石库门,坚固气派。渔梁老街上的建筑虽因商业用途和居住用途的结合,第一进是以由可拆卸的木板为门的商铺,但有财力的人家多在第二进开始建坚固的石库门。同和堂的第二进院门便是如此,稳固的石库门、厚实的门板,保障了主人家的安全。

徽州人崇尚风水,大到村落布局、地方发展,小到私人住宅、个人运势,都常有一套风水的解释。当地的建筑多为"高墙深院小窗户",既有防盗的考量,也符合徽州传统文化中"暗室生财"的风水观。徽州地区的繁荣离不开水运的便利,在徽州风水观念中多以水为贵。村落布局重"水口",私人住宅则重天井。天井作用有四:一,天井有利于自然采光和通风;二,可将雨水集于天井后排出,既便于排水也在"四水归堂"中汇聚财气;三,天井具有安全、家庭文化空间等文化隐喻;四,天井中多置放水缸,且可以减少外墙窗户,能够防火防盗。"八分半山一分水",优美环境却也是建造房屋的限制。地形多样、人多地少,以及复杂的产权关系变化,使得房屋往往不是规整的矩形,也难以选择合心意的朝向。在这样的情况下,房屋多采用改变门的方位和角度来趋吉避凶。

渔梁的传统建筑对自然条件的适应和利用,既是自发的文化适应,也有自觉的精神追求。建筑用料和结构特色展现了人们对生存环境的积极适应,而通过方位、布局等来改变风水、趋利避害,体现了渔梁人对美好生活的向往。

(二)社会文化空间

1.经济社会

渔梁曾是古新安江通往杭州的第一水码头,作为徽商由水路走向江浙和全国的起点站,以及集商业、交通运转和货物集散、船工集居地为一体的非农业性村落,经济文化在村落整个文化空间中的地位显得尤为突出。旧时歙县的茶叶、竹木及其他土特产由此运出,沿新安江下贩杭州,食盐、煤油、布匹等由此输入,商业街由此形成。

渔梁的建筑主要沿渔梁老街左右对称分布,也足以体现商业对这个非农业性村落的重要性。从这条老街上,我们可以看到它所独有的一些商业街文化。

首先,过去的渔梁古街,店铺林立,种类繁多,当时的兴盛可见一斑。在东南大学和歙县文物保管所合编的《徽州古建筑丛书——渔梁》中,对过去店铺的位置和名称等做了整理,绘制了一幅分布图。在田野调查的过程中,我们也利用观察建筑门楣、外墙上的斑驳字迹、询问屋内主人和周围邻居等方式,了解过去店铺的情况。有的我们仍可以看到×××行或×××记等字样,有的则只能从当地人口中打听到,有的还存在矛盾和争议,这给我们的田野调查带来了困难。综合书上所绘和我们所得到的田野资料,我们大致可知,渔梁老街过去有米店、豆腐店、食杂店、包子铺,又有船行、木行和铁行,外加官盐行、运输行、当铺、药店等总共四类二十八种,数量不下百家。这些店铺不仅仅是服务当地居民,更多的是批发、中转贸易等。但目前仍保留下来的店铺不多,仅有"元和堂药铺"、"巴道夫运输过塘行"、"黄茂记百货号"等几家,且早已不再营业,仅做景点供参观之用。

其次,为了适应商业街的需求,渔梁沿街的房屋基本都是"前店后宅"或"前店中坊后宅"的形式。这种店坊相连又相对隔离的形式,有效地将商业活动和家庭日常生活分开,互不干扰。以元和堂药店为例,临街的店铺就是药店的门面,里面有药柜和柜台,往里走有门将店面和中坊相隔开,中坊过去应是加工和储藏药材的地方,因此和渔梁其他建筑都不同,没有设天井,故光线十分晦暗。仅在顶上开有一个天窗,光线通过一个楞台形的通道进入屋内,尽量避免阳光照射和潮湿空气带来药材的变质。从中坊进入后宅,由于侧墙上"凹"字形的开口,采光十分充足。后宅主要就是主人一家饮食起居的地方,厨房、卧室等都设在这里。据屋子主人介绍在厨房的二楼,过去曾是晒药材的一个天台,现在没有了。可见,渔梁的建筑,即使有着相似的前店后宅或前店中坊后宅形式,根据房屋的实际用途不同,在结构和一些细节上还是呈现出不同的特点。

再次,渔梁古街如此窄,人群熙熙攘攘,岂不容易经常堵塞?其实不然,古街两旁大都是两层木排门房,营业时木排门完全打开,将街上的商业空间拓展到店中。这样街上的行人随时可以进入店中购买东西或是交谈,而不会站在街上挡到他人前行或造成拥堵。和传统的徽式建筑相比,徽州传统民居是封闭式立面而且有明显而突出的门罩，两侧的风火山墙是其主要特征，但渔梁古街的建筑则很难找到这些特征，木排门开放式立面，两侧无风火山墙。能完全打开的木排门除了能拓展空间外，由于房屋两头都有门，还能在洪水来临时，加快泄洪，减少店铺损失。渔梁古建筑的与众不同之处，都是为了适应商业街的实际需求。古街中段的狮子桥则提供了一个交谈休息的公共空间，至今仍发挥着作用。

渔梁作为曾经繁盛一时的水运交通枢纽，旧时自然也是形形色色的人物的聚集地，不乏身份地位等阶层文化。过去定居渔梁的，多是码头工、渔民和商家等，与徽州其他古村落动辄"一门三进士"和"父子宰相"的显赫相比，渔梁不过是一个平民社会。但是平民社会中也有阶层差别和贫富差距，在建筑上也有所反映。

在田野调查的过程中，我们偶然访谈到一户过去是地主的人家。房屋在毛时代就因打土豪和"破四旧"损坏，且现在整个宅院因兄弟分家从中间用墙分隔开来，但还是可以看到整个宅院的宽敞。保留下来的石库门，据说是用整块石头做门板的，十分沉重，能起到很好的防护作用。

同和堂（曾经是铁行）的第七代传人告诉我们，过去家里是浙江来的卖铁器的富商，房子的建材都是十分讲究的，天井边上的石条是从湘江运来的整块大条石，门板也十分厚实，木雕堪称目前渔梁最精美、保存最完好的了。能保存这么好，多亏其父亲在"破四旧"时用泥巴把木雕都糊起来了，这才躲过一劫。

巴慰祖故居的布局则更为恢宏，整个宅子的四进分别是不同时期建的，一进是现在向游客开放的客厅，建于康熙年间；二进建于嘉庆年间；三进建于万历年间；四进建于光绪年间，此外还有东、西厅和后花园。里面别有洞天，每一进风格完全不同，还有很多珍贵的藏品。让人难以想象，在这样的小村落中，还藏着这样别致的宅院。

与上面所提到的几户人家相反，渔梁更多的建筑是简单普通的砖木结构建筑，规模也小很多，有的甚至很狭窄。没有精美的木雕，没有厚实的石库门，没有考究的用料。

还有的情况更糟，一位曾经是劳工的奶奶告诉我们，过去这一带劳工特别多，他们做劳工的很穷，连房子都没有，只能在两户人家之间的狭窄过道间搭棚。可见当时，在住屋上反映出来的阶层文化是十分明显的。

巴道夫运输过塘行也是一个很好的例子，其虽为"前店中坊后宅"布局，但据屋子主人介绍，实际上所谓的"中坊"是家人居住的地方，所谓的"后宅"是供下人居住的地方。从两进的建筑用料就能看出来，"中坊"选用的木料要优于后宅。从这点，我们也可以看出体现在建筑上的阶层差别。即使是同一户人家，考虑到所住人的身份和地位，在建造时也会选用不同档次的材料和设计。

渔梁当地自古就几乎没出过什么做官的人，所以其社会阶层主要是在商业基础上，根据财富多少分化而成的。经济条件直接决定了他们能建怎么的房屋，而建成的房屋又标榜着他们的身份，成为一种以建筑为载体的身份和阶层文化。这种文化至今也还有所保留，渐渐富裕起来的人家，在建新房或整修旧宅的时候，会有意加上一些过去只专属于富贵人家的建筑元素，这种现象在歙县都十分普遍。在田野调查中，我们发现现在仍有很多人家在建房屋时喜欢建一个气派的门罩或门楼，即使它没有任何实际作用。

2. 社会变迁

初入老街，游人往往会被渔梁的沧桑所吸引。几欲倾颓的二层楼阁、老旧的木板门、闲散的老人们，渔梁老街已经不复旧日荣光了。

徽商式微、徽州兴盛不再、徽杭公路和下游新安江大坝的修建等因素，使渔梁水运枢纽的优势荡然无存，这个因渔梁坝兴起的集镇也随之衰落。而之后的土地改革、"文化大革命"，更是给渔梁带来了翻天覆地的变化。没有经历过大变革时代的我们很难想象当时的情形，只能从老屋的破败和老人们的只言片语中感受社会动荡时期个人命运的脆弱和漂泊无依。

渔梁街 28 号的人家，已经在这里居住了四五代了。这栋恢宏的宅院最引人注目的便是第一进中的墙。这堵墙将空间一分为二，隔成各有独立大门和门牌号(28－A 和 28－B)的两户，而第二进、第三进基本保持完整。我们拜访了左侧的那户人家。第一、二进的一层基本上作为贮藏、起居的空间，有水泥修葺的楼梯通往二楼。第三进是厨房，屋后有私人码头。28 号房屋的面积之大、气势之胜，远远超过了巴道夫过塘行。在这栋老屋里度过了大半生的婆婆回忆着昔日的荣华和艰辛，给我们讲述了这栋宅子的故事。

这栋老宅是婆婆家祖传的大屋，她的祖父母是当地的大地主，父亲是教师。这栋建筑的磨难从"文化大革命"开始：主人被驱逐到乡下劳作，九户成分好的人家瓜分了大宅，精美的木雕被敲掉，婆婆"睡得很有讲究的"雕花大床和家具被劈成柴火，第三进二层阁楼上的神龛被毁……婆婆的父亲平反后一家人买回了房子，但是没有精致的雕饰和家具的大宅已面目全非。后来父辈分家时又用一堵砖墙破坏了第一进的气派,原本代表富贵繁盛的大宅在艰辛的生活中日益老旧。

"打土豪、分田地"、"文革"、"破四旧",受访的当地老人经常用这些词来向我们解释老街上一些原本气派的大宅为何变得破败不堪。这些切切实实经历过苦难的人们追忆往事时,只是惋惜着自家住宅的毁损和感叹生活的艰难,而不曾埋怨谁。他们默默地承受着生活的逼迫,就像这些老建筑,历经沧桑而矗立依然。

然而,年轻一代不甘于老宅的逐渐衰落,更倾向于追随旅游的大潮,通过翻修、改造老宅来创收。在他们心中,现代旅游业的发展是促进渔梁发展、增加个人收入和更好地利用、保护老宅的机遇。如同和堂第七代传人徐永平,他想在整修后将同和堂开放,并用参观费用来维护同和堂第二进中精细华美的清代木雕。他认为,传统民宅的修复和长期维护耗资过大,仅依靠个人和家庭的力量是很难实现的。而渔梁老建筑的产权多属于个人,完全由政府来管理、修复也不现实。为了完成父亲徐光富保护老宅的愿望,他会尽自己最大的努力来维护老宅,但借助旅游开发可能会减轻他的负担。

与徐永平纯粹的建筑的展出不同,巴慰祖的第十三代嫡孙巴雨,试图将古建筑、文化名人故居的展示和传统书画篆刻艺术的传播结合起来。巴慰祖宅共有四进,还有东西两厅。主体包括大厅、起居空间、卧室、书画厅、厨房等,西厅为花园,东厅为起居空间和卧室。巴氏后人一直住在这间老宅,之前这里住着十几户族人。巴雨从 1995 年开始,花了十几年的时间把房子一点一点买下来进行修葺,至今第四进仍在大修。在介绍巴慰祖其人时,他强调了个人成就对于历史文化传承的意义。他认为金石学的意义在于传承文字,从而发扬其中的文化。而他作为一代名家巴慰祖的后人,应该担负起宣扬传统文化的责任。目前,巴慰祖宅的第一进大厅对外免费开放,其他部分可能会以"77 号客栈"为名,以民宿形式开放。第三进藏有大量印章和十几方古砚的"巴慰祖博物馆",不久后也将对公众开放。

在渔梁传统建筑的变化中,我们感受到了清代徽州古村落的兴盛与衰落,"文革"时期的动荡,以及现代旅游业的浪潮。渔梁的老房子见证着社会的变迁,时代也改变着这些老房子的样貌和命运。生活在其中的人、铭刻在建筑之上的历史,或许是渔梁的传统民居比黄山市的潜口民居博物馆更为鲜活的原因。

3.艺术与文化内涵

进入田野后,我们一直在思考一个问题:到底什么是徽派建筑? 渔梁街上的传统建筑属于徽派建筑吗?

我们对"徽派建筑"的印象,一般是"高墙深院小窗户,粉墙黛瓦马头墙"。但是一番横纵比较之后,难免会疑惑,徽派建筑既没有明显的时代特色,也没有独特的地域风情,何以成为一派? 以木梁架为基础、斗拱蹭蹭、榫卯相接的传统建筑在唐宋就兴盛一时,山西平遥古城也有"暗室生财"的高墙深院,西南地区也多得是粉墙黛瓦。实际上,这种传承和相似,正是徽派建筑风格得以形成的条件。徽州文化可以说是东晋以后士族南迁至此、与徽州原住民文化相融合后的产物,徽派建筑融合了北方建筑简洁、阔朗、对称的特色和当地适应多山多水环境而修建的干栏式建筑。如渔梁街以南、邻近练江的房屋,便多是两三层的干栏式建筑,既能充分利用空间,又能防潮防洪。徽派建筑逐渐成熟之后,又随着明清时期徽商的兴盛而广为传播。徽商们在苏杭、扬州等地修建富丽华美的园林以供交游,家乡的传统建筑却仍低调地保留着素雅大气的风格。

在前文,我们已经探讨过渔梁商业阶层文化对民居规格、装饰的影响,实际上除了少数气派的大宅,渔梁街上多是只有一进的小屋,或是几家人共同租住一个小院子。这些房子大多没有马头墙,木板为主的老房子更谈不上粉墙黛瓦。而在同紫阳村建筑师傅江师傅的交流中,他告诉我们现在当地新建的房子多是朴素实用的民居,而非三雕俱全、门罩华美、马头墙层层的"古建"(我理解为传统徽派建筑)。一套普通样式的砖雕门罩,大约需要一个熟练工人三四个月的时间,耗资两三万才能完成。规格更大、雕饰更华美的砖雕,耗费的人力物力更是不可小觑。尤其是近年来人工费用的不断上涨,使人们建造徽派住宅的需求越来越少。在这种情况下,我们探讨的、作为文化空间载体的渔梁传统建筑,不拘泥于刻板、严格的标准化徽派建筑,而是当地文化背景下兼具传统审美与实用性的民居。

渔梁建筑的实用性主要体现在对自然环境的适应和利用,以及"店坊结合"的商业街特色。而徽派版画、新安画派、雕刻艺术的发展和深厚的文化底蕴,是民居审美性得以实现的基础。

精美独特的砖雕、木雕、石雕是徽派建筑的特色之一,我们在歙县看到了许多徽派古建材厂,艺术品市场等地也有精雕的砖、木小件。其中,行知学校内设的歙砚传习基地和徽雕艺术学校,是省内唯一的、将学校培养和师徒制度相结合的大规模徽雕传习基地。以徽雕艺术学院的砖雕传承为例。学生在入学的三年里，一方面要学习学校提供的基础文化课，如素描、工笔、书法、徽文化课等，另一方面要跟着徽派砖雕的国家级非遗传人方新中大师进行实训，在练习中掌握砖雕技艺。毕业后，可选择继续跟着方大师，也可以另立门户，到社会上打拼一番。

在方大师的理解中，砖雕是一门高深的艺术。首先，想做出好的砖雕，不仅要有吃苦耐劳、勤奋学习的精神，还要学习绘画、书法，对建筑、文学、戏曲、历史等方方面面的内容也要有所了解。其次，做砖雕也要有一定的天赋，毕竟图纸和砖材质不同、表现方式不同，转换的处理和雕刻需要那么一点灵气。而好的砖雕不只是对图纸的照搬，更应该拥有自身的美，就像方大师心中的徽派建筑一样，"很淡雅，要想精细也可以很精细"。最后，砖雕实际上还是建筑的一部分。除了小的摆件以外，砖雕最重要的还是要和建筑配合，或做门楼门罩，或做壁画装饰，或做挂落屏风。小小的砖雕，不仅体现着对美、对艺术和生活品质的追求，还蕴含着书法、绘画、建筑、文学、历史等各种形式的文化与艺术。

白云禅院妙趣横生的山石墙、铁铺同和堂细腻繁复的木雕、巴慰祖宅古朴雅致的柱础、阔朗幽静的大厅等，都体现了当地建筑追求素雅、精致的审美倾向。或许徽派建筑的精髓并非楼上楼、马头墙等符号性的特征，而是悠然山水间、质朴大气又不失雅致的风格。

（三）家庭文化空间

居住是民宅最基础的功能。我们在初学汉字的时候，对"家"的解读常常是"有房、有猪"。居住在同一个屋檐下、拥有共同的家庭财产，比婚姻关系、血缘关系更能概况家庭的含义。民居作为家庭最主要的活动场所，为家庭关系的阐述、家庭活动的开展和家风家训等家庭文化的传承提供了空间，同时家庭内部结构的变化也影响着民居。

首先，居住空间的分配遵循"孝悌"、尊卑有序等家庭伦理。一般情况下，卧室按照辈分、长幼来分配，采光好的正房、东厢多由老人居住。而家中如果有读书的子弟，会将书房安置在楼上，一方面采光好、能防潮，另一方面借"楼上楼"来寄托对子孙的美好期望。

其次，住宅是家庭活动开展的中心。在讨论渔梁民居和自然环境的关系时，我们提到过天井对家庭文化空间的作用。在以天井为中心的口字形、凹字形、H形、日字形院落中，天井既是最主要的公共空间，又拥有良好的采光、通风和排水条件。且天井中多装有水龙头，择菜、洗水果、修整花木也在此进行。例如，在铁行同和堂，天井是铁行第六代传人徐光富老人最常待的地方。尤其是在半年前老人摔倒、行动不便后，天井和卧室就成为老人生活空间的全部。每天早上，徐光富老人的子女或来帮工的婆婆就把老人安置在正厅的躺椅上。他在这里吃饭、看电视、赏花、静坐、小憩，看家里养的宠物狗和孩子们打闹玩耍。徐光富老人有三子一女，三儿子徐广平就在歙县的一家广告设计公司工作，时常来照顾父亲、清扫房屋。有次我们前去时，正好看到徐广平在给父亲按摩摔伤后肌肉萎缩的胳膊，老人的孙女也在一旁陪伴。

再次，住宅也是家庭文化传播的空间。徽州有句谚语，"前世不修，生在徽州。十三四岁，往外一丢。"不适宜耕种的山地环境、人多地少形成的人口压力和干旱、洪涝、蝗灾等自然灾害的频发等因素，使徽州人口流动、迁徙非常频繁。旧时，徽州十三四岁的少年如果没有读书的条件或天赋，多选择从学徒工做起，跟随乡里的商贾外出。受这种传统的影响，当地人喜欢在正厅的八仙桌上摆放摆钟、花瓶、镜子等物，其谐音"终生平静"寄托着对外出做工、行商的家人的祝福。

除了摆件，体现家庭文化的最重要的载体便是文字。徽州重儒学，因此当地人家的匾额、祠堂名多采用"慈"、"孝"、"懿"、"敦本"等宣扬儒家道德的字词。如棠樾的三座祠堂就以"敦本堂"、"世孝祠"、"清懿堂"为名。渔梁巴慰祖宅也有"敦本"的牌匾，以敦厚、本分的儒家君子风范来勉励子孙。另外，有时这种家风家训直接体现在建筑本身。如当地传统建筑的木梁架喜好使用原木，不加油漆，以取自然质朴之美。而建筑之精巧雅致，则体现在精雕的雀替、牛腿、"包袱梁"（如渔梁下姚祠的包袱梁）等木构件上。在巷道相交之处，墙角往往切成圆角或梯形，方便车辆的进出。当地人对这种邻里之间的谦让也有说法："上不让天，下不让地，中间让的是和气"。建筑用料和风格的俭、墙角的让，便是铭刻在建筑中的家风。

最后，家庭内部结构的变化也影响着民居的命运。同和堂和巴慰祖宅的复原、维护，都受到了家庭内部关系的影响。同和堂的第六代有兄弟两人，在分家时兄长徐光富得到了第二进和其后的厨房，弟弟则分走了第一进的东侧，西侧留下小道供哥哥家进出，且在厨房之后的后院里建了小二楼居住。在弟弟家败落后，第一进的半边又转卖他人，如今难以买回。因此，在第六代分家时,同和堂原本的店面就被破坏了。徐光富老人的三子一女,在老人摔倒后就赡养、照料老人和继承、维护老宅等问题争论不休,老宅的修复和维护,以及之后的改造、开发,都将受这些矛盾的影响。三子徐广平向我们倾诉着两代兄弟不和的苦恼时,感叹道:"兄弟嘛,一世官司三代仇。"

巴慰祖宅的维护也受到了家庭内部关系的影响,不过比起同和堂来说要顺利地多。现房主巴雨已是巴慰祖的第十三代孙,他幼时整个家族十几家人还住在老宅里,但已经不知道巴慰祖其人和自家的关系了。巴雨在后来求学时了解了巴慰祖,才在多方考证下证实自家是巴慰祖嫡系传人。巴雨立志要将整个祖宅修复。在巴雨和妻子、妻妹用大半生经商所得向族人购买祖宅时,有许多人非常理解他的想法,也希望巴慰祖宅能够恢复原貌,并将他的金石篆刻、收藏等传承下去,于是巴慰祖宅的产权统一十分顺利。

在同和堂和巴慰祖宅的维护过程中我们可以看到,家庭内部结构对民居保护来说既有积极影响也有消极影响。分家时对财产的争夺、兄弟间矛盾、对家庭义务的逃避等家庭内部矛盾,可以视为家庭结构中的离心力,阻碍着民宅的维护。而家族对于共同祖先、家庭文化的认同,则是家庭结构中的向心力,促进着民宅的维护。

三、文化空间视角下的古民居保护

(一)当前徽州古民居保护的几种模式

2009 年,黄山市开始了名为"百村千幢"的古民居保护利用工程,在黄山市境内选择 101 个古村落和 1065 幢古民居进行保护性利用。该工程"坚持以科学发展观为指导,围绕建设现代国际旅游城市'一条主线',坚持保护与利用、旅游与文化有机融合'两个理念',探索政府引导、市场运作、社会参与'三个结合'的新路子,做好文化遗产保护与经济社会发展'四个转化':以保护利用为前提的'功能转化'、以文化积淀为基础的'特色转化'、以传承文脉为根本的'精神转化'、以市场运作为手段的'资本转化'"[①]。在其指导思想

[①]　参见中共黄山市委办公厅、黄山市人民政府办公厅:《黄山市"百村千幢"古民居保护利用工程实施方案》。

和具体的实施方案中，我们可以看到，政府并非一味地旅游开发，而是有注意到保护利用、文化传承等问题，我们也能够切身感受到政府并非急功近利而是意在长远规划和稳步发展，这一点还是让人比较欣慰的。

田野调查的过程中，我们也走访了渔梁周边的一些古镇、古街，看到了"百村千幢"工程下，不同的保护和发展模式，以及它们反映出的经验和问题。我们就这些不同的模式进行了进一步的讨论和分析。

1. 就地保护

（1）原地重点保护利用

原地重点保护利用，即对省级以上历史文化名镇名村和省级以上文物保护单位实行重点保护利用。古村落、古民居及其附属物的修缮，遵守"不改变文物原状"的原则，保持古村落、古民居风貌的完整性，还原历史的真实性[①]。例如，渔梁村、呈坎建筑群、棠樾牌坊群等就属于"原地重点保护利用"对象。

这种保护模式，基本保持了古民居的原貌和完整性。在渔梁古街上，仍能看到墙上斑驳的民国店铺的各种名号字样，巴道夫运输过塘行、元和堂药店等还保留有旧时店内的柜台和布局，一些人家的家中，还能寻见曾经的八仙桌、太师椅和会计用的小柜子等旧物。在几个重点文保单位里，均是还原历史原貌，供人们旅游参观，且没有进行商业开发。渔梁的商业开发，目前主要是摇橹船的体验项目和一些普通民众在自家门口出售土特产和砚台等。实现了重点保护建筑和商业开发的分离。

但是，在呈坎、棠樾等古村，情况则稍有不同。在重点文保单位内，一般有一至两家商家在售卖纪念品，内容包括徽州特色的徽墨歙砚、木雕古玩等，由于布置简陋随意，通常在桌上或板上铺上一块黄色绒布，将商品置于其上，所以整体看上去与古民居的风格格格不入。加上琳琅满目的商品吸引了视线，加上商家的推销，参观者往往忽视了欣赏古民居的布局和装饰，匆匆一逛便离去。建筑虽然是静止的，但是它所包含的符号和隐喻却是一个十分丰富活跃的系统，这个系统形成一定的场景，也就是一定的文化空间，当人们的目光都停留在商品上时，又如何能够静下心来细细发掘那些符号和隐喻，又如何能进入那个特定的文化空间呢？在不破坏古民居的情况

---

① 参见中共黄山市委办公厅、黄山市人民政府办公厅：《黄山市"百村千幢"古民居保护利用工程实施方案》。

下,利用古民居进行旅游开发是可行的,但是如果不考虑开发项目和形式是否与古民居气质和氛围相符,这样的开发只会拉低古民居的审美档次。

同样是原地重点保护利用,渔梁呈现出了与周边其他古村、古街不一样的模式。不同的自然环境、区位条件、社会文化环境和保护开发程度,都会影响到一个古村落的保护发展模式的形成。我们无法去评述哪一种模式更合理更科学,就像无法去评述人类的哪一种成长轨迹更有助于成才一样,毕竟因人而异,古民居保护也因村而异。

(2)原地一般保护利用

原地一般保护利用,即对未列入国家、省级历史文化名镇名村的古村落和文物保护单位的古民居实行一般保护利用。在保持古村落、古民居整体风貌的基础上,可进行局部和内部改造,拓展使用空间,开发旅游项目,其改造形式、高度、体量、色调应当与周围环境相协调[①]。例如,渔梁附近的鲍家庄、黎阳老街等。

由于对一般保护对象的限制不那么严,对其保护力度会相对弱一些,开发力度会相应大一些。渔梁附近的鲍家庄,巷子两旁都是十分有"门脸"的大户人家,虽然过去是山东茶商挥霍巨资建来做加工茶叶的作坊的,但是每一家的门罩都十分精美大气,完全不输于徽州古城内斗山街大户人家的门罩。但由于政府和开发商四五年前开始着手征收,打算搞旅游开发后,里面住的人家陆续迁出,因为有几户人家一直没能协商好,所以成了僵局。如今没人住也没人保护,有几幢除了外墙和门罩完好外,里面完全坍塌,杂草丛生。在仍保存相对较好的几幢的墙上,钉着"百村千幢"古民居保护工程的木牌。靠路口的一两幢,在江边一面已经有初步修复和开发的痕迹,搭建了类似观景台的木质亭台,这一结构明显是过去没有而为了旅游开发加上去的。

相对于鲍家庄无人保护的荒凉,黎阳老街则是开发的大手笔。这条巷实际上只有两三户古时的大户人家,而且除了石家大院外其余两座老宅均还在修复中,其余基本是现代建筑。算是现代打造的旅游景点,里面餐饮、住宿、娱乐等设施齐全,还有一条非遗街,聚集了很多安徽国家级、省级、市级的非物质文化遗产传承人的工作室。现代建筑理念和传统老宅的结合,

---

① 参见中共黄山市委办公厅、黄山市人民政府办公厅:《黄山市"百村千幢"古民居保护利用工程实施方案》。

现代休闲娱乐方式和传统文化的碰撞，整体还是保存了古民居群的静和雅。典型的对古民居群进行改造开发，拓展使用空间，开发旅游项目。由于该项目还处于初期，尚未完工和成熟，其成效和利弊还难以定论。

鲍家庄和黎阳老街的鲜明对比，暴露出了"原地一般保护利用"的一些问题。由于其管制不像"原地重点保护利用"那样严格，开发商便有了更大的自主权和开发空间。规划开发得好，古民居就能焕发新生，一旦中途出现问题或缺乏可靠的规划，就可能像鲍家庄一样，对古民居非但起不到保护作用，而且还会造成无法挽回的损失。"一般"和"重点"这样的划分，本身也容易导致政府对不同的古民居保护力度上的倾斜，导致很多像鲍家庄一样的古村落、古民居群得不到应有的保护。在一次偶遇当地文保局对文保单位安全检查时，我们发现他们的目录中完全没有鲍家庄的字样，他们甚至不知道这个离渔梁仅咫尺的村落。由此，"重点保护利用"和"一般保护利用"的差别待遇可见一斑。

2.异地保护

异地保护，指不利于在原地保护的古民居，按照国家有关规定，组织专家科学论证，制定规划，原则上在黄山市境内进行集中保护，形成古民居保护利用的叠加和组合效应①。例如，潜口民居博物馆里，就有很多从异地迁来的古民居。

潜口民居博物馆本着"原拆原建、集中保护"的原则，将分散在各地、又不宜进行就地保护的明清民间建筑原拆原建到博物馆中，目前馆内荟萃了明清最具典型的民居、祠堂、牌坊、戏台、亭台、拱桥等24处古建。

（二）文化空间的保护才是古村落、古民居保护的最佳选择

中国传统村落是乡土文化的物质载体，尤其乡土建筑作为凝固的艺术，沟通古今历史，述说人与村落及其文化的互动故事，保留了丰富的文化遗产，对于保护文化多样性及其独特性具有重要意义。冯骥才在2015年的政协会议上也曾提出"村落里有我们的根性文化"，即中国人的传统价值体系。古时农村里的人大部分是没有文化的，但他们把精英对儒释道的表述，变成了自己喜闻乐见的方式。在渔梁的古民居上，我们可以看到多种文化的交

---

① 参见中共黄山市委办公厅、黄山市人民政府办公厅：《黄山市"百村千幢"古民居保护利用工程实施方案》。

叠，看到人与自然的关系，以及传统观念、家庭关系等是如何影响人们去设计和建造自己的房屋，也可以看到当地人是如何利用房屋去趋利避害、适应自然和社会需求，甚至还能从建房子的师傅那里了解到他们建造房屋的一套知识系统。在这一程度上，我们可以说，在渔梁，人、古民居和文化依旧是共存的。在大部分老房子里，依旧有人居住在其中，保留着传统的室内布局，沿袭着相对传统的生活方式。甚至有少数几家屋主的后人们依旧居住在他们世代居住的老宅中，愿意和你分享他们关于老宅、关于祖先、关于家族的五味杂陈的回忆。

当下，古村落旅游受到国人青睐，在这种热潮下，对古村落、古民居的保护和开发也大力展开，然而由于保护和开发模式不当，往往人和文化被抽离，只剩一个建筑的空架子供游客观赏。或是如上文提到的部分古村落、古民居保护模式，重建筑、重商业开发，而忽视了文化空间这个整体，以及关键的人和文化两个要素。在田野过程中，当地人不止一次和我们提到"人和房子互养"这样一种观念，也可以说是一种常识。一座好的房子能够让人安身立命，其居住环境也无形中塑造着一个人的性格和气质；反过来，房子也需要人气来滋养，一旦人去楼空，房子便很容易坍塌损毁。鲍家庄便是一个鲜明的例子。

我们也很遗憾地看到，渔梁古街两旁的店坊现在早已失去了曾经的功能，元和堂和巴道夫运输过塘行等仅仅是供游人拍照参观的景点，药店曾经加工出售地道药材和过塘行加工出售茶叶的情形也只能靠游人根据那些沉默的柜台和工具自行想象，只有少数几家店面在出售砚台、土特产和酒水零食等，更多的则是大门紧闭，有的成为住房，有的堆满杂货，有的成为通向里面住宅的通道。这样情形下，人和文化都被从建筑中抽离走，有古民居而无文化空间。

古村落、古民居的保护在于其文化内涵。最重要的是留住居住其中的人，保住附着其上的传统文化，否则再怎么保护，村落和民居也只是一个空壳。如《论"文化空间"》一文中，对于文化空间的保护，作者所提出的"完整性原则"、"真实性原则"、"生态性原则"和"生活性原则"①，强调的就是完整的保护村落文化空间，保护文化空间赖以生存、赖以依托的自然和文化的生

---

① 向云驹：《论"文化空间"》，《中央民族大学学报（哲学社会科学版）》2008 年第 3 期。

态，保护其作为生活的一部分所具有的活力和动态。

其实，渔梁的店坊有着天然的保护和利用的优势，在很多古村落、古民居群苦于将民居改造成展厅和纪念品店的时候，渔梁"前店中坊后宅"和"前店后宅"的形式则完全无此困扰。可以很好地利用这样的文化空间，复原曾经码头的历史面貌和传统的手工业生产模式，可以把一些传统工艺的制作过程在中坊中展示，成品在店面展示，部分可以作为纪念品出售，后宅依旧保持饮食起居的功能。这样一来，既保护了文化空间，又充分重新启用了古民居的功能，让人们能更好地了解和感受渔梁古民居的独特性。

第七章
非物质文化遗产的地方性保护与实践：
以歙县省级非遗项目跳钟馗为例

✳ 郑　肯

一、文化遗产、联合国教科文组织与中国"非遗"政策

（一）国际遗产保护浪潮中的非物质文化遗产

遗产的概念本是多元的，在世界不同的民族和文化中都能找到多样的表达。然而自 1972 年世界性公约《世界文化和自然遗产保护公约》的面世，以及一系列后续文件的出台，遗产在现代社会变成一个较为统一明确的概念。

许多人类学家在田野经验中都认识到，在代际之间传承具有一定文化价值的珍宝，是人类的普遍实践。不同的民族，根据自己文化与社会环境的不同，发展出不同的文化遗产传承方式，如文艺复兴时期，收集希腊罗马的古玩成为风潮；地理大发现时代，欧洲人收集不同的人类骨头，并分类展示，这些实践，成为西方博物馆的源头。欧洲的博物馆实践，便是一种形式的文化传承与文化遗产保护时间。遗产的社会建构性，也决定遗产在不同民族文化中担任了不同的角色。如在印度尼西亚，"pusaka"是代际之间传承的"遗产"，然而"pusaka"却可以是任何的物体，珍珠，丝绸，也可以是任何的形式，有形的，无形的，甚至外来的中国丝绸也可被认为是遗产。它更像是一种属性，被特定的社会情境赋予某种物体以"遗产"的属性，如 1945 年爪哇

岛独立之际插在岛上的第一面旗子，便被公认为是属于全民的文化遗产①。

1972年，伴随着国际上文化遗产保护与自然保护两大运动的日益兴盛，联合国教科文组织制定《世界文化和自然遗产保护公约》（*Convention Concerning the Protection of the World Cultural and Natural Heritage*），以建立有效的国际保护机制。世界遗产（World Heritage）的现代概念由此提出。一方面，世界遗产的概念承认了遗产对于人类的独特价值，强调了遗产是属于全人类的，遗产保护的实践应该由国际社会共同承担。另一方面，该公约使遗产的现代概念更加明确，有可识别的界限和特征。世界遗产由文化遗产和自然遗产组成。文化遗产包括文化、建筑群和遗址；自然遗产包括具有突出价值的生物保护区，地理地貌，自然景区。世界文化遗产由"突出的普世价值"（Outstanding Universal Values）加以识别②。

然而，单一的世界文化遗产的概念不能涵盖所有的文化遗产。这一方面造成了世界遗产演变成一套由西方主导的话语体系，演变成国家权力与国际政治斗争的概念工具。如劳拉简·史密斯（Laurjane Smith）在《遗产的利用》（*The Uses of Heritage*）一书中提出的"遗产话语体系正当化"（Authorized Heritage Discourse，即 AHD）③，她提出，以联合国教科文组织为首的国际古迹遗址理事会（ICOMOS）、国际文物保护与修复研究中心（ICCROM）等机构主导全球文化活动，将遗产的概念与本质"制度化"、"正当化"，使得国家机构与政府官僚成为掌握遗产申报这套知识体系的垄断者，文化遗产的诠释与国家意识形态紧密联系。另一方面，许多民族的文化遗产无法在联合国世界文化遗产的框架下得到表达和保护。

非物质文化遗产与可移动的物质文化遗产也曾被排除在世界遗产的体系之外。非物质文化遗产是在世界遗产框架下补充产生的。由于世界遗产概念的单一性，无论是文化遗产抑或是自然遗产都是以遗产的"物质性"为

---

① Root D，"Liberating Culture：Cross-Cultural Perspectives on Museums，Curation and Heritage Preservation"，*American Anthropologist*，Vol. 107，No. 2，2005.

② UN Educational，Scientific and Cultural Organization（UNESCO），*Convention Concerning the Protection of the World Cultural and Natural Heritage*，16 November 1972. 网址：http://www. refworld. org/docid/4042287a4. html，下载时间：2016 年 8 月 22 日。

③ 参见 Laurajane Smith，*The Uses of Heritage*，London and New York：Routledge，2006.

核心内核。为了补充这方面的空白，联合国教科文组织在 1972 年之后制定了一系列新的共识和文件，创造了新的概念，如文化景观（Cultural Landscape）、现代遗产（Modern Heritage）、非物质文化遗产（Intangible Cultural Heritage），来弥补世界遗产框架的不足。不同于前两者的是，非物质文化遗产（Intangible Cultural Heritage）却是独立于世界文化遗产的框架之外的，自成体系。

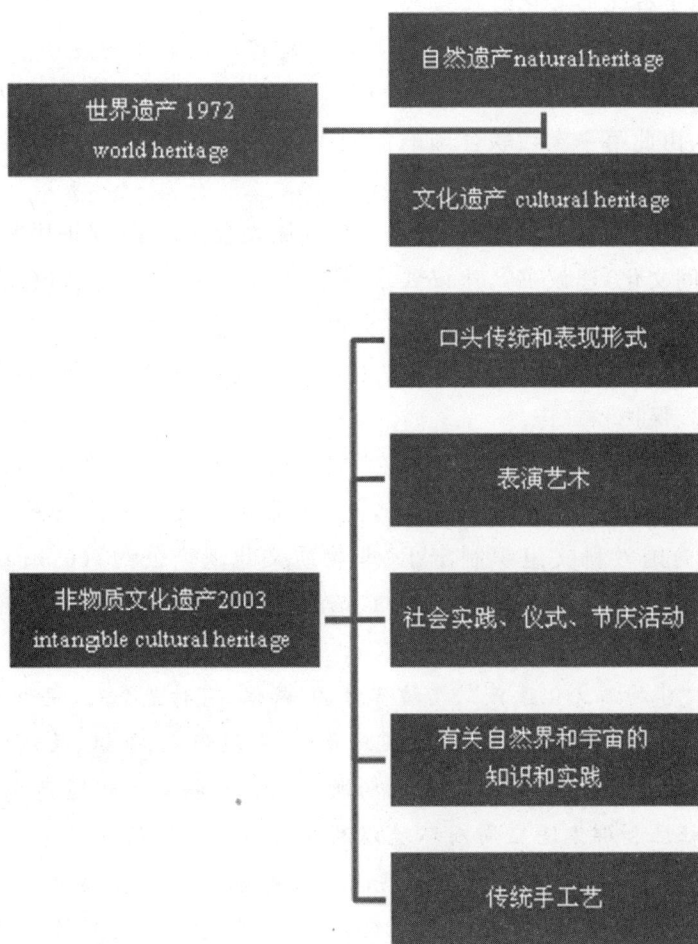

图 1　世界文化遗产框架示意图

另一对相关概念——"无形与有形"，最早来源于日本的"无形文化财"概念。20 世纪 50 年代，日本制定《文化财保护法》，提出有形与无形文化遗产的概念对立：

文化财的定义（第 2 条）：

(1)在我国历史或艺术上，价值珍贵的建筑、绘画、雕刻、工艺品、书法、墨迹、典籍、古文书、民俗资料以及考古资料等为有形文化财富(以下称有形文化财)。

(2)在我国历史或艺术上价值珍贵的戏剧、音乐、工艺技术等为无形文化财富(以下称无形文化财)。

联合国教科文组织所提出的非物质文化遗产的概念便发轫于此。1982年联合国教科文组织设立非物质遗产科（non-physical heritage），专门处理相关事务，由此第一次在联合国的框架中诞生了物质与非物质遗产的对立概念。

1989 年 11 月联合国教科文组织第 25 届大会通过了《保护民间创作（或译传统民间文化）建议书》，建议要求各会员国充分意识到大量包含丰富的文化特性和各地民族文化渊源的口头遗产正面临消失的危险，应当采取法律手段和一切必要措施，对那些容易受到严重威胁的遗产进行必要的鉴别、维护、传播、保护和宣传。

1997 年，联合国教科文组织在 29 届会议上通过了《宣布人类口头与非物质遗产代表作申报书编写指南》，是为《非物质文化遗产公约》之前身。2003 年联合国教科文组织制定了《非物质文化遗产公约》(*Convention for the Safeguarding of the Intangible Cultural Heritage*)，其中明确了非物质文化遗产的概念：

"非物质文化遗产"，指被各社区、群体，有时是个人，视为其文化遗产组成部分的各种社会实践、观念表述、表现形式、知识、技能以及相关的工具、实物、手工艺品和文化场所。这种非物质文化遗产世代相传，在各社区和群体适应周围环境以及与自然和历史的互动中，被不断地再创造，为这些社区和群体提供认同感和持续感，从而增强对文化多样性和人类创造力的尊重。在本公约中，只考虑符合现有的国际人权文件，各社区、群体和个人之间相互尊重的需要和顺应可持续发展的非物质文化遗产。

主要包括五大类：

口头传统和表现形式，包括作为非物质文化遗产媒介的语言（Oral traditions and expressions, including language as a vehicle of the intangible cultural heritage)；

表演艺术(Performing arts)；

社会实践、仪式、节庆活动(Social practices，rituals and festive events)；

有关自然界和宇宙的知识和实践（Knowledge and practices concerning nature and the universe)；

传统手工艺(Traditional craftsmanship)。

从 1972 年的《世界文化和自然遗产保护公约》到 2003 年《非物质文化遗产公约》，由联合国教科文组织制定的一系列规程与机构，使"文化遗产"逐渐成为一套话语体系。

劳拉简·史密斯(Laurjane Smith)的 AHD 理论通过借鉴福柯的权利/知识理论，追溯文化遗产由来的始末。她认为，文化遗产并不具有天然的属性和特征，而文化遗产的内涵与概念是在长期的社会文化实践中逐步定型的。不同的利益集团利用文化遗产的概念正当化自己的利益诉求。文化遗产在今日体现为一系列的规则、文件与知识体系，被权力关系捆绑的文化遗产话语已变成另一种形式的文化霸权。非西方民族、本地人、非专家学者而与文化遗产休戚相关的人，逐步被诸如《威尼斯宪政》与《世界文化和自然遗产保护公约》等文件涵化，在申请文化遗产名录的角逐中，逐渐失去本民族对于文化遗产的诠释权。对于文化遗产的多元解释，对于人类文明历史的多线叙事，都被这一霸权话语捏去了鼻息。

（二）中国文化遗产保护办法与实践

中国自古便有文物的概念，而后才有文化遗产、无形文化遗产的概念。如今文物保护与文化遗产保护两套体系共同承担着保护文化遗产的作用。我国的物质文化遗产由《文物保护法》作为法律依据，非物质文化遗产由《非物质文化遗产保护法》构建保护体系。

1. 文物保护

早在民国时期，战火蔓延、时局颠覆、文物不稳，西方列强肆意侵占掠夺神州大地上的文明古迹，国内黑心商贩趁机倒卖书香笔墨，中国千年累积的文化遗产面对在国门大开之际遭遇冲击。在此之前，闭关锁国与海禁政策成了中华文明保护的客观屏障。1930 年国民政府颁布的《古物保存法》、1931 年的《古物保存法施行细则》与 1932 年设立的"中央古物保管委员会"，三者构建了我国最早的文化保护体系，也奠定了我国依法保护的特征与框架。然而，西学东渐，新文化运动、五四运动、白话文运动以及种种思想解放运动，使得国人对于传统文化丧失信心，千年以来维系中国文明的文化遗产顷刻间成了祖国落后的根源，尤其是非物质文化遗产。在动荡的社会环境中，这套文物保护体系无法真正得以实行。

新中国成立后，1961年3月4日，国务院发布《文物保护管理暂行条例》以及《国务院关于进一步加强文物保护和管理工作的指示》，同时公布了第一批180处全国重点文物保护单位，建立了重点文物保护单位制度，初步建立起我国的文物保护法规制。1982年的《中华人民共和国文物保护法》奠定了国家文物保护法律制度的基础，标志着我国文物保护制度的创立。《文物保护法》确立了重点文物保护单位制度、历史文化名城保护制度、文物定级制度等。2002年，国家对《文物保护法》进行全面修订，使其更符合文物工作与社会经济发展的实际要求。

2. 与国际接轨的遗产体系的建立

1985年，中国加入《世界遗产公约》。这意味着承认和接受以世界遗产为中心的、以联合国教科文组织（UNESCO）、国际古迹遗址理事会（ICOMOS）、世界自然与资源保护联盟（IUCN）和国际文化财产保护与修复研究中心（ICCROM）的保护思想和实践为基础的国际文化遗产保护体系，并通过世界遗产把中国原本相对独立的文物保护体系和国际文化遗产保护体系连接在了一起。1987年中国提出六个项目申请列入世界遗产名录：北京故宫、长城、周口店北京人遗址、泰山、秦始皇陵及兵马俑和敦煌莫高窟。在没有进行前期现场考察的情况下，六项全部被列入世界遗产名录。

中国一直积极主动地参与国际社会的文化遗产保护机制，相继加入《保护世界文化与自然遗产公约》（1985）、《关于采取措施禁止并防止文化财产非法进出口和所有权非法转让公约》（1989）、《关于被盗或非法出口文物公约》（1997）、《保护和促进文化表现形式多样性公约》（2006）等。中国的文化遗产保护开始和国际接轨，也促使国内法和国际法的衔接成为新的立法需求。

2003年10月，联合国教科文组织通过了《保护非物质文化遗产公约》；2004年8月，全国人大常委会即批准中国加入该《公约》。从2003年起，中国实施"民族民间文化保护工程"；后来，"民族民间文化"这一概念被"非物质文化遗产"这一范畴所吸纳和同化，《民族民间传统文化保护法》也改称

《非物质文化遗产法》。这与中国引进联合国教科文组织主导的文化理念及文化遗产、无形文化遗产的国际法保护机制密不可分。

本法所称的非物质文化遗产，是指各族人民世代相传并视为其文化遗产组成部分的各传统文化表现形式，以及与传统文化表现形式相关的实物和场所。包括：

(1)传统口头文学以及作为其载体的语言；

(2)传统美术、书法、音乐、舞蹈、戏剧、曲艺和杂技；

(3)传统技艺、医药和历法；

(4)传统礼仪、节庆等民俗；

(5)传统体育和游艺；

(6)其他非物质文化遗产。

(三)中国的文化遗产政治

究其根源，文化遗产之理念，总是无法脱离特定的政治语境。世界遗产(world heritage)这一如今通用四海的国际概念，与建立跨越国家主权的国际机构与国际行动这样的理念丝丝相扣，其中也蕴含着二战后平衡国际权力关系，重建东西方政治秩序的政治理想。宏观而言是如此，即便具体到某一特定的民族、国家、地区亦同理。纵观新中国成立以来，文化遗产之于中华民族总是有着就不同时期而言的微妙意味；即便只是今日之华夏，文化遗产的现代诠释有时也呈现出相互矛盾的意境。

文化遗产与政治的相互关系问题在学界文化遗产研究领域(heritage studies)已然不是什么新鲜的话题。但中国作为千年文明古国，享有无尽的文化遗产，历经多种政治形态，讨论文化遗产与政治的关系，中国无疑是最典型的典型。西方学者塔米·布鲁明菲尔德(Tami Blumenfield)与伊莱恩·西尔弗曼(Elaine Silverman)联合编纂的《中国文化遗产政治》(*Cultural Heritage Politics in China*)可谓在这个话题上有所建树，他们在引言中深刻地概括了中国文化遗产政治的时代特征：

> 在全球化的今天，中国在国际舞台上展示出了激进进取的政治姿态，以及令人瞩目的中国式现代化进程，在此背景下，讨论中国的文化遗产政治，无法与旅游业，经济发展，国家意识形态，民族与族群想象，社会可持续发展这些话题分离，甚至是亚太地区内外，乃至世界的国际

关系都有着千丝万缕的联系。①

文化遗产的诠释与政治总是息息相关。文化遗产的建构与表达总是受到一定历史时期意识形态的影响。例如新中国成立后，由北京城墙的存留问题引出的"梁陈方案"，力主保留城墙的陈占祥在在 1957 年因此被打成右派，而梁思成因彭真的提前保护，才免遭厄运。与北京城墙遥相辉映的西安城墙，如今已入选《中国世界文化遗产预备名单》，其文化价值得到认可，然而历史与规模远胜西安城墙的北京城墙却湮灭在了北京工业化进程的无情步伐中，曾经的砖瓦青墙只存在于历史的记忆里。然而，北京城墙只是中国无数文化遗产的缩影之一，工业化的进程不知使多少文化遗产"竞折腰"。

1966 年，中国人民日报社论《横扫一切牛鬼蛇神》，提出"破除几千年来一切剥削阶级所造成的毒害人民的旧思想、旧文化、旧风俗、旧习惯"的口号，"破四旧"运动由此开始。民间传统舞蹈，技艺等等文化遗产被冠以"落后"、"封建"之标签，文化遗产遭受重创。黄山歙县的跳钟馗活动曾经在"破四旧运动"中被视为毒害人民思想的旧习俗。而之后的"文化大革命"，更是造成了全国范围内文化遗产不可逆的损失，"样板戏"一统天下，许多民间表演艺术噤声，无以传承。

改革开放之后，文化遗产在中国，却随着国内环境的变化，成另一种政治表达。2006 年，我国将每年 6 月的第二个星期六设定为文化遗产日，标志着以国家为主导的文化遗产热潮正式掀起。文化遗产被多种社会力量所左右作用，其社会内涵变得多重化，成为地方政绩的重要指标，文化消费与旅游消费的必要刺激点，以及民族国家意识形态的表征途径。跳钟馗如今就作为农村新文化建设之标杆，成为地方政府专项资金保护的省级文化遗产，和各大媒体竞相追捧的民间传奇。

中国作为一个多民族的国家，其民族文化的多元表达造就了文化遗产之璀璨多姿。中华人民共和国宪法便以明确的法律条文的形式保障了少数民族保存他们自己独特的文化遗产的权利："各民族都有使用和发展自己的语言文字的自由，都有保持或者改革自己的风俗习惯的自由。"发展少数民族的文化遗产，成为当今中国促进民族和谐融合的有利政策表达。在我国2003 年出台的《非物质文化保护法》中清晰地阐述了这一点。"第四条 保护

---

① 参见 Tami Blumenfield, Helaine Silverman, ed., *Cultural Heritage Politics In China*, NewYork：Springer, 2013.

非物质文化遗产,应当注重其真实性、整体性和传承性,有利于增强中华民族的文化认同,有利于维护国家统一和民族团结,有利于促进社会和谐和可持续发展。"

　　然而与之相悖的是,许多少数民族的独特风俗却被视为"落后"或"鄙俗",其中蕴含的价值观无法与以汉民族为主体的当代中国现代思潮相融合。这些地方习俗被视为现代化、工业化的阻碍。如云南景颇族的"帮吃"习俗,一家若逢婚丧嫁娶、祭鬼敬神等活动,本寨男女老少和外寨亲友均可前往吃喝,少者几十人,多到几百人,结果常使主人倾家荡产。拉祜族也有浓厚的平均主义观念习俗,"俄着得格朵,子着得格朵"(拉祜语,意为有饭搭伙吃,有酒搭伙喝),这种具有平均主义色彩的风俗,便被视为对商品经济与地方经济发展的背离。此时,少数民族的古老风俗便具有了相当的模糊性,界定少数民族的风俗为"封建迷信"还是"文化遗产",便成了国家权力与土著权利之间协商的话语空间。

二、非物质文化遗产的地方经验——以歙县跳钟馗为例

(一)歙县文化遗产资源与地方保护经验

　　歙县隶属于安徽省黄山市,位于安徽省最南端,北倚联合国教科文组织认定的"世界遗产"黄山。歙县下辖 28 个乡镇,其每个乡镇各有其代表性的民间艺术,如熊村跳钟馗,许村镇板凳龙、叶村叠罗汉、卖花渔村的盆栽等等。

　　古老的歙县在秦代就有县的建置,后来又是新安郡和歙州的州治所在,自北宋歙州改称徽州后,歙县又一直是徽州的府治所在,是徽州的政治、经济、文化中心。徽州盆地的河流汇集于此,由新安江流入浙江。明清时期威震长江中下游的徽州商帮,大多从这里出发,徽商获得的大量财富,也多从这里汇入徽州六县,在青山绿水间营造起一个个聚族而居的庞大村落,留下这一片片堆金砌银的徽派建筑。

　　歙县是古徽州府治所在地,是徽州文化和国粹京剧的发源地,也是徽商、徽菜的主要发源地。文房四宝之徽墨、歙砚的主要产地为歙县。

　　歙县于 1986 年被授予国家历史文化名城称号。歙县悠久的历史,历代

政治中心的位,深厚的徽商文化,宗族世家的传统民风,使歙县享有丰富的非物质文化遗产。

歙县对非遗的保护起步较早。2003 年,该县文化主管部门就组织专业人员深入全县开展地毯式收集、梳理,历时 3 年,于 2006 年出版了 100 多万字的《歙县民间艺术》一书,开安徽全省之先河。该书分杂艺、舞蹈、戏曲、音乐、美术、传说故事 6 个方面,对明清以来歙县乃至古徽州民间文化艺术做了较完备的收罗和整理。2007 年歙县组建了非遗普查领导小组,再次组织人员进行为期一年的大规模普查,出版了《非物质文化遗产田野调查汇报》、《古歙音韵》、《徽派盆景图志》和《歙砚》等书籍。

在摸清家底的基础上,该县积极进行申报。目前该县有徽墨、歙砚、徽派盆景 3 项国家级非遗项目,省级 9 项,市级 26 项。有国家级非遗传承人 4 名,省级 25 名,市级 27 名。

为破解非遗保护中原有生态衰落、后继乏人的普遍性难题,歙县做了积极的探索和实践。

一是尽可能为非遗提供展示展演的平台,使一些民俗文化项目重获生机和活力,在保护中合理利用,在利用中促其发展。当地已连续成功举办 7 届"徽州古城文化节"和其他区域性文化节。在此推动下,诸如《叠罗汉》、《麒麟舞》、《婚嫁》以及《绵潭戏》等流传久远的民间民俗文化节目得到复苏和传扬。

二是将一批传统特色工艺向文化产业方向发展,进行生产性保护。通过设立歙砚一条街、徽州艺术品市场、郑村花卉交易市场及非遗馆等,形成规模效应和叠加效应。歙县徽墨居全国之冠,现有制墨企业近 20 家,从业人员 306 人;歙砚生产企业 148 家,从业人员 2712 人,其中有不少年轻人。

三是通过职业教育、建立传习基地等多种方式培养非遗传人。依托地处歙县的安徽省行知学校和歙砚协会,组建安徽省非遗教育集团和歙县徽雕艺术学校,建成占地 2800 平方米,集实训、展示、陈列等多功能的砚雕、木雕基地。这一在全国领先的职业教育方式已培养特色非遗项目传人 158 名。同时在规模较大、技术力量雄厚的生产企业设传习基地。开展非遗进校园活动,向中小学生普及地方非遗知识。通过民间文化社团、徽派特色工艺人才协会等途径,不拘一格培养非遗传人。

歙县的非物质文化保护事业主要由政府主导负责,县级主管单位主要由歙县文化馆(兼歙县非物质文化遗产中心),歙县文化广电新闻出版局下的非遗科，文保局等部门组成。同时，歙县下辖的各个地方乡镇，也成立了各种行政组织与民间机构，主要负责承办活动，建立健全非物质文化遗产名录，申报非物质文化遗产项目与传承人、建立省级非遗教育传习基地，承办国家地方各级非物质文化遗产文化，对外文化交流活动等等。

歙县的非物质文化遗产管理体制体现了我国行政管理"自上而下"、"以国家为主导中心的"的特点，表现为：一、非遗保护的机构设立的呈现了乡—镇—县—市—省的等级制度，如国家中央一级设中国非物质文化遗产保护中心，机构设在文化部下属的中国艺术研究院，省级设安徽省文化厅的非物质文化遗产处、安徽非物质文化遗产研究中心，市级设黄山市文化委员会非遗科，县级设歙县文化广电新闻出版局非遗科。二、非遗保护的各种管理办法和条例都是由上级主管部门研究制定，层层下达，由基层机构负责具体实施。

（二）歙县跳钟馗的历史来由与传承路径

关于歙县的跳钟馗，最早的文字记载来自《歙县志》：

"端午，门插蒲艾，户粘桃符，并制角黍，醉饼为食，且以雄黄和酒分饮家人，谓可辟邪，而剪虎香囊，竞奇炫巧，尤属闺阁韵事，城关一代好事者更以钟馗偶像加诸肩，转转旋转于市衢，金鼓随之，旁人亦燃放爆竹，掷五色小纸块纷飞空中以助兴。"

"跳钟馗，明万历年间流传于朱家村义成、岩寺一带，傩舞形式……"

从这段记载可知，歙县的跳钟馗民俗自明万历年间便有，距今已有四百多年的历史。且与现代的表演形式大为不同，古时是钟馗的形象不是人所扮演的，而是由木头雕刻木偶放置在肩膀表演。

跳钟馗的风俗与端午风俗、民间钟馗信仰密切相关。中国民俗认为每年夏历五月端午日午时，谷雨之后气候湿热，五毒开始滋生。五毒是指蝎子、蛇、蜈蚣、蟾蜍、壁虎（一说为蜘蛛），这五种毒物是中国民间盛传的一些害虫。因此为了除去"五毒"，民间有各式各样的辟邪巫术。歙县地处皖南，农历五月五日之后被称为"毒月恶日"，因此跳钟馗变成了歙县地区端午时节祛除五毒，驱邪避暑，祈求人寿年丰的表演艺术。

歙县之跳钟馗，在明万历年间到清咸丰年间初具形制，清光绪年间到20世纪40年代成为沿袭传统，在20世纪50—60年代初人民公社兴旺一时，然而在"文革""破四旧"期间，如同其他非遗艺术一般，被打上"封建迷信"的标

歙县非物质文化遗产各级名录统计表

序号	名称	级别	批次	传承区域
国 家 级				
1	歙砚制作技艺	国家级	第一批	徽城镇等地
2	徽墨制作技艺	国家级	第一批	徽城镇
3	徽派盆景技艺	国家级	第二批	雄村乡
省 级				
1	徽派版画	省级	第一批	徽城镇
2	叶村叠罗汉	省级	第二批	三阳乡
3	顶谷大方茶制作技艺	省级	第二批	溪头镇
4	观音豆腐制作技艺	省级	第二批	武阳乡、霞坑镇
5	西园喉科	省级	第二批	郑村镇
6	三阳打秋千	省级	第三批	三阳乡
市 级				
1	狮子舞	市级	第二批	溪头镇、森村乡
2	麒麟舞	市级	第二批	富堨镇
3	跳钟馗	市级	第二批	雄村乡、徽城镇、郑村镇
4	宇舞	市级	第二批	街口镇
5	蛤蜊舞	市级	第二批	岔口镇、北岸镇
6	花棍舞	市级	第二批	桂林镇
7	讨饭灯	市级	第二批	桂林镇
8	黄山银钩茶制作技艺	市级	第二批	三阳乡、金川乡
9	斩尾龙挂纸风暴	市级	第二批	徽城镇
10	大刀灯	市级	第二批	许村镇
11	鱼灯	市级	第二批	溪头镇、北岸镇
12	放飏灯	市级	第二批	深渡镇
县 级				
1	民谣	县级	第一批	全县各地
2	新安画派	县级	第一批	全县各地
3	徽州四雕	县级	第一批	全县各地
4	徽派篆刻	县级	第一批	徽城镇
5	徽州根雕	县级	第一批	杞梓里镇
6	徽州印模	县级	第一批	全县各地
7	徽派刻书	县级	第一批	徽城镇
8	徽派建筑	县级	第一批	全县各地

资料来源：安徽省歙县文化馆网站，2011 年 10 月 17 日。网址：http://www.shexianwhg.com/，下载时间：2016 年 8 月 22 日。

签。然而时隔十年，跳钟馗又重焕生机。在文化遗产成为热潮的 21 世纪，歙县之跳钟馗成为歙县的非物质文化遗产的重要名片。

早在 2003 年，歙县就启动了"非遗"挖掘、保护、整理工作，用一年多的时间，深入全县当时的 41 个乡镇，对散落的古徽州民间艺术进行地毯式抢救性采访搜集。随后对资料进行编纂、整理，历时三年，于 2006 年 11 月出版了 100 余万字的《歙县民间艺术》，抢救出许多弥足珍贵的民间艺术资料。又通过一年时间普查，于 2007 年筛选出了全县 397 项"非遗"名录，完成了电子文本、电子目录、资料全集的制作。到目前，经过挖掘、整理，歙县已拥有"非遗"名录 425 项。

2008 年 1 月，歙县跳钟馗被列入黄山市第二批非物质文化遗产名录。袁立以"跳钟馗"项目入选安徽第四批省级非物质文化遗产项目代表性传承人名单。2015 年刘铭德也以"跳钟馗"的项目入选安徽第五批省级非物质文化遗产项目代表性传承人名单。2016 年 4 月，歙县跳钟馗申报第五批安徽省级非物质文化遗产名录。

（三）歙县跳钟馗的重建、展示与演变

如今在歙县，跳钟馗主要有三支队伍，分别分布于雄村的义成自然村、郑村的堨田自然村、古徽州景区的渔梁社区。义成队与堨田队历史悠久，既保留了古味，又在表演上各有独特的村落特色，然而渔梁景区的队伍却是为了适应旅游经济而诞生的，因无历史积淀，所以在表演形式上借鉴了义成村的表演形式，又融入了徽剧的表演特色。

饶有趣味的是，堨田村在行政区划上一半属于黄山市的徽州区，一半分属歙县，因此堨田村内的两只钟馗队伍，也分属黄山市和歙县。堨田村、雄村的义成队伍在地理位置上毗邻上朱村、岩寺镇，印证了县志中所记载的"跳钟馗，明万历年间流传于岩寺、朱家村义成一带，傩舞形式……"

"破四旧"运动、"文化大革命"之后，歙县的跳钟馗活动在村民的期望下逐渐恢复了生机。虽然原本的道具大多已经被破坏，但通过利用其他地方戏剧的道具，或以重新制作，跳钟馗的恢复并非难事。

雄村义成的跳钟馗活动在明清之际族谱中本有文字记载，然而谱本却在"文革"期间被毁，无迹可寻。目前雄村义成队伍的跳钟馗活动主要由刘家三兄弟负责组织，钟馗的扮演者为刘铭德。与其他两队相比，义成队跳钟馗的表演特色，主要在于钟馗的醉态步伐与喷火技艺。

表1　雄村义成跳钟馗的主要角色

角色		装扮	道具
钟馗		紫脸环眼浓眉，额间一蜘蛛。	头戴乌纱帽，身穿紫罗袍，腰系玉带，手捧朝笏，佩戴青龙鬼剑。
持蝙蝠灯者		头扎包巾，穿箭衣，下套甲胄。	蝙蝠灯悬于五尺长竹竿上。
鬼差	执酒杯灯	一黑脸、一白脸 头扎包巾，穿箭衣，	破伞上吊以小灯笼。
	执酒坛灯		
	打伞	鬼脸，头巾，颈挂索钱。	
	打扇	脸画胭脂，上身穿女大褂	
鬼卒	扛"进士及第"牌	鬼脸，头巾，颈挂索钱。	
	扛"肃静"牌		
	扛"回避"牌		
	执钢叉、铁链、火把若干		

　　队伍行进时，扛"进士及第"牌、"回避"牌、"肃静"牌的鬼差先行，紧跟的是持蝙蝠灯者，耍弄蝙蝠灯来为钟馗引路。蝙蝠时而高飞，如一鹤冲天；时而底翔，如掠波之燕；忽左忽右，倏上倏下，如蜻蜓戏水，又如惊弓之鸟主角。持蝙蝠灯者随着蝙蝠的韵律，跳跃旋转舞蹈，辅以耸肩，掂步的动作，并以朝笏斜指蝙蝠。之后，钟馗受执酒杯的鬼差招引，便与鬼差纠缠起来。鬼差极尽戏弄之态，引得钟馗左右撩须，上下翻腾，憨态毕露。待钟馗饮完，酒意大发，便又开始追赶蝙蝠，拔下朝笏，直指蝙蝠，带醉大舞，最后执一利剑追杀蝙蝠。之后，鬼差在此送上庆功酒，此时鬼妖已除，有意戏弄钟馗，撒杯有时高举，有时低擎，使钟馗露出一副馋相，引众人发笑。表演通常以巡村方式进行，各家各户的主人若有意让这支队伍为自家驱邪的，便会提前在家门燃放爆竹迎接。表演在门口进行，或请进客堂表演，结束之后，主人也要以红纸包钱表示谢意，出门时亦燃放鞭炮相送。

　　与雄村义成的队伍相比，郑村的揭田跳钟馗表演大有不同。其蝙蝠的戏份和技术难度大大超过钟馗，而且蝙蝠是由人扮演的，而非用道具代替。

表2　郑村堨田村跳钟馗的主要角色

角色		装扮	道具
钟馗		红、黑相间，额头，眼睛脸变用黑色，眼圈为白色	朝笏
蝙蝠		浓眉、右脸画一S型，身穿红背心，围花坎肩，红彩裤。	
打伞者		头扎红巾，稻草辫，身背艾叶，菖蒲。	破旧伞
酒坛侍者		头戴毡帽，红背心，花围裙	
小妹		披红绸，戴头花，对襟大红婚褙	花轿或驴子
丑婆		彩旦装扮，白鼻红唇，七痣八疤，后脑拖一羊角辫	蒲扇　眼袋
五毒	蜈蚣	戴瓜皮帽，穿黄背心，围坎肩，手持钢叉。	钢叉
	蜘蛛		
	蛇		
	壁虎		
	癞蛤蟆		

郑村堨田村的跳钟馗表演，同样是有"肃静"、"回避"清道拍开路，以及有"钟进士出巡"横幅，其次是蝙蝠、五毒小鬼、小妹、丑婆、挑酒罐侍者、钟馗、打伞者、鼓锣、放爆竹等人依次排开。其主要表演形式为，蝙蝠上下翻飞，周游盘旋，五毒小鬼挥动钢叉狂跳穿梭，钟馗以朝笏怒指，以跳跃、翻身、旋转等舞步追逐，五毒"打飞千"、"翻跟斗"逃窜。侍者挑酒罐在钟馗前方跳跃，打伞者紧跟钟馗，旋转破伞；小妹或骑驴或坐轿，以"十字布"走打圆场，丑婆手执蒲扇、长烟袋，紧跟小妹。

其中最精彩的部分，当属在村头的"上高台"部分。"高台"用两张八仙桌垫底作第一层，再叠两张八仙桌做第二层，第三层用高椅一把。表演开始时，先是蝙蝠跳上高台，作"竖蜻蜓表演"，其次是钟馗上高台，表演"金鸡独立"、"破四门"、"海底捞月"等程式套路。

之后便是巡村的程序，也是经过各家各户表演驱邪。入夜后，在村东石拱桥处，钟馗与五毒小鬼作最后的搏斗，以钟馗剑斩五毒小鬼作为结尾，谓之"斩五毒"，象征着全村妖魔邪气尽除。最后，钟馗化纸焚香，朝东方三拜，谓之"送老郎"，活动结束。

古徽州景区的渔梁跳钟馗活动沿袭了雄村义成跳钟馗的神韵，加之借鉴徽剧表演艺术，并无原来的历史积累，在此并不做多余赘述。

比较雄村义成与郑村堨田在表演形式上的差异，我们发现，前者表演的主角为钟馗，表演的技艺在于钟馗的醉态呈现于舞步的神韵、他喷火的技术，以及用鞭炮、锣鼓等烘托热闹的氛围。雄村相对而言规模较小，总参与人数约在二十人。而后者堨田村的主角为蝙蝠，其难度主要在于"上高台"的表演，规模较大，前后约八十人参加活动。因为主角蝙蝠、钟馗等表演时消耗体力较大，需数位演员接替表演。

无论在雄村还是郑村，跳钟馗的表演形式原本世代沿袭，并没有发生较大的变革。从村里老人的只言片语以及古书记载中隐约可以发现，最早的钟馗表演是以一个木头玩偶充当钟馗，置于肩膀之上，如今却都是以演员的形式扮演钟馗。据说2011年，三个村落的跳钟馗表演曾一同于歙县文化节期间在府衙广场上亮相。为了凸显三个村落的特点，突出跳钟馗表演的故事性，歙县政府曾派戏剧专家下到村落进行指导，三个村落的跳钟馗便有了不同的名称和相应的特点。

在道具方面，跳钟馗表演也随着时代而发生着变化，原来许多的道具是利用废弃的农具改做；而今日的道具多是由专人去杭州专门采办。同时，跳钟馗的场合也发生了变化。从前，跳钟馗只是村落间端午时节的一种节庆形式；而今日跳钟馗驱邪祈福的适用范围与内涵则明显扩大。跳钟馗的表演成为歙县各类文化节及、对外文化交流，以及地方政府的重要活动，也是本地商家的开张或是周年庆祝、电视等大众传媒采播、旅游景点常备表演中的重要部分，不再囿于一村之间。

（四）非物质文化遗产与社会生活

1.跳钟馗与旅游经济

歙县的跳钟馗活动的兴衰变化与旅游业有着密切的关系。以渔梁景区的跳钟馗表演为例，渔梁古街本没有跳钟馗的传统与习俗。20世纪90年代之后，歙县渔梁景区开始发展旅游业。为了吸引游客、增加旅游收入，渔梁景区组织了一个二十多人的专业跳钟馗队伍，并将观看跳钟馗的表演的费用纳入景区游览门票中，共计130元人民币。表演人员以青壮年人为主，每人每月约有 1200 元到 1500 元的收入。彼时，渔梁景区一天有三场跳钟馗表演；最盛之时，这支队伍还在全国范围内进行巡演。然而 2011 年之后，渔梁景区开始由私人旅游公司管理，公司认为，由于黄山景区的辐射作用，渔梁景区自身旅游知名度上升，不需要附加表演，并且维持表演团队日常经济的支出太大，便取消了跳钟馗表演。本来参与跳钟馗演出的人员，大多进城务工，渔梁景区的跳钟馗表演由此消失。

不仅是渔梁，雄村的跳钟馗也曾成为雄村景区常备表演项目之一。2011 年之后，同样因为旅游管理方面的问题，这项表演项目被取消。但与渔梁不同的是，雄村的跳钟馗本来就享有深厚的乡土根基，尽管在经济上不获利，村民仍愿意将这项活动以一己之力、众人之火延续下来。

2. 跳钟馗与地方政治

歙县的跳钟馗从"破四旧"、"文革"时期的封建迷信，转变为今日政府立项保护的"非物质文化遗产"，其命运的转变过程展现了整个国家意识形态的历史转折。

然而今日，以地方政府为主导、层层上传的非物质文化遗产申报体系，又使得文化遗产的归属问题成为地方政府竞相争夺资源的矛盾源头。地方的行政划分有时影响非物质文化遗产的归属问题。如堨田村在行政区划上一半分属黄山市徽州区，一半分属歙县，因此堨田村内的两只钟馗队伍，也分属黄山市和歙县。堨田村属于黄山市的那只跳钟馗表演队伍已被列入省级非物质文化遗产，但属于歙县的另一支队伍却仍然是市级非物质文化遗产项目。同一个村的跳钟馗项目，在地理上同畴也意味着文化上同源，然而却必须服从于行政区划刻板的划分体系。

堨田村将在 2017 年举行村委会换届选举，村民此时已形成了某种默契。2017 年跳钟馗活动举办的规模和形式将大大不同于往日。跳钟馗也成为地方政治变化的重要表达。

3. 跳钟馗与媒体对于非物质文化遗产的建构性

近年来，歙县的跳钟馗受到了媒体的广泛关注。CCTV-10 的《文明密码》栏目组以"徽州乡村传奇：歙县雄村义成驱鬼仪式跳钟馗"为题对这项习俗进行了展示；CCTV-4 的《走遍中国》栏目组在"一样端午、别样民俗"专题节目中，也把跳钟馗活动作为歙县欢庆端午的重要仪式进行讲解。

电视媒体解说的方式、语言，正如其标题所显示的，把观看跳钟馗电视节目的受众想象为生活快节奏的都市人，将民俗活动作为都市日常生活的反面或常识之外的故事，使之成为一种"乡土传奇"；同时也将跳钟馗的人，变成文化上的"他者"。

不仅如此，媒体的介入同样改变着歙县村民对于跳钟馗的日常认知。雄村的钟馗扮演者刘铭德先生屡屡上镜，对待镜头毫不生怯。参与跳钟馗的村民，对于电视媒体制作栏目也逐渐变得熟悉。通过电视媒体对于跳钟馗的重构，跳钟馗在村民心目中，也由一项村落内部相对封闭的端午仪式，变成了一项标记自身、对外展示的符号。换言之，跳钟馗由日常的生活习俗，转变为村民引以为傲的文化身份。

4.文化遗产与城乡模式的变迁

歙县跳钟馗作为非物质文化遗产，与其他非遗一般，受到工业化社会家庭模式、村落形式改变的冲击。跳钟馗这项民俗活动，其建立的基础是鸡犬相闻的村落格局与熟人社会。

费孝通先生在20世纪提出"差序格局"的概念，用以说明中国传统社会中社会关系的特点。他认为在中国传统社会，人与人之间的关系就像石头丢入水中，在水面形成的一圈一圈的波纹，被波纹推及的就产生关系。人与人通过这种关系互相联系起来，构成以人为中心、以其血缘关系、地缘关系为纽带的一张张关系网。随着社会的发展，人们将突破了血缘关系、地缘关系的人也纳入自己的交往范围和圈子。

跳钟馗在组织和传承上也依赖村落的人情网络。在狭小的村落中，人们毗邻而居、世代相熟。每年端午，人们能够形成一套如何组织、统筹这一活动的"地方性知识"。这一套知识不必见诸纸笔，声望高、技艺长的自觉扮演"钟馗"之领头作用，青壮年主动担任小鬼之丑角，街坊邻居夹道欢迎，以小额红包祈求好运，回报驱邪之苦功。小孩自小耳濡目染，成年自然继承衣钵。

然而，工业化的进程剧烈地改变着传统的村落格局。多数青壮年外出务工，不再熟知村里的事务与人情；小孩前往大的城镇读书，无暇参与村落里的活动；乡土社会用以约束和协商人们行为的人情、宗法、礼仪，被条例清晰的法律观念所取代，经济利益重于情义、乡情，荣誉观念愈重；私产观念、科学观念取代风水观念；大众娱乐的形成……凡此种种都颠覆了跳钟馗这项传统民俗赖以生长的风土。

在当下，文化遗产产业的管理与存续都是以国家行政力量为主导，而非物质文化遗产的传承与展示则依靠民间，悖论由此产生。歙县的跳钟馗活动作为一项民俗活动，其组织、表演、传承依靠的都是乡间队伍；其作为非物质文化遗产的资料采集、意义诠释、申报项目、数字化的过程却是由地方行政力量完成。

跳钟馗作为非物质文化遗产项目的申报流程亦如出一辙。先由所在村落的县级文化管理单位收集资料，向市级的非遗科整理汇总，再由省级文化厅审批，由此产生了县级、市级、省级非物质文化遗产与非物质文化遗产传承人。每一个层级的申报均需要准备大量对于这项非物质文化遗产的有关资料整理，涉及真实性论证、形式与内容描述、意义阐述、历史与传承考究等。省级非遗项目的申报更需要视频资料作为辅助。

在此过程中，跳钟馗从一项百姓喜闻乐见的农村社区活动，变成一项以大量文字、数据可考，并可作为具体社会文化研究对象的非物质文化遗产。遗憾的是，真正参与跳钟馗的人却成了这个过程中"失去声音的人"；民间相信钟馗之驱邪神力的村民，也无法让自己的感受与经历成为传承的一部分。非物质文化遗产的文字化、数字化本是抢救民间表演艺术于濒危之际的良方，却因为其诠释角度的局限性与操作流程的官僚化，可能在一定程度上重建了文化艺术的内涵，把农村人眼中的跳钟馗，变成了"知识分子"角度的非物质文化遗产。

歙县三个跳钟馗村落的主要负责人都是素面朝天的农民，与之交谈，言语质朴浅白。他们世代耕田，亦不熟悉文化遗产这一系列话语体系。于他们而言，跳钟馗之意义在于丰富欢庆端午的形式，为街坊邻居驱邪祈福；活动的盛大与否，象征了村落的富强兴盛之力是否延续。歙县各个村落都有自己独以为傲的表演艺术，村落之间暗自相互竞争，跳钟馗对于雄村、郑村而言，便代表了村落的骄傲与荣誉。参与跳钟馗的活动，对于村民而言，一则意味着为自家门楣增添福祉，二则也是为村落之兴盛尽绵薄之力。这些乡情内涵是歙县跳钟馗传承四百多年的原始动力与永恒激励。它们如此重要，却无法转换成文字，或是以数字形式呈现于非物质文化遗产项目资料之中。

广而言之，这样的矛盾或悖论不单是文化遗产保护体系建设不够完善的问题，更在于文化遗产资料撰写人员与实践人员的不对等。而非文化遗产的这一概念与话语体系，虽然被认为是一个普适的概念，但民俗文化历史之丰厚，形式之多样，意蕴之渊远，远不是"非物质文化遗产"这一简单的概念能够涵盖的。

三、歙县跳钟馗与非物质文化遗产之反思

歙县的社区仪式跳钟馗被定义为非物质文化遗产，与全球世界遗产的话语体系与历史密切相关。联合国教科文组织主导构建的世界遗产话语体系，将文化遗产这一概念规范化、条例化、机构化，并建构了一系列文化遗产资源管理与运营的模式。歙县跳钟馗，就是在此国际背景下，被"本土化"的一个非物质文化遗产项目。在中国的语境下，"非遗"被各种社会力量重塑，如大众媒体与国家非遗管理视野的重新表述，并与地方政治经济相互协调。歙县跳钟馗的命运遭遇，代表了中国土地上散落在地方村落中千千万万民俗传统的命运，代表了地方文化被"排序"、全球文化网络被"定位"，以及地方灵活抗争这种"普遍性"的经验。

在此，以歙县跳钟馗为例，对非物质文化遗产实践进行几点反思：

1. 真实性（Authenticity）

有关文化遗产的真实性问题，早在 1994 年"与世界遗产公约相关的奈良真实性会议"会议上便有所讨论。日本政府文化事务部与联合国教科文组织、国际文化财产保护与修复研究中心（ICCROM）及国际古迹遗址理事会（ICOMOS）共同起草《奈良真实性文件》，为文化遗产真实性问题的讨论奠定了基调。其中强调了"文化差异性原则"，即"一切有关文化项目价值以及相关信息来源可信度的判断都可能存在文化差异，即使在相同的文化背景内，也可能出现不同。因此不可能基于固定的标准来进行价值性和真实性评判。反之，出于对所有文化的尊重，必须在相关文化背景之下来对遗产项目加以考虑和评判"。

而在歙县跳钟馗这个案例中，显然三个村落中雄村义成与郑村堨田有明显的历史传承路径，而渔梁却应旅游开发需求，自主创造本土"非物质文化遗产"，原生地渔梁街并无端午跳钟馗的文化习俗。尽管如此，渔梁团体仍然与其他两个村落组成体系，被列为省级非物质文化遗产。非文化遗产虽是建构的概念，借来为村落的文化习俗加以归类保护，但这并不意味着这一概念在实践上就能够被滥用，被建构的"文化遗产"，其真实性问题值得商榷。

2.协商性(Negotiation)

非物质文化遗产的呈现与表述，是地方性文化与各种社会力量相互冲突与协商的过程。无论是追溯歙县跳钟馗的历史演变——由"四旧"之一的封建迷信到被列为省级非物质文化遗产，还是它的当代命运——与旅游经济想捆绑，被大众媒体重塑，都在一定程度上见证了非遗表述在不同时代与政治环境中的迥异。

然而，歙县跳钟馗在被表述的过程，却见证了"当地人"的缺席。歙县文化局非遗科的大量资料，都是熟悉申报非遗流程的专业人员负责撰写；电视媒体中，主持人与旁白的声音如同"上帝视角"一般冷静地叙述和评价这项社区仪式。无论是被列为非遗项目，或是四旧迷信，本地人都无力与国家政治权力抗争；大量的文字与视频资料都集中于对跳钟馗表象过程的描述，但对于这项村落社区仪式的精神体验与意义阐述却一直缺失，这也导致了本地人观点的缺席。由此也为各种社会力量参与非遗意义与概念的社会建构，提供了活动空间。

3.乡土性

歙县跳钟馗传承所面临的难题，主要来自原本所依赖的社会文化环境的变迁。为重新适应着当代社会，跳钟馗成为商家的剪彩礼仪，地方文化传播事业的项目，旅游经济中催化剂。然而这种风土的改变，也在改变这歙县跳钟馗的现代意义与呈现方式，跳钟馗距离原来凝聚众心的功能越来越远。文化生态环境的变迁带来非物质文化遗产内涵的变迁。原有乡土环境与内涵的丧失，值得我们注意：一个远离本土乡土，不断被社会力量重构，失去原本社会功能的文化遗产，是否还能被称为"遗产"？

第 八 章

芷溪客家传统建筑艺术
与传统村落的保护与发展

✳ 唐明胜

一、前　言

　　出于对中国传统村落文化景观保护与发展的关注和探索，我们赴福建省龙岩市连城县庙前镇芷溪村进行了一个针对传统村落的田野调查，并写成此调查报告。我们必须承认，在对芷溪地区传统村落各项相关因素的了解方面存在局限，因此，在对芷溪村自然地理条件简单介绍中的诸多气象数据上参考既有资料。考虑到芷溪村已经入选国家历史文化名村这样一个现实，我们假设，所参考的新闻报道或是文摘中对芷溪的气象数据和基本常识介绍是具有可靠性的。除此之外，报告写作中的内容都来自我们田野调查中所获得的资料。

　　本次田野调查中，面对较为混乱的村落布局，我们在对传统建筑的数据统计方面所做的尝试并不是很成功，以至于无法用所搜集到的第一手数据来反应芷溪传统建筑的"生存"现状。这种失败的体验也使得我们认识到，对这样一个传统村落的保护工作在很大程度上缺乏精密的统筹规划。

　　因此，田野调查采取了最简单的走访形式，大多数时间花费在对文化主体与传统村落"融洽"程度的研究上，这却对我们了解芷溪传统村落保护与发展所存在的问题提供了很大的帮助。我们认识到，芷溪村不是一个与世隔绝的传统村落，而是一个交通优势明显的村落；当地居民经济条件并不是我们所想的那样贫困不堪，而是经济条件较好、但贫富差距也较为明显的村落；芷溪村是"现代"的村落。芷溪村先后入选福建省以及国家历史文化名村，政府力量的介入对这个传统村落的保护做出了很大贡献；但是也有村民对政府保护资金的下放使用保留自我意见。需要说明的是,报告中所提及的芷溪,除特指情境外,都表示我们所调研的一个大范围的文化区域,而不是现代的行政村规划。

二、芷溪村概况

(一)芷溪的地理生态:水与村落的江南风情

芷溪村地处闽西,具体位置为福建省连城县南部,东经 116.6 度,北纬 35.3 度,地形为典型的东南丘陵丹霞地貌。芷溪村主体处在河间盆地位置,国道 319 线和厦蓉高速贯穿其全境。芷溪气候特征为典型的亚热带海洋性季风气候,全年光热充足,气候温和,雨量充沛。气象数据统计显示,芷溪年平均气温约为 22.3 摄氏度,无霜期 306 天以上,年平均降水量 1896 毫米。[①]芷溪地区锰矿资源较为丰富,目前锰矿开采工业正在运作中。

凭借较为优越的地理地形条件,芷溪在农业种植方面也较为发达,不过随着交通的逐渐便利,很多交通要道周围的农田不可避免地被居民住宅所占用。芷溪全境水网较为密集,较大河流有贯穿全村的芷溪河,村内还有水圳沿主要街道流淌。流经竹坑的芷溪河寄托着芷溪村民对妈祖的信仰,历史上芷溪的传统手工艺制品、所需粮食也主要经由水路流通。[②]水质优良时期河沿生芷草,村名由此而来。

但是目前无论是芷溪河还是村内的水圳,水质情况都大不如从前。尤其沿街道流淌的水圳,由于居民将过多难降解垃圾随意投入,导致了水圳水质严重下降,并且在汛期会出现堵塞现象。水圳内水位盈溢,倒灌入地势较低的两侧传统民居中,给当地居民的生活造成了很大的影响,这也是很多居

---

① 佚名:《中国名镇系列报道之十二:芷溪》,《中国地名》2010 年第 9 期;阮仪三:《福建省连城县芷溪村——国家历史文化名城研究中心历史街区调研》,《城市规划》2013 年第 4 期。

② 商品航运不是芷溪河的航运,而是历史上的上杭、朋口、长汀及潮汕地区的水路航运,芷溪历史上的商人多经此路运输木材、纸张等,妈祖信仰是水路航运商业发展后村民寄安全保障的守护信仰。黄洁琼:《连城县芷溪村的妈祖信仰初探》,《闽西职业技术学院学报》2008 年第 3 期。

民选择弃置旧居搬迁，或者是拆毁旧屋新建较为现代化居所的客观原因之一。芷溪地区目前农作物主要为水稻或是芋头，尤其是芋头现今基本成为芷溪周围农田中常见的主要农作物，这也与芷溪特定的水文土壤等自然地理环境密切相关。芷溪村两侧多山地丘陵，多具历史文化韵味，其上有古茶园、神树山等，是芷溪自然环境与历史人文特色完美契合的见证。

（二）芷溪村历史文化背景概述

芷溪村最远的历史目前能追溯到宋朝。开辟初期，村民主要为邱姓和华姓，后来杨姓与黄姓迁居到芷溪定居，并发展为后来人口占据全村绝大多数的两大家族；四姓村民都是客家人。南宋之前，芷溪先后属新罗县和长汀县管辖，至南宋绍兴三年置莲城县，芷溪归属古田乡①。明清以来，村民不断对村子进行扩建，大量兴建宗祠、民居，粗略统计，至少兴建了约74座宗祠和139幢传统民居。尤其是"杨氏百万公"②（杨百万）健在年间，宗祠与民居建设的效率与规模都是空前的。

芷溪村在历史上出现不少文人志士，村里宗祠内悬挂的匾额上，依旧刻纂着历史上本家族中出现的进士、大夫的名字；很多民居与宗祠也是用本村名人名字命名的。对明清的历史研究表明，明清时期乡绅在地方事务的处理中发挥着巨大的作用。就芷溪村的情况来看，明清时期，这个村落中诸多的乡绅必定给这个地方的发展建设带来了巨大的促进。这样的情况确实能够在对芷溪村民的访谈中得到印证，典型代表就是"杨氏百万公"健在时期出力兴建宗祠和民居，并在很多宗祠开设学堂。

芷溪村是一个典型的客家村落，"客家"这个词便是这里文化的代表，但

---

① 芷溪有俗语"邱三千，华八百，姓黄姓杨各一百。"（一说：邱三千，华八百，姓黄姓杨不足百）描述历史上最初阶段芷溪各姓人口。经不可考据的历史过程后，现今芷溪四姓人口定型为杨姓匠人所描述的情况。参见黄森：《芷溪黄杨邱华诸姓初探》，林水梅主编：《连城县文史资料》第14辑，政协福建省连城县委员会文史资料委员1990年版，第76～82页；邱远生：《关于芷溪"邱三千华八百"的历史》，林水梅主编：《连城县文史资料》第29辑，政协福建省连城县委员会文史资料委员2002年版，第121～125页。

② 芷溪历史上的富商，报告写作期间未能找到具体史料记载。"百万公"这个称谓在芷溪历史上代指在经商事业上取得较好成就的富贾。芷溪杨姓历史上流传"两代三个百万公"的说法，三个"百万公"分别是：（父）杨登台、（兄）杨明安（俊亭公）、（弟）杨西林。"杨百万"或指某人或为此类富贾代称。

芷溪村与闽南地区客家村落又有很多不同。以传统村落的建筑来说,闽南地区客家建筑最具代表性的是"土楼";但是在芷溪村及附近,客家建筑更具江南风情,很多为典型的青砖木牌楼或是石牌楼,这是特定历史地理条件下发展出来的文化产物。芷溪村的每一座古宗祠都有着属于自己的历史文化记忆,对于历史而言,其是独一无二的。典型代表例如现今保存较为完好的"集鳝堂",这座传统宗祠的独特之处在于其坐向与北京紫禁城一致。在明清封建王朝时代,这样的民间建筑形式无疑会给所属群体带来不小的麻烦。但是在"集鳝堂"入口的石牌上所刻清代著名书画家何绍基所题"南离辉映"四个大字中每字少一笔,此举在于避讳以及堪舆先生提出的"制化"[①],像这样的历史记忆只属于"集鳝堂"这一座古宗祠。

民国时期,随着闽浙赣三省交界的苏维埃革命根据地建立,闽西地区绝大多数县镇参与到革命浪潮中,芷溪村也不例外,所以现在的历史文化名村芷溪村中,还保存有诸多丰富的红色革命遗址,最为具有代表性的是"中共苏维埃区政府旧址"和诸多的革命名人旧居。这样的红色革命历史资源现今也被利用起来,对传统建筑的保护起到了一定的积极作用,但其中也不乏存在值得我们思考的地方。

新中国成立以后,1958 年芷溪为镇建制。1972 年庙前公社成立,芷溪分划为芷溪、芷星、芷民等生产大队。1984 年,芷溪分为包括芷溪、芷星、芷红等 11 个行政自然村,属连城县庙前镇下辖。现如今的芷溪村依靠国道319 线与厦蓉高速的便利,打破了以前闭塞的处境,逐渐向着城镇化方向发展。[②]

---

①　制化,风水界(堪舆)术语,提出"煞"中的"中煞"需"制化",其实际分"制"和"化"两种方式避煞。
②　参见邹日升主编、连城县地方志编纂委员会编:《连城县志》,群众出版社 1993 年版。

三、芷溪村传统村落现状分析

（一）闽西客家建筑的结构、功能、隐喻

类似芷溪客家宗祠的宅院建筑，在闽西地区多位于客家人聚居地，例如长汀、上杭以及连城县境内的培田等。这类宗祠建筑在生活功能上体现为"祠居合一"；房屋形态融合中国传统士大夫文化元素设计，主要表现为门楼轮廓与中国汉字书法的笔势神韵及内部的景观布局。关于这方面的详细解释可以参见林语堂先生所著的《中国人》中对二者关系的阐述。[①] 此类宅院门楼设计破费心力，所以有用"千斤门楼四两屋"术语体现门楼的恢宏。在建筑结构上，之前的学者做过详细描述：

> 客家堂屋式民居的原型是位于轴线中心的"中庭式"四合两堂主屋，这个原型出现最多的在客家祠堂建筑上，但事实是所有客家建筑都把厅堂作为建筑的核心。用作祠堂的时候可以打通隔墙充分留出大空间做祭祀礼仪用，应用到民居时，其下堂可作为门厅，上堂或者说是中堂可以作为祭祀用的厅堂空间，作为日常礼仪起居的最重要场所。而中堂的两侧次房，可以作为主卧室或者祭祀辅佐空间，门厅次间可作为次卧室。天井东西两侧的厢房则作为餐厨，或者直接开敞的流动空间。这个"中庭式"四合两堂空间虽小，却有完善的功能。[②]

闽西客家传统房屋建筑中多有一个廊道围成的天井院子，廊道之上由青瓦覆盖，留天井处便于采光。我们可以看出闽西客家宅院的院子由廊道墙壁围成，院内为这个家庭及家庭所愿意接受入内之人的领地，也就是说院的三面廊道墙壁及门是一个"化界"，内为家，外为野，如同古时的城墙一般，墙内为城，墙外为野。这是一个类推的规划结构，"化界"是安全的保证，处在化界以内的成员是受到"家"这个单位的支持与保护的。我们通常说"家"这个汉字在形象上表现出房屋住宅的上下、正（侧）视结构，但"家"这个汉字

---

① 林语堂著，郝志东、沈益洪译：《中国人》（全译本），学林出版社1994年版，第305～312页、第319～325页

② 杨少波：《闽西客家民居基本形制》，《南方建筑》2011年第6期。

的深刻意义也必然有房屋住宅这类建筑的俯视结构,或者说是平面结构,那就是提供一个"化界",保护处在"家"里面的成员。闽西客家的宅院建筑,在结构上与此吻合,包围结构提供的是一种保护的意义隐喻。

建筑的廊道提供的是"路","路"即"道",路的作用其实有两个层面,一个层面是"导引"作用,也就是将人带向特定的目的地;另一个作用是"规训",限定人活动的范围,体现为我们今天的"法",在传统上更多为"礼"。闽西客家的"宅院"建筑的廊道、"路"边界就是墙壁和天井院子边缘。人如果按规矩在宅院的廊道中行走,一定不会从天井院落中间跨步而过;天井院落多为花草种植的一个低洼处,行走必然是沿着廊道成为一个折线式。芷溪的宅院建筑多为宗祠民居合一的多用途建筑,祭祀与居住两个重要用途在宅院这一空间范围内进行。祖先祭祀在传统思想中是一件庄重神圣的大事情,在祖先灵位前,诸多行为都要收敛起来。如果芷溪宅院面对正堂的天井院子中间开一条大道,行人来来往往总是前后迎朝正堂祖先灵位供奉的地方,这在传统中"礼"的范畴下明显不被允许。

芷溪"祠居合一"建筑的正堂没有门窗的结构设置,耳房房门朝向与正堂朝向一致,这与西南部分地区耳房房门朝向与正厅朝向垂直,且出门即入正厅的住宅构造不同,也与北方四合院正厅建制有门窗结构相异,而后两种建筑类型的正厅也会摆放祖先或是神灵牌位进行祭祀。这是闽西客家宅院的一个特色,这样做能够将正堂的祭祀或公共活动功能固定为单一类型。像西南部分地区,耳门入口朝向正厅的住宅构造,日常生活起居在卧室与正厅是有重叠的,但是在闽西客家宅院的建筑构造上就不会出现这样的重叠。这样的住宅构造,空间的专门化程度是比较高的,正堂的空间是公共的,少了门、窗这些"化界"的结构。如果一个闽西客家大宅院里居住着一个扩大家庭的话,通过建筑构造上就可以知道,一个核心家庭的私有空间应该被限制在自家的房间以内;廊道、正堂以及天井院落都是公共空间。从空间的"公"与"私"的分化中也比较容易看出,闽西客家人对祖先崇拜的重视及其相关"礼法"的严苛性。

(二)从芷溪居民角度对当地建筑相关问题的调研分析

对于传统村落的保护与发展问题,在理论方面实际上可归结为协调"保护"与"发展"二者相关关系的问题,在实践上归结为措施实施过程与成效评估问题。传统村落的保护与发展,所涉及的主体是居住在传统村落中的村民,村民是传统村落的文化主体,其对保护与发展问题的观念是真正需要放在首位加以考虑的。传统村落的保护与发展不能简单归结为政府出台措施保护与维修,之后再进行旅游开发或是其他形式的发展,在很大程度上,这样的形式会导致文化的流失。芷溪村目前虽成功申报了国家历史文化名村,但商业化旅游还未开始,至于以后会不会建立一套商业化的旅游体系,我们目前无法预料。可以看到,芷溪传统村落较为明显地受到了城镇的波及,诸多现代性住所取代传统民居。对于村民而言,经济条件较好的人家基本都已经弃置了传统民居,选择交通更为便利、空间更为开阔的地区新建住所。

我们认为,现居芷溪村民对传统村落的观念是具有年代特色的,具体而言,大致可分为三种情况:

第一种为20世纪70年代之前出生的村民。这个年龄阶段的村民对传统村记忆较为深刻,对古宗祠或是传统民居情感较为深厚;他们期望传统村落能够保存并延续下去。但是,我们也认为,这一个群体对于传统村落的未来理想是复杂的,一方面他们对传统村落充斥着情感,不希望传统村落遭到破坏或是淹没在城镇化浪潮中,同时又无法抗拒市场经济条件下的诸多客观现实。我们在对一位杨氏老人的访谈中感到,他对自己儿孙和传统村落的期望充满难解的复杂情感。他希望儿孙能够在都市中发展,"有本事",又不期望自家的宗祠荒废;他期待对于宗祠的旅游开发,又苦恼于宗祠的归属问题。类似困扰普遍存在于那些与子女分居、夫妻或独自一人居住在老宅中的老人心中。

第二种情况为20世纪70年代到90年代中期出生的群体。这个群体明显受到改革开放以后市场经济环境的影响,对生活质量有着更高的追求。他们对于传统民居的生活条件大多不满意,经济条件改善时便新建现代民居;对传统村落的考虑多与经济发展有关,比如旅游景点的建设。他们将家屋认同为新建居所,视传统建筑为"文物"。他们没有像自己的长辈一样完整地继承文化系统,而是在文化体系中接受了"都市性"、"现代性"文化,对于传统村落文化的认知似于一种模糊的记忆,形成一方面具有现实要求,一方面具有文化遗传的复合体。

第三种情况为20世纪90年代以后出的群体。他们接触"现代化"的机会与途径更多,且多数处在现代教育体系中,对芷溪传统村落的了解更为有限。他们对传统村落的理解更多受大众传媒的引导,愈发趋向于"局外观"。

但这个群体依旧生活在保存有历史文化遗留特征的文化环境中，不可避免地受到来自本地区文化的濡化，虽然本地区文化已发生变化。

芷溪村是客家文化在特定地域条件下的典型代表之一，这样的一个文化系统固然随着时间推移发生了诸多的变迁，但我们依旧能够寻觅到独具特色的文化表现，时间的推移并没有完全消磨掉这个地区自古至今的文化传承，只是这个过程受到来自更多因素的影响。我们协调传统村落的保护与发展，目的在于使其中蕴含的文化得以健康发展，这是将文化主体放在首要位置的原因——只有人，才有文化。新中国成立以来，很多传统村落经历了类似的发展变化过程，尤其是在文化主体的观念变化方面，芷溪村并不是一个特例。我们应该意识到：随着国家对中国特色文化保护与发展的提倡，受到较多"现代文化"影响的年轻一代人会有更多机会反思自我的文化认同问题。

村落的传统建筑，尤其古宗祠，是芷溪同一姓氏成员之间的宗族情感的寄托，村民对此依旧重视，并自发采取了诸多行动来维系情感。例如2006年，芷溪及附近的黄氏后裔自发捐款，修缮了在"文化大革命"时期遭受严重损坏的"黄氏家庙"木牌楼，并在随后依旧出资对其进行维护。再如，保存完好"九厅十八井"结构所在宗祠——集鳝堂，每年都会吸引广东、江西、福建三省的杨姓来此祭祖。这些事件标明，客家传统的历史文化情感至今依旧在芷溪村得到传承和发展。

（三）关于政府对芷溪传统村落护措施的调研

芷溪目前为第二批国家历史文化名村之一，对于这样一个传统村落的保护，来自政府的力量是不可以忽视的。我们在调研过程中得知，国家历史文化名村保护工程的投入是巨大的，仅就一座古宗祠，所下拨的保护及维修费用都可达100到200万元人民币，现阶段许多宗祠及传统民居的维修工作正在进行。在芷溪村，每幢重要建筑的门口都有文物保护部门统一制作的建筑简介标示牌；凡有牌建筑，对其进行"处置"（如拆除、装修）时，必须先向文物保护部门报批，经核实情况并评估后才能动作。

政府这一举措对于建筑的保护起到了重要作用，但仍不乏建筑所有者执意按自我意愿处理，特别是对于一些破败不堪、亟待维修的传统建筑。若政府的维修行动稍慢，建筑也许就被其所有者私自拆除了。由于这些传统建筑现今依旧为村民私有财产，村民对建筑的利用也多随意自由。尤其是在传统建筑的存在不但无法带来实际经济效益，反而影响生活环境改善时，传统建筑便被认为无须保留。这种情况尤为常见，特别是未经政府特殊保护的传统民居，导致了芷溪村现存的传统建筑逐渐减少，尤其是民居方面。

芷溪村作为国家历史文化名村，其所传承的文化是具有中华民族特色的优秀历史文化，是全民族的共同财富，国家保护值得肯定。但我们能感觉到，村民在当地政府对传统建筑维护资金的下放、使用方面有看法，主要分歧在于资金数目问题。很多村民反映，国家对古宗祠的维修款数都在100万元以上，但实际维修的费用经地方政府后只剩下40万～60万元。村民，特别是古宗祠的所有者，对这一情况普遍有所抱怨，但我们看到许多重要宗祠建筑确实在维修之中，并没有获得明确可信的证据证实村民的质疑。我们认为，无论真伪，这一情况至少说明，政府在与村民沟通、让村民知情、得到村民认可理解上，还需要做相当多的工作。除此之外，因为许多宗祠建筑依旧处在一种破败荒废的状态之下，急需抢救保护，按"重要性"排序，在文物保护工作中经常令人无奈。

四、芷溪村传统村落保护与发展过程所存在的问题

（一）交通设施便利，其他基础设施落后

无论村落境内还是周边，芷溪村的交通设施都较为发达。不仅有国道319线和厦蓉高速横贯全村，还由于所处位置临近著名旅游景区冠豸山，可利用景区便利的铁路与航空客运服务。就交通而言，芷溪的发展条件可谓得天独厚。但是，这样便利的交通却没有带动芷溪其他基础设施的同步发展，如餐饮服务、酒店宾馆等。这些基础设施在其邻近的庙前镇街道上也不是很健全。这既是旅游开发不足的结果，也是其原因。芷溪到目前为止尚未建立初步的商业旅游体系，还处于"原生态"的乡镇体系中。虽然缺少商业化的旅游开发对一个地区文化的保护或许有利，但对于一个地区的经济发展却不见得有利。芷溪村贫富差距现象明显，富裕人家多弃旧房搬新居；贫穷人家坚守旧屋，直到旧屋因客观自然条件损毁倒坍后再重新在原址上兴建新居。对这些人家而言，经济收入依然是首要问题。

传统村落的保护与发展，所需要做到的是不以保护为借口拖发展的后

腿,也不以发展为借口全盘忽视保护,保护工作要顾及每一个村民,发展工作也要使每一个村民受惠。我们所要保护与发展的文化,是让村民积极生活的文化,是让村民能够体会到发展的文化。依靠文化为村民谋求发展并没有违背保护这样一个前提。最关键的一点是,对本地文化恰当的发展能够留住文化主体,让其对自身文化进行后续传承与发展。不论是旅游开发、还是文化创意园建设,只要是能够协调保护与发展统一,都是值得肯定的。所以,以旅游开发中带动本地基础设施完善,并进一步给当地村民带来生活水平的提高,在芷溪村值得一试。

基础设施落后对芷溪的传统村落保护与发展有着重大的影响,尤其是上文提到的留住文化主体问题。基础设施的全备程度影响着一个地区人民的生活质量,每个人都有谋求发展自身、改善生活条件的欲望。尤其是在市场经济条件下,全备的基础设施成为人们普遍的要求,这也是农村人口向往城市生活的主要表现之一。村中很多长辈谈论子孙前途时,总会以在大城市中生活与发展为成功范例;年轻一代更向往"繁华"。芷溪固然保留着丰富的客家文化传统,但在生活质量不如意的情况下,文化主体会做出什么样的选择呢?我们在调研中发现,芷溪同许多其他农村一样,村民的理想生活地区是基础设施完备,有利于自身发展的地方,许多年轻选择常年在城市居住。留住村民,乡愁鸡汤靠不住。

（二）政府力量与村民观念的需协调

上文中我们提到保护与发展的协调问题,但是具体的措施在实行中还会遭遇到什么样的阻碍呢?

从一个外来者的角度看,人们无疑想让这样一个传统村落保持其原有的样貌,最佳的境况是,不再有传统建筑受到人为的损毁,这也是每个国家历史文化名村所在的地方政府正在努力进行的工作。但是这样的工作在很大程度上需要顾及村民的观念,有效的沟通与交流在措施实行过程中十分必要,否则这些工作往往会在很大程度上造成的民怨。

在芷溪村,人居地在传统村落所在地的压力是很大的,这样的情况给传统村落的保护工作带来了一定的麻烦。我们发现,传统村落现在已经被分割成许多独立的小片区域,传统民居、宗祠与现代建筑呈现一种"镶嵌式"的分布形态,且传统民居正在被现代民居所取代,这给芷溪村的保护与发展带来了很大的困难。由于保护的起步阶段缺少统一的规划和协调,现在芷溪原本的村落形态已经不存在了。

在传统民居消逝问题上，我们不能简单认为政府在保护工作上没有下足功夫，而是应该集中更多的讨论在村民观念和政府力量的协调上来。例如，一个最直接的矛盾是：如果不让村民拆毁传统民居，那么村民的新居应该建于何处？村民遇到的困惑是：如果不将传统民居拆毁，在原址上新建现代建筑，那么就只能住在传统民居中，或者是向别人购买土地；向别人购买土地的时，又要考虑到土地位置距离村落的距离、土地价格等因素，到最终大多数人还是选择将自己所有的传统民居拆除，并在原址上新建现代建筑，这是导致传统民居在近些年不断消失的重要原因。

有关传统村落的拆建问题也很难协调。在调研过程中，有村民提出统一规划的方式，即，为保护和开发传统村落，将现在传统村落中居住的人统一搬迁出去，寻村落附近一片由政府统一规划的空地建村。事实上，这在短期内只是一个理想而已。一方面，传统村落的破坏现状已成既定事实，大量兴建民居已镶嵌在传统建筑中间，统一的搬迁活动对于这些居民而言不太可能实现，因为这将意味着极大的财产损失；另一个方面，传统村落不仅仅是要有建筑这一个因素的存在，如果文化主体搬离了不可移动的建筑，那么这样一个片区保护就成了遗迹保存，意义不大，而且可能会在一定程度上导致该地客家文化的进一步大规模变迁，得不偿失。

芷溪村所在地农田耕种用地不算充裕，尤其是在传统村落附近可供安居的面积非常紧张。牺牲农田耕种用地满足居住地的要求在村民中能否协调成功是一个很严重的问题，特别是对于 90 年代前出生的人，他们的观念中农田耕种用地是一个家庭财产中最坚实、最保底的部分。如果说产业转型由原来的农业转变为芷溪现今存在或以后可能发展起来的工矿、旅店餐饮服务、旅游等，农民必然还要考虑到风险问题。如何协调统一的规划安置地问题，需要政府与村民共同探讨。

（三）文化遗失：传统村落保护转向名人旧居保护

芷溪村从古至今积累了丰富的历史文化，也与诸多的历史名人相关。连城县是中国"红色旅游"开发较为成功的地区之一，全境内保存有大量的红色革命遗址、遗迹。芷溪村在历史上和革命历史相关，只是不如福建古田等地那么著名。芷溪现存的许多传统民居中，就有着诸多红军将领或是革命先辈的旧居，这些传统民居受到了来自政府的大力保护，在保护名人旧居的同时将传统建筑保护了下来。但我们认为,这样的保护方式存在问题,极端情况下可能导致传统村落的消失,因为除了这几座"重要"的传统建筑被保护下来外,其他建筑多数将会被拆除。自然,保护名人旧居比起保护传统村落来要容易许多,至少因为旧居的保护工作针对的对象特定且数目较少。但我们所期望的是能保存完整的传统村落,这样更能反映一个地区特定的历史文化。

根据我们在调研中对名人旧居的了解,如论及文化色彩,它们其实只能算是芷溪这样一个传统村落在某一个特定年代的短暂记忆。就拿诸多革命将士旧居来讲,芷溪村的历史上地确实出现了这些伟大的革命将士,但这些革命将士中的许多人和这个村落的关系,并不都像在本村出生并加入中共革命斗争的杨采衡等人一样密切。之所以这样说,一方面的证据来源于芷溪村在当时的历史条件。很多研究表明,在中共苏维埃政府时期,芷溪一直是中国苏维埃政府的区政府所在地。出于这一原因,芷溪村很多传统民居得以保存,实质上是在闽西革命运动波及范围内产生的一个普遍影响。芷溪不像连城县的古田乡一样,在民国时期苏区红色革命斗争中产生了不可忽视的影响,当然这样的对比是相对于影响力较大的古田乡、上杭而言。根据历史资料证据,芷溪村在民国时期确实处于中共苏区的统辖之下,而且也进行过土地革命等运动,但是后期中共苏区在东南地区受挫,红军撤出后地主阶级又开始复辟。至于很多的故居和这些故居的真正历史意义乃至于其真实存在,我们存在一定质疑。另一个重要的证据来源于我们在调研中对村民的询问,不少村民对名人旧居的说法也持保留意见,认为其与芷溪村的联系并不紧密。

我们提出质疑并非要否认芷溪是红色革命的重要地区之一,只是说明,很多名人旧居或传统民居存在有过分渲染的嫌疑。我们认为,在芷溪村的保护与发展上,应该着重传统村落保护这样一个更大范畴的整体保护,对传统村落的保护就是在对红色革命遗址的保护,因为红色革命在芷溪的历史也是芷溪历史文化的一部分。如果芷溪按照只保护与开发名人旧居这样的套路出发,那么更多的历史文化将可能会在这样局限性的保护形式中被遗忘。芷溪传承优秀的历史文化,需要传承民国到新中国成立期间革命先辈艰苦抗争的先进文化,也需要传承从宋至明清时期活跃的书香文化,片面性的保护与发展对芷溪文化的长远发展不利。

五、芷溪传统村落保护与发展的思考

芷溪村是一个经过了时间洗礼的传统村落，这样的一个传统村落经受了不止一次的大规模文化变迁。值得庆幸的是，不论是我们本次调研的关注对象传统建筑，还是芷溪特色的元宵花灯，我们依旧能够在其中发现一个传统村落所传承下来的历史和文化。对于芷溪的保护，最适合的描述莫过于"亡羊补牢"，这样的一个成语或许不仅适用于芷溪，还适用于绝大多数中国现存的传统村落；能够意识到这些传统村落所存在的问题，并及时找出保护与发展的措施是一种万幸。针对芷溪存在的问题，我们认为应该先从以下几个方面着手解决：

1. 对芷溪传统村落进行适当的开发，发展地区经济，以便能够留住文化主体。芷溪村的传统村落目前尚未经历任何形式的商业化开发，虽然很多传统建筑受损严重，但是政府已经在出力维护。我们认为，保护芷溪传统村落，目前所面临的主要问题是，村民不知道"传统村落"这样一个存在，究竟能够给自身带来什么现实价值。如果能够在村民自主所有的前提下，赋予传统建筑一定的经济收益，或由其带动其他方面的经济价值，那么村民对传统建筑的认识或许会有所改观。对芷溪的开发过程无疑是一个对基础设施完善的过程，但是从文化保护的角度出发，我们所期待的是，能将基础设施、及产业设施（如餐饮、旅店、纪念品等）的发展机会交到当地村民手中，这才是符合农村发展的政策举措。基础设施的完善和发展机会的增多对文化主体的保留至关重要。

2. 政府采取统一有效的保护与发展措施。传统村落的保护与发展目前已经上升为村民与政府部门共同的工作，全权交由村民也会出现很大的混乱性，导致后续的保护和发展工作更难进行。在文化环境中生活的人群或许不会对自己早已熟悉的文化显示出特殊关心，反而对外来的文化充满着好奇。这也导致现代社会中，文化认同受到挑战的现象屡有发生。在这种情况下，必要的强制干预措施是值得尝试的。政府制定统一有效的保护与发展措施是一种指导形式，需要事先可靠的实践调研作为依据，并始终以文化整体观的合理论衡作为学术支持。

3. 探索并实施更是否是大范围内互相关联的传统村落保护与发展工

程。传统村落的保护与发展工作目前依旧处于探索阶段,很多理论在实践过程中也遭受了失败,但是这绝不应该成为简化保护工程的借口。芷溪作为国家历史文化名村,不是孤立的存在,其文化与历史都与一个更大范围的村落系统或文化系统有关,其当下现实也嵌入在一个更大空间的发展格局中。更大范围的传统村落保护,能为发展阶段的芷溪提供更加丰富的文化资源,拓宽了发展的未来道路,也使更大范围内的文化资源得到整合,形成线路式、体系化的协同发展模式,一方面有助于芷溪的传统村落保护,另一方面也为地区发展提供机遇。

传统村落维系着一个地方的历史文化传承,在很大程度上是能够成为"根"一样的存在,文化从这里诞生,也自此而发展。芷溪作为一个古宗祠与传统民居保存较为完好的传统村落,传统文化依旧作为维系宗族亲缘的重要纽带,是传统客家文化的典型表现;也作为中华民族传统文化的重要组成部分,代表着重要的民族文化血脉。但我们也应清醒地认识到,芷溪地区的古宗祠与传统民居面临着逐渐消失的危险。自芷溪村 2002 年入选福建省历史文化名村,以及 2006 年芷溪黄氏后裔自发捐钱修缮黄氏家庙以来,芷溪的古宗祠和传统民居开始受到来自政府和本地村民的重视,一些传统建筑在他们的努力下得到维护。但是,在社会发展的大环境下,芷溪村也正在兴建大量现代建筑,使传统村落的面积不断缩减,部分传统建筑遭到拆除或废弃。村中年轻人多半对生活质量有着更高追求,对传统民居的生活条件表示不满;加之村内生活垃圾导致水圳阻塞,汛期水圳溢水倒灌传统民居中,加快了村民外移及新居重建速度,传统建筑的归宿令人担忧。

芷溪村在发展中需要保留其独特的历史文化,这样的发展不是千篇一律模式化的旅游开发就能达到,首先考虑到加强文化主体对自身文化的认同,不让传统文化止步于旅游宣传。古宗祠与传统民居虽不能满足当代年轻人的生活要求,但其审美、历史、教育、研究等价值依旧存在。旅游开发不仅是面向外部世界、为了游客,更应该首先成为重新评估自我文化的契机。因此,真正利用发展传统村落,解决当地村民关心的问题,是古村落保护中亟待解决且具有根本性的问题。

传统村落的保护与发展中既然存在政府力量的重要作用,就应该让其发挥合适的角色作用,解决存在着统筹规划不及时及片面性保护等问题,配合来自文化主体的力量,共同对传统村落的保护与发展做出贡献。二者不应当成为外与内、控制与被控制的对立关系。我们期待,芷溪借由传统村落建设的热潮和地区经济的发展，能够改善当地民生，激发人们在此生活的动力；同时，以对古宗祠和传统民居的保护与发展，带动芷溪传统历史文化的传承与发展，使文化主体加深对文化根基的情感，积极投身于家乡具有文化延续性的全面建设中来。

第九章

柳州棺木工艺品生存现状调查

✳ 黄颂格　阮晓根

素有说法,"食在广州,穿在苏州,玩在杭州,死在柳州",金庸在他所著的小说里,将葬以柳州棺材作为角色丧葬的至高礼遇。"食在广州",是指广州粤菜精致美味冠绝天下;"穿在苏州",是指苏州绫罗绸缎做工细致;"玩在杭州",则是指杭州西湖美景不胜收。而"死在柳州",说的便是柳州棺材的独领风骚。本文以实地田野经历为根据,对国家提倡绿色殡葬政策下,对柳州棺木工艺品的产生、发展现状与发展前景作探讨,并由此探讨棺木工艺品的前景。

一、名动天下的柳州棺木

柳州棺木的名声渐广要归功于柳宗元。在柳宗元永贞革新失败后被贬柳州之前,当地棺木其实已经颇具气候,只是囿于柳州偏远蛮荒的地理位置,而名声不显。柳宗元开化柳州,为柳州建设付出了生命的代价,最终客死他乡。柳州父老感恩戴德,集资为他打造了一口上好的楠木棺材。这口棺材装着柳宗元的遗体,由桂地运送至京兆万年县,历时数月,遗骸却仍保存完整。时人无不称奇,柳州棺材的名声也在京畿传播开。

柳州棺木的风靡之盛,以至于后继的棺材铺都要在店名前标注柳州二字,以彰显其棺木制作工艺。中华文化中素有"重生死"的传统,这在棺材质量的追求上得以体现。富商巨贾死前会为自己量身打造一口棺材,极尽奢华,以此来显示其一生的价值,表明地位身份。做工精致的柳州棺材,便成为达官贵人的首选。

柳州棺材的上乘质量,很大部分归功于原料。柳江,发源于贵州,流经黔、桂、湘三省，为珠江上游西江的重要支流，是柳州地区的最主要河流。柳江上游山区山高林密，森林资源丰富，为重要的木材用林基地。早在北宋年间，柳州上游融县、三江、长安等地区的木材扎成木排，顺着江水直到柳州，统称"柳木"。柳州借此成为西南木材集散地。在《宋会要辑稿》中，就有"融州王口寨大宗板木水运至柳州"的记载①，这为柳州的棺材行业提供了发展的先机。大量优质木材通过成本低廉的水运在柳州集聚，因此，柳州的棺材铺也集中分布在柳江沿河街道，成为"寿板街"。当时在柳州河南大同巷和河北寿板街等处，分布有专做棺材卖的 19 户，抗战期间增加到 30 户，至解放初期仍有 27 户。在此后基本保持了这个数字。

柳州棺材之所以出名，主要有三大特点：

第一，柳州做棺材的圆木质量好，采用的都是红油杉木，中经大，不用数块拼成，都是呈整块的，有的甚至采用楠木作为原料。

第二，雕刻精巧，顶板和侧板的浮雕刻有五、六分深，有各种龙凤、麒麟、狮虎雕花。两端有福、寿字样。名目繁多，各种图案，更以金丝缕缀。

第三，油漆精致，经久不变色，越久越光亮。用手敲击，锵锵有声，声色俱佳。上油漆工序复杂：经过刨光——打光（用砂纸）——磨光（用鹅卵石）——上底粉（用石膏粉）——再打光——最后上油漆（三次）。再用蜂蜡上蜡或上生桐油，防腐防化。②

二、柳州棺材业的发展与转变

对于第一家柳州棺材铺究竟是哪一家，历来众说纷纭。几家后人都认为自己家是柳州棺材铺的鼻祖。据陈氏后人记述：在清咸丰年间，陈双和就在柳州谷埠街开起了棺材铺。始祖已经无从考证，但柳州棺材业的发展，的

---

① 戴义开：《柳州商贸史话》，政协柳州市鱼峰区委员会文史资料研究委；《鱼峰文史》第十一辑，柳州：鱼峰区委员会文史资料研究委员会，1993 年 10 月，第 4 页。

② 罗怡林、沈璧：《柳州文史资料》，柳州市文史资料研究委员会编，1987 年 12 月，第 5、6 辑，第 67 页。

的确确是与这几家铺子息息相关。河北的柴行街[①]、寿木街,有王利源、王河源、叶海发、刘新和等寿木店,河南的谷埠街,黄泥夹(现称大同巷)有陈双和、坤记、周顺隆、刘顺利等寿木店[②]。同民国时期其他行业一样,柳州的这些寿木店在民国初年成立了一个公会组织——"寿艺行",其成员均系该行的劳资者组成。每人每年要交一定会费,逢"鲁班先师"诞辰,就由该行通知全体会员到指定地点聚餐,并核算收支。每年一届推选3~5人为总理首事,管理该行财务及其他事务。然而时迁事移,在1951年,经全体会员讨论通过,将该行坐落谷埠街两间房地拍卖,所得之款分发各会员,从此"寿艺行"不复存在。[③]

在民国年间柳州棺材铺的数量不断增多,民国26年,太平东街已经有十多家棺材铺,而在抗日战争爆发到柳州沦陷前,柳江南北两岸的棺材铺已经发展到三四十家,至此柳州寿木业达到鼎盛。

1956年初公私合营,同年秋,寿木店劳资双方组织起来,在大同巷成立一个寿木合作社,两年后并入市木器厂。1962年,该厂曾派寿木工人韦汉昆等人到广州土特产出口公司,加工柳式棺材,出口港、澳等地。[④]

笔者在柳州实地田野时,拜访了长青街即寿木街和太平东街。虽然在国家推行火葬后,大型棺材制作已经消失踪迹,但是这两条街道上几乎全是经营殡葬用品的店铺,只是骨灰盒取代了棺木。柳州市的殡葬用品几乎都是在这两条街道采办的。可见,寿木街的名声仍存留在柳州市民心里。

柳州棺木的制作手艺也并没有因此而断绝传承。虽然由于土葬的改革,传统棺木失去市场,但柳州棺木借助其名气在海外市场打开了一条道路。海外华人华侨的思归思乡都同过棺木来得以体现。1989年初,柳北区八一路开设了一家"柳州寿坊木制品有限公司",专做棺材生意,但不是卖给中国大陆上的人们,而是供销港澳台和海外侨胞,专为发展经济。这个公司

---

① 对于寿木店名,不同文献记载有出入,在《柳州文史资料》中,王利源被称作王利元,坤记被称作昆记。

② 傅学说:《柳州寿木店发展概况》,政协柳州市鱼峰区委员会文史资料研究委:《鱼峰文史》第十一辑,柳州:鱼峰区委员会文史资料研究委员会,1993年10月,第31页。

③ 傅学说:《柳州寿木店发展概况》,政协柳州市鱼峰区委员会文史资料研究委:《鱼峰文史》第十一辑,柳州:鱼峰区委员会文史资料研究委员会,1993年10月,第32页。

④ 傅学说:《柳州寿木店发展概况》,政协柳州市鱼峰区委员会文史资料研究委:《鱼峰文史》第十一辑,柳州:鱼峰区委员会文史资料研究委员会,1993年10月,第32页。

生产棺材的材料主要是红心油杉，上等的还使用柚木制造。产品分普通棺、龙棺、凤榕和九龙棺等，龙、凤不是画在棺材上，而是雕刻在棺材上，还配合涂上各种颜色的油漆，力求美观，它为适应买主的需要而制造。1989年销售到香港的棺材有107削，销售金额19.83万元①。香港五星国际贸易投资公司曾于1992年在柳州签订合同，包销柳州棺材5年，销售金额达600万元。②

　　而另一个将柳州棺木制作技艺保留的则是创新的小型柳州棺木工艺品。这种工艺品将柳州棺木等比例缩小，便于携带，以棺材谐音"升官发财"来求得吉祥如意的好彩头。这些工艺小棺材很受港澳台和海外华侨的喜爱，在他们眼中小棺材并没有"不吉利"一说，反而是吉祥如意的象征。这些工艺小棺材在木材和雕刻上都能做到柳州棺木同一，只是比例上的缩小，所以深受欢迎，从而打开了柳州棺木的另一条道路。下文将叙述笔者在柳州市当地田野调查了解的情况。

三、柳州棺材工艺品实地探究

　　在2015年12月中旬，经过长途跋涉，笔者一行抵达位于广西中部的柳州市。天气不甚友好，阴暗的天空下水汽氤氲。在找到住所卸下行装后，笔者一行即前往资料中所言柳州市几条有名的棺材街展开调查。

　　上文提到，在火葬依然盛行的年代，柳州的棺材业蓬勃发展。沿柳江一带，以长青路为代表的棺材一条街，集中的棺材生产工场和售卖门店，承包了柳州市区大部分的棺材生意。据资料记载，常有外地富家豪门专程前来订购，"棺材店堂里摆着一副售货样品的巨大而美观的棺材，以吸引那些讲究死后要躺得舒服一些、显得气派一些的人"。《柳州历史文化纵横谈》："过去，柳江上游的木材扎好木排，顺水而下，到了柳州后就停靠在沿江的码头。因此沿江的街道就出现了大量的棺材制作店，河南片以谷埠街大同巷、太平

---

　　① 罗怡林、沈璧：《柳州文史资料》，柳州市文史资料研究委员会编，1987年12月，第5、6辑，第69页。

　　② 韦晓萍：《谷埠街最早的棺材业》，政协柳州市鱼峰区委员会文史资料研究委：《鱼峰文史》第十一辑，柳州：鱼峰区委员会文史资料研究委员会，1993年10月，第33页。

东街的规模最大,河北则集中在长青路、西柴街。在民国期间,柳州棺材行业达到鼎盛时期,共有 30 多家棺材店。"

但是在笔者前去长青路实地考察时,见到的情景已不如往昔。街巷极窄,路面凹凸不平,两旁的居民楼亟待修葺,人烟荒凉,俨然人去楼空的衰败之感。笔者询问了零星的路人,而他们并不清楚脚下的这条破败的巷子就是 20 世纪享誉海外的棺材街。笔者在街边的几家丧葬用品店进行了小型的访谈,发现店里售卖的都是一般丧葬常见的用品,形式各样的纸钱和香等,昔日的"棺材街"已经无影无踪了。

棺材街的衰落,与国家普及火葬有极大的联系。但笔者一行并非为了寻找棺材街的旧址,而是准备找到将棺材变成工艺品,使其重新焕发生机的王菊老人。据老人棺材制作店铺的网站显示,她的寿鹤棺材工艺品厂厂址位于柳江边的西堤路。

下了车,笔者按地图所示来到一扇生锈的大门旁。从门缝里窥视,门内建筑类似一个小四合院,院中杂草横生,至人膝盖高。两旁的房子,窗棂破旧,锈迹斑斑,窗上的玻璃也模糊不清。整个院子显出荒芜的气息来,似是无人居住。这与笔者想象中的一个拥有三十多项专利的工厂差距略大,或许是厂已经搬迁,但是资料没有及时更新?如此想着,笔者退出大门,朝巷子纵深处走,希望可以碰到一两个当地居民询问情况。在巷口,笔者碰到一位手里提着菜的年轻女子,便上前询问她是否了解这附近的棺材工艺品厂。但她的回答是否定的。心生奇怪,笔者再询问了路上其他几个年纪较大的居民,而他们都表示"没听说过","不了解"。无奈之下,笔者折回厂门口的铁门,走进去查看是否有人。

在狗叫声的吸引下,从最里面的屋子里走出来一个正在洗菜的中年女人。笔者表达来意,但她不太理解,便又叫出了一个中年男子。男人看到笔者一行,问:"你们是来拿货的吗?"

看来这个棺材厂仍然是在运作,为商家提供货源。笔者表明来意,但男人说,厂长王菊老人最近因病住院,不在家里,平时由邻居们代她交付成品。

"这里说是厂,其实也是老人的家。"这两位热心的邻居解释道。这个厂规模很小,两层的小楼又兼做仓库,其实更像是一个手工作坊,生产活动由王菊老人和她的女儿共同维持。平时雇了几个木工师傅,但所有订购的小棺材工艺品都会由她亲手雕刻。在请求后,邻居带领笔者参观了这个小厂的库房。仓促一瞥,昏暗的房间里放着成箱的小棺材,从手掌长度到拇指头大小，不一而足。

电话也联系不到老人，笔者决定换一种思维，从供销商处了解小棺材工艺品的生产和销售现状。小棺材作为工艺品，是否会在柳州市区的景区销售？抱着试一试的想法，笔者一行来到柳侯公园。柳侯公园内没有相关物件的销售，于是笔者前往柳州文庙。文庙的门卫在询问了笔者的来历和目的后，告诉我们文庙里的商铺的确有卖，但是数量不多，而且价格偏贵，"都是卖给游客的"。要找到批发小棺材，价格便宜的地方，还是要去当地最大的批发地，金鹅市场。笔者便前去金鹅批发市场。正值暴雨时节，市场周边泥泞不堪，且人流汹涌，找了很久卖工艺品的店铺无果，只得返回。在网上查找相关信息，发现有网友表示工贸大厦的地下街就有专门卖小棺材的柜台。当地人素有买棺材工艺品回家"冲喜"的习惯，做工精致的小棺材受到欢迎不足为奇。但资料中显示的棺材工艺品销路中较为重头的海外市场，又是怎样的现状呢？笔者了解到，柳州饭店是当地一个星级较高，常用于接待外宾、上级官员和商务人士下榻的酒店。这样级别的酒店的礼品部是否有售卖棺材的专柜？

在柳州饭店的礼品部，笔者在木制三江侗族风雨桥和吊脚楼模型中间，发现了一格展柜中数十个大小不一的棺材。这些棺材的做工明显比街边售卖的更为精致，底部也明码标价，从几十元到数百元人民币不等。笔者询问店主相关的消息，店主在了解来意后进行了详细的回答。他称，这些棺材的货源都来自寿鹤工艺品厂——先前笔者拜访的王菊老人的工厂，通常是店家预约货物，在指定日期去厂里拿货。这些小棺材会被在酒店下榻的港澳台商或者外宾买去，作为当地特产手信。有很多东南亚富商来到柳州投资，也喜欢买几个像这样做工精致，外形隆重，寓意吉祥的手工艺品带走，但是由于这样的顾客数量有限，所以销量并不算大。

四、工艺棺木的产生

提到柳州棺材工艺品就不得不提王菊老人，在我们的采访中，店主的印象是，她个性很强，带着几个木工师傅一起做小棺材，女儿帮忙经营厂内事务，虽然已经七十多岁，但很多事情都要亲力亲为。由于老人生病住院，很遗憾没能采访到本人，但根据过往媒体采访和电视节目可以得知一些相关消息。

据报道，王菊老人是出身于柳州市柳城县一个棺材制作世家，从明代开始王家就开始制作棺材，到王菊的曾祖父这一代，王家棺木创下了"鸿德"字号，迁入柳州寿板街。到王菊的父亲这代时，王家生产棺材的工厂占地已达数百平方米，二十多名工匠平均每人两三天就做出一副棺材。小时候，王菊就能帮助工匠师傅在棺材上雕龙刻凤，写字烫金，涂桐油等等。但是在1953年国家开始提倡火葬后，柳州成为推行火葬的重点地区。柳州棺材铺从此销声匿迹，"鸿德"棺木也就此停业。而关于柳州棺材的故事并没有就此停歇，在改革开放后，柳州成为外资引进的重点区域。1979年柳州市外贸局分干部带着几位香港客人找到王菊，想见识一下闻名天下的柳州棺材。王菊带着几位客人回到老家祖宅观看自家保存的棺材样品，为几位客人详细介绍柳州棺材的精妙。事后，香港客人萌生了带几副棺木回去的想法，但棺木体制庞大不易携带。所以就提出能不能把大棺木按比例缩小，这也就是现今柳州小棺材工艺品的雏形。

王菊便自己设计制作了几副十厘米长的小棺材，送给了几位远道而来的客人。尽管这几副小棺材几乎没有任何复杂雕刻花纹，手工也粗糙，但香港客人们仍喜爱得不得了，甚至回港之后又专程打电话给王菊，希望再订购一些小棺材拿来赠送亲友。这样就使得王菊萌生了制作柳州小棺材工艺品的想法。在经过几年时间的摸索后，王菊于1979年创办了云鹤工艺品厂（即今寿鹤工艺品厂），专门从事柳州工艺棺材的制作。工艺棺材小，但其制作工艺相比大棺材也并不简单。一口精美的小棺材制作耗时和旧时大棺木的用时相差无几，都要两天左右。

小棺材的各个步骤如：凿样本、刨棺、磨砂、上棺油、面漆等，都需要细致的操作。最后将还要两边的隼扣在一起，用钉子固定住底座，才大功告成。工艺棺材侧板内侧上设计有槽，与盖板底部的一块导轨相扣合，只需轻轻推动，就可将盖板推开、合拢。一个小棺材有六个部分，上下左右前后六个面各有讲究，分别称作"天、地、日、月、魁头、魁尾"。一般侧面绘有龙凤等图案，可以活动的"天"也能刻字，魁头魁尾刻有福寿字样，末段系上中国结。小棺木的价格与大小并无多大关系，价格取决于棺木上的雕刻塑形的繁简程度。一副上好的小棺材制作也就愈发费心费力，也无怪乎一副小棺木价格不菲。

五、棺木工艺的发展困境

当笔者前往柳州市寿鹤工艺品厂调查时，发现其现状远不是资料上所述的月产数万件小棺材的"大厂"模样。这就不禁引发笔者思考，为什么寿鹤工艺品厂会"沦落至此"。从资料上了解，王菊不仅在当地柳州电视台接受采访，宣传柳州小棺材工艺品，甚至登上央视的新闻。2004年，在天津民间艺术精品博览会上，工艺棺材荣获优秀奖；2009年，她荣获柳州市政府颁发的"十佳民间艺人"称号，央视的《乡土》栏目也对其进行了采访报道。在2014年柳州市"三月三"民俗博览会的非物质文化遗产项目展示区，也有王菊的寿鹤工艺品厂为柳州工艺小棺材的代表。王菊还亲自在现场执刻刀进行雕刻，为市民演示工艺棺材的制作。

是什么让这个经营了30年、每月可制作上万副工艺棺材的工艺厂，柳州销量最大的工艺棺材生产厂家突然萧条？在笔者看来，原因有三。

首先是工艺小棺材市场的狭小。起初，王菊的工艺小棺材也是在各大商场屡屡碰壁，无处可销，在棺材文化浓厚的柳州本地都打不开销路，更何况谈棺色变的其他省份与地区。还好有柳州外贸局的牵线搭桥，才让王菊的工艺小棺材在港澳台和东南亚地区打开销售渠道，寿鹤工艺品厂的前身云鹤工艺品厂也借此创立发展。三十年过去了，当笔者前往柳州时，大部分市民仍存在忌讳棺材的情绪。在笔者的随机调查中发现，除了年轻人比较容易接受外，大部分人都持"不反对、不支持"的折中意见。市民认为，虽然自己不反对，但仍不会将棺材作为礼物赠送，或接受人家的小棺材礼物。年轻人主要是喜欢工艺小棺材饰品的轻便和一种新颖感觉。而在国内其他地区，特别是北方省份，对于这种工艺小棺材是不能接受的，他们始终觉得棺材是一种带有晦气的物件。

而在相对接受程度高的南方也并不容易打开市场。据柳州媒体报道，曾有在柳州读书的湖南大学生，带几个小棺材回家作为特产礼物赠送亲友，但家人都表示不能接受。这也与自古国人对于鬼神的恐惧，对于丧葬死物的忌讳有较大关系。工艺小棺材所带有的吉祥如意的概念还不够普及。可以说，柳州工艺小棺材销售在国内是举步维艰。国人看见棺材还是下意识认为是晦气的事物，而不会联想到"升官发财"一说。观念不更新，工艺小棺材也就自然不能被大众认可接受。

国内市场难以拓展是工艺小棺材业发展的硬伤。而原有的最大市场——海外华人华侨和港澳台同胞,也日趋缩小。原本,这些受众对于棺材工艺品的热衷是出于对中国人生死观念的看重:不能回到故土,起码可以带着棺材,特别是柳州的棺材。这样的行为能让这些背井离乡的人有归属之感,也会接纳"官财"的表达。但是随着近三十年的产品输出,这个市场已经渐趋饱和,老一辈对于棺材工艺品的喜好者也相继离世,新一辈年轻人对棺材艺术品的需求大大衰减。他们成长的环境与老一辈人相差较多,喜好悬殊。在海外成长的他们,也鲜有老一辈人对故乡故土浓厚的情怀,对于丧葬的仪礼习俗,也远没有上一辈人的重视。接受了更多西方文化的熏陶,对于柳州传统中式棺木也渐渐失去兴趣。对于工艺小棺材来说,海外市场已经难有进步,甚至会逐渐缩小,这是不可避免的发展趋势。

原先借势而起,现今随势而衰。寿鹤工艺品厂的衰落原因很大部分是原有市场的缩小和新生市场的举步维艰。

其次,是本身工匠师傅的匮乏与青黄不接。前文中也提到了,这类工艺小棺材的制作技术要求不比大棺木低。王菊在创办云鹤工艺品厂之初,找的都是以前家里开棺材铺寿木店时相熟的工匠。工艺小棺材不同于其他制品,无法自动化量产,只能倚仗人工。这样一个技艺娴熟的棺木制作工匠的价值就体现出来了,也正是在这批人的扶持下,云鹤工艺品厂在起步时才能健康发展。然而经过三十年的岁月流转,这批工匠已经无力再进行繁杂的工艺小棺材的制作。工匠新老交替是常事,但工艺小棺材技艺烦琐,缺乏专门学习和传承的年轻人。在老一辈工匠退休后,厂里都是从外地特意请回来雕刻师傅,而外地师傅更多关心报酬,所以时常会有转行到其他雕刻行业。王菊也曾想自己培养,但年轻人的雕工始终一般,得不到大的提升,撑场面的还只能是厂里的老雕工。这种情况对于一个需要大量人手的工艺小棺材制作来说,打击是致命的。

工艺小棺材的价值,就在于工匠师傅对成品小棺材的亲手加工,在小棺材这种狭小的空间中进行复杂的纹路形象雕刻,还要具有美感,这就要求高超的雕刻技巧。年轻工人不能胜任,老工人日渐退出,这样的境况导致工厂难以为继,以至于王菊在七十岁高龄还要自己动手进行雕刻。

最后,则是仿冒产品的相继出现和销售形势的落后。在搜索引擎上搜索"柳州工艺棺材"出来的工艺小棺材的制作厂商,除了"寿鹤"之外还有多家。行业竞争激烈，小小一个柳州就有多达十家的工艺小棺材制作厂家。寿鹤虽然创办早，但人手相对不足，宣传力度不够，无法避免竞争者的后来居上。竞争者之间相互挖角，加剧雕工的流失。采用低价竞争手段，反而使整个行业元气大伤。本身市场不景气，加上趋利者的跟风，使得"寿鹤"小棺材的市场份额再度缩小。同时，一些无证小作坊成为最大竞争者。在小棺材生意最兴隆的时候，许多趋利者仿冒工艺棺材，直接购买"寿鹤"的产品进行仿制。虽然王菊申请了专利，但仍然不能阻止流动作坊的仿冒者盗取利益。这种制作粗劣的工艺棺材，以低价大量倾销，低廉的质量又降低了整个工艺棺材行业的风评。特别是在网络购物兴起后，这些小作坊在第一时间占据网络销售平台，降低了工艺小棺材的网购客户买到真正制作精良的小棺木的概率。

这也与"寿鹤"自身的发展战略有密切关系。寿鹤仍停留在过去几十年不变的向柳州的各大礼品特产店供货的策略，并没有发展互联网销售，使工艺棺材的售卖范围受到局限。不能扩充销售渠道，经营策略显然跟不上形势的变化，导致衰落。

六、对于柳州工艺棺木的发展建议

分析了目前工艺小棺材市场逐步缩小的困境，笔者认为，还是要把重心放在国内市场的开拓上。要打开国内市场，就必须要改变国人对棺木这一物件的固有观念。改变观念需要长期潜移默化的宣传，可以借助公共部门的协助，将工艺棺材重新打造为柳州当地特色物产的代表，提升知名度。

思想观念的改变，需要从更容易接受新事物，购买力也强于老年人的年轻一辈入手，强调其文化内涵，从而打开国内市场。这就需要以"寿鹤"工艺品厂为代表的这些工艺品厂商，改变自身产品的定位，加入更多时尚的因素，对"官财"的文化进行取舍，脱离其窠臼，来吸引年轻一辈对工艺小棺材的兴趣。这样才能获得更多百姓的认可，让工艺小棺材不再成为礼品往来中的忌讳。

其二，不一定要求局限于工艺小棺材的形式，工艺小棺材在三十多年前也是创新之举。虽然由于土葬的不复存在，大型棺木已经没了生存空间，但是在火葬盛行的今天，对质地优良的骨灰盒的需求却是大大增加。在王菊的专利里,笔者看到,将工艺小棺材充当骨灰盒也是在列的专利之一。这样的骨灰盒更具传统美,符合文化传统,想必会大受欢迎。这样,受众也会对这种形式的"传统回归"抱有好感。

至于雕工的缺乏和仿冒品的盛行,则需要有关部门的合作。柳州工艺小棺材作为非物质文化遗产地位,却缺乏重视。如果要打造这样一个特色产业,应当对雕工技术的学习者进行补贴,组织培训班,让更多年轻人参与到雕刻技艺的学习中来。在开发骨灰盒和礼品市场的基础上,将棺材雕刻开发为一项新的职业。工商部门则对网络上的仿冒品劣质品进行打击,严查侵害纹样版权和产品专利的行为。

柳州身为一个前景大好的新兴城市,拥有自己的独特旅游文化品牌至关重要。棺材文化正是柳州独特传统文化的缩影。而工艺小棺材作为当今柳州棺材文化的物质载体,必能成为一块金字招牌。

结　　语

经过实地田野,笔者发现,柳州工艺品棺材的生存现状并不像书报刊和新闻媒体所言这样乐观,反而更可能陷入了某种困境。广西自古以来便是百越之地,多样的民族和文化中,各地独具特色的传统物品交相辉映,柳州棺材也是其中一环。在提倡保护民族特色文化的今天,作为一项独特的物产,它不应止步于此。本研究抛砖引玉,希望更多的研究者能够参与到保护柳州工艺棺材的事业中去。

第 十 章

从商业到文化产业：
东南地区"油画村"文化产业调查

✳ 冯 莎

文化产业的专门提出不仅是由于其资源来自文化,更在于其产品及结果所产生的文化影响。同时,文化产业的发展也因为文化的特殊性而面临更为复杂的局面。在文化产业旗下的各门类里,呈现为"油画村"的商业油画产业是一个典型个案,集中体现了当代文化产业与艺术实践的种种复杂景观。基于对福建、广东、海南等东南地区油画村的田野调查,本文试图通过全景把握与个案分析,对油画村在不同语境和情境下的文化产业实践进行在地化的探讨。

商业油画原本是以"油画"为表现手法,以"装饰性"为审美诉求,以"商品"为存在形式和流通方式的一类艺术消费品,又名"行画"。一般情况下,绘画作品的原创性和唯一性被视为绘画创作的安身立命之本,以创作者的创作意愿为先导;而商业油画则是相对直接的买方市场,分工明确、规模性、可复制的生产经营方式是产业化形成的重要标志。由于其对复制技术和市场导向的强调,以往并未被放置于"文化艺术"之列。不过,既然以文化和艺术之名,"油画村"的商业油画就不能完全脱离与它们的关系。

如果说艺术与商业之争由来已久却始终彼此纠缠,那么"油画村"则直面此种尴尬境地,将二者并置一处。它的实践让我们看到,仅以其"商业"形态来对商业油画进行简化判断是不够的。我国于 20 世纪 80 年代晚期开始在东南沿海一带引入这种商业模式,作为国际产业分工的一环,到如今已积累了约 30 年的经验。随着社会文化转型,以及商业油画自身丰富性的不断发展,其在中国的实践已超越商业范畴。近 10 年来,在国家对"文化产业战略"的推动下,商业油画更以其"艺术"之面目化身文化产业,衍生出多重地方性的生存策略。

由于"舶来"的缘故,人们往往将油画与"高雅"相连,也与城市相连。欧洲油画的兴起的确与城市的繁荣发展密切相关，无论是 15 世纪的佛罗伦萨，还是 17 世纪的巴黎，城市获得艺术中心的地位往往也是其成为核心城市的标志。但"油画村"却是另外一种形态。它和人们所熟知的艺术家聚集地——城市"画家村"（如北京）在发生与发展方式上有着显著的不同，又与扎根于民间传统的农民画有着鲜明的区别。"油画村"在南方城中村及农村的广泛兴起并非偶然。

一、历史语境中的"外销画"与当代"行画"

虽然如今的行画是中国改革开放之后国际贸易发展的见证，但实际上其自身有一段更为久远的本土历史，展示了另一种语境之下，中国与全球贸易的关系。

17 世纪晚期，清朝政府欲废除早年为防明朝遗臣抗清而制定的海禁政策①，鼓励开海贸易。康熙二十四年（1685 年），广州、漳州、宁波等沿海城市先后成为通商口岸，香港亦经由广州开办对外贸易。外国商人陆续进入东南地区，一些欧洲画家和画商也随之来华从事绘画销售。但至乾隆二十二年（1757 年），朝廷下令关闭除广州外的所有对外港口，拒绝对外交流，广州成为唯一对外开放的通商口岸，亦成为欧洲画家和中国画商的聚集之地。到了 18 世纪，欧洲掀起一股中国热②，欧洲人回国时除携带中国特产商品之外，还希望带回一些带有当地特色的纪念品。广州在彼时即出现外销画产业，商人和工匠们投其所好，运用中西合璧的画法创作富有异国情调的中国形象销往海外，自此，广州成为外销画的制作和销售中心。

清乾隆之后，广州的行画画室主要汇聚在珠江沿岸与外国商馆相接的十三行靖远街和同文街，吸引了专营外销画的店铺和作坊陆续进驻。到清咸丰年间，广州外销画进入鼎盛期。据记载，当时十三行一带有 30 多家卖通草纸画的店铺，受雇的画工逾两三千人之多。由于外销画销量甚好，画画

---

① 该政策史称"迁界"，又称"迁海"，即以沿海 50 里为界，居民强制内迁，船只严禁出海，坚壁清野。

② 如 18 世纪的洛可可（Rococo）风格就大量采用中国装饰工艺样式，如彩绘、植物图案、曲线形态等，日常器物也以中国产品为时髦，如扇子、瓷器、饰品等。

之人逐渐分层，出现了从事重复性劳动的画工或画匠，分工操作画作的专门部位，使之能够批量生产。画工各有所长，精于一处，但几乎都不能独立完成全部工序，与现代行画流水线有异曲同工之效。此类画多以港湾全景、茶叶丝绸等中国特产的生产过程，宫廷商家的生活情境，达官显贵及其家眷肖像等为主题，形成了一种应当时当地之情境且目标观赏人群明确的风俗画。限于中国传统绘画在文化内涵及审美知识谱系方面所造成的隔离，西方大众对传统绘画的兴趣远不如对瓷器、漆器、屏风等工艺品的热情。画工通常在中国绘画常识的基础上，根据西方画家或买主带来的绘画作品，整体上运用西洋绘画的透视法表现出三维空间感与光影立体效果，而山水、树木等细节则仍用中国绘画手法。在客观上，这些作品也成为对当时中国港口城市风土人情的记录。

清道光、咸丰年间，摄影术传入中国，很快成为欧洲旅行者取得中国图像的优先方法，随即代替了画工的手工作业。位于十三行的外销店铺式微，昔日辉煌一时的外销画行业也渐渐淡出人们的记忆。水天中认为，外销画的从业者缺少长远的文化眼光和商业眼光，十三行的作坊大都采取急功近利、"现蒸现卖"的经营方式，总想以最少的投入、在最短的时间获取最直接的利润，很少有人肯动脑筋提高自己的艺术产品。[①] 以模仿西洋画家作品起家的外销画始终没有建立起自己的艺术风格和艺术样式，没有突破依靠旅行者低价抛售的路数，因此，一旦摄影兴起，它便很容易被替代，其狭小的商品价值势必被市场淘汰。同时，外销画在艺术上远离主流文化，又缺乏独创因素，也使它被同时代的艺术圈所忽略，故在中国主流的艺术史中并没有见到对此类绘画的实录或评价。

当代行画早期以复制名画原作，或模仿名作风格为主要形式，因为韩国的行画生产制作技术兴盛，又称"韩画"。这些画作因为缺少原创性，可以批量生产，故价格低廉，占据了艺术品的中低端市场，在欧美市场的消费中十分流行。但无论晚清的外销画，还是当代行画的早期形态，都以对外销售为目标，特别是在沿海口岸的特定场景下以欧洲人为销售对象。这也造成它们从诞生伊始就以"产品"为结果，以"商品"为价值，至多被工匠们作为一种"工艺"或"手艺"，而不是以（通常是欧洲现代体系的）"艺术史"作为历史制

---

① 参见水天中对"林呱"及广东早期油画的论述。水天中：《历史、艺术与人》，广西美术出版社2001年版。

度合法性的"艺术"。因此,我们不能仅根据对艺术的一般"常识",就做出如下简单的价值判断:其他地方把临摹作品"卖钱"视为不耻之事,而中国人民不为所动。这一现象的深层原因更可能在于,不用语境下对"物"属性的基本分类存在差异。

大芬、乌石浦等东南油画村以行画起家,至今仍是主流产品,虽然产品内在分层,并且部分追求向作品的转化。一个没有基础的学徒经过半年调教,就可以画简单的风景行画;一些公众耳熟能详的名画,如梵高(Vincent van Gogh)的《向日葵》,一个熟练工一天可以"山寨"20件以上。行画便宜的20~30元,贵的卖到上千,据说到国外后价格可翻五倍。行画走低端路线、薄利多销,使油画这种以往在中国"有价无市"的艺术品类型在城市里发展为产业,以商业的口味制造"艺术"。"艺术与市场在这里对接,才华与财富在这里转换。"大芬油画村的口号甚妙。

对于行画的生产而言,画商的订单和画工的生产是生命线,获得成功的都是能够掌握这两方面资源的人。早期的老板与画工,表面上是一种非常本土化的师傅带徒弟关系,其实是一种很宽松的契约关系,契约双方有很大的自由组合空间。师傅跑市场接订单,徒弟按来样订单进行生产,师徒合作。大芬村最早的经营模式其实就是油画产品的"三来一补"①形式,无画店、画商,市场元素单一。现在的大芬油画村不仅画廊、工作室林立,网店、微店同步营销,还由于绘画产品日益多元,建设起适合大芬当代发展的拍卖体系,以扶持大芬艺术家和大芬作品为特色,行业角色逐渐分化而复杂。这一变化似乎成为昔日历程的微缩景观:欧洲的油画行业也是这样从老板与工匠的雇佣关系(生产产品),发展为由多种角色构成的艺术场与艺术家的共生关系(创作艺术品)。

在"原始积累"时期,中国行画最大的竞争优势就在于人工的低成本运作。油画原本耗时耗工,但将其变成流水作业的生产模式,成本就低廉很多。一幅名画,几人分工,每人专画其中一部分,能够画得熟练而逼真,大大提高了效率。但是,由于这种"绘画"方式由机械性劳作入手,非常依赖于身

---

① "三来一补"是中国大陆在改革开放初期为利用外资而开创的一种企业贸易形势,指来样加工、来料加工、来件装配及补偿贸易,通常由中方提供土地、厂房、劳动力,外资提供资金、原材料及产品样式标准,并负责全部产品的外销。对于此处东南沿海的早期行画产业而言,主要表现在"来样"方面。

体训练，画"功"不进则退，只要不停地画，肯定熟能生巧，一旦停止，水平即刻下降。

行画培训是维持行画生产力稳定水平的特有方式，能够在短时间内培养出一大批能够上岗的画工。画工的工作状态主要是临摹，一个学徒跟随师傅训练，几个星期就能照画册临摹作品；有一定绘画基础的画工则可接受订单。产业初期的画工大多没有太多关于自身价值的追问，以一种碎片化的工作方式制作艺术品形态的产品，主要以挣钱为目的，与众多其他行业的打工状态相差无几。临摹也分档次：花卉、风景大多为低档，画工粗糙，熟练工每天可完成近百张；中档行画多为人物肖像画或画商指定的样板画；世界名画为高档画，一般由资深画工完成，需十天半月完成，价格不菲。成批生产世界名画，天天诞生"蒙娜丽莎"，就是昔日油画村之写照。

油画村的画工往往来自全国各地，背景不一，追求多样。油画村形成初期，大家因为一个共同的目的——行画可以赚钱——从全国各地聚集而来，从而形成油画村的人气。尤其是受过行画技能训练的人，一旦发现某地画画好赚钱，就很快形成一个聚居群体，形成一股产业力量。行画产业的具体分工则导致油画村产业群体的分工协作。最早的画工群体多是朋友带朋友，亲戚带亲戚走出家乡。在这些群体中总是会有一个值得信赖，人脉又广的核心人物，形成循环。随着行画在油画村渐成规模，一些专业院校的毕业生或职业画家也会因为"空气自由"、"以画养画"等因素到此，兼带学生。这类画工画师奔着氛围而来，克服对复制的抵触情绪，以求生存机会，一旦解决温饱，即刻追求创作。这就是油画村的"魅力"：业内分层，各有所长，各取所需。原创画家，要么坚持搞创作而不经营画店，要么转而经营画店而不从事创作，既经营画店也坚持原创的画家十分不易，往往更需要业内多种角色的协助。

不同背景的作画者有着不同的自我定位与认同归属，对绘画的诉求和实现方式也各自有别，绘画过程和作品集中体现了这一点。在行画生产的大环境下，依然有从事油画创作，以公开出售而非订购的方式来进行销售的画师；也有从业者因为受到"艺术感染"而不再满足于机械复制生产的状况发生。任何以某种特征（如"行画"）作为归属的人群从来就不是整齐划一的。作画者群体有着明显的画家、画师、画工之分，分别占据产业结构的不同部分，形成作品区隔，从而也维护着油画村的产业化模式。当代商业油画通常由中间商或艺术公司经手，画作的生产多为初级成品或半成品。中间商负责上承订单，下接作画者，同时也负责发布广告、招商引资、业内交流。有的公司直接以招聘的方式将合适的画师收入自己麾下，形成较为完成的产业链。由于订单资源与绘画价格都与中间商有着直接的关系，作画者、中间商、买家之间的关系也十分微妙。

　　产业化链条中，商业油画周边产品也值得考量。不但规模较大的油画村通常具备"产装配"一条龙的能力，成为油画村吸引资源的因素之一，周边产品本身也跻身产业展览之列，参与进"艺术与商业"的角逐之中。油画产业群体还涉及"行业协会"这一古老而又新鲜的建制，它不仅是当地行画从业者自我认同的明确体现，更在当地油画产业的发展中影响重大。虽然油画村总体上形成了规模化的产业链形态，但仍有相当数量的作坊式店铺，店家独立经营，集生产与销售于一体，这种情况下，店家本身就承担了上述多重角色，其文化实践又是另一番图景。与这种结构类似的是，油画村虽然以出口、集中远程供货作为传统销售渠道，但也有以当地市场为定位的画作生产与销售情况，如深受东南本地人喜爱的风水禅意画。行画从业者中各种角色的行为及意义不失为一幅千姿百态的油画村众生相，其中涉及种种规则与策略。

　　随着我国城市建设的飞速发展，对装饰艺术的需求日益增长，国内逐渐成为行画的重要市场，尤其在 2008 年经济危机席卷全球金融体系之后。除一般家居装饰的散客销售外，酒店、商场、别墅群等需要大规模整体美化装饰设计的领域都是行画产业的金矿。这种市场转向直接体现在画作内容及风格的潮流变化中，行画不再以欧式风情为主，出现了大量新中式、宗教题材等特别针对本土受众的行画。根据画师们的共识，国内消费者大多喜爱宏大（既体现在内容上，也体现在尺寸上）、绚丽、写实的画面，清淡、晦涩、抽象的画作虽被赞誉为更具"艺术感"，但却并无良好的成交表现。然而，近年来的"反腐"浪潮也影响到行画业在国内的收益，"大项目"有所减少。

　　2013 年 5 月 8 日，大芬油画开始通过在互联网上备案可信时间戳（Time Stamp Authority，简称 TSA）申请版权保护，解决版权登记问题。这几乎成为一个标志性事件，逆转了我们对行画的固有认知。同年 5 月 10 日，大芬美术工作者通过注册个人工作室的方式解决了参保问题，不入流的"行画"在实践者身份层面上结束"流浪"，完成"收编"，当仁不让地进入了轰轰烈烈的中国文化产业行列。

二、"油画村"实景：共性与差异

商业油画在中国的出现正值市场经济与国际贸易的成长期，而商业油画成为文化产业则对应着国家文化产业战略的实施；这种关联在产业的区域分布、运营方式、规模产值上都有所体现。商业油画文化产业目前以"油画村"为主要实体形态有多方面原因，如产业背景、内容特点、生产方式、管理规划、资源争夺、公众的认知与想象等。而"文化产业园区"整合式地全面进驻，同样是文化产业发展审时度势的结果。

目前产业规模最大的大芬油画村位于深圳市龙岗区布吉街道大芬社区，核心区域仅 0.4 平方公里，原是一个有 300 多原住民的深圳关外小村，为客家人聚居村落，至今仍保留依其传统聚集形式"围屋"划分地界的命名方式。如今以大芬社区为主体，辐射周边木棉湾、吉厦、南龙、可园等社区约 2 平方公里，呈现出一派成熟艺术社区的风光。至 2013 年，大芬油画村汇聚了全国各地 8000 多名美术产业从业人员，有 1200 多家画廊及其配套用品门店，40 多家知名企业，以油画及相关产品的生产、交易为主，也从事国画、书法、篆刻、刺绣等中国传统文化产品以及艺术品的生产和交易，形成了极具规模的产业链条。至 2013 年，大芬油画村实现产值 42.6 亿元人民币，其中内销和外销约各占 50%。

在大芬成为油画村之前，布吉镇已有行画生产，奠定了大芬村日后成为核心区的基础。但当时的布吉街作为中心地段，投资办厂的企业众多，产业种类丰富，与主流产业相比，行画只不过是混杂在这些企业片区中的点缀，能够生存下来主要得益于国际油画市场的需求，未能形成集中的产业链。1989 年香港画商黄江来到大芬，开始从事行画"来料加工"。[①] 他带来了行画，也带来了一个行画的国际市场。他看到，大芬村紧邻深惠公路，从文锦渡或罗湖口岸过境出口很方便，且由于地处关外，不用办理边防证，可以很方便地从周边及内地找来画工，扩大生产。于是，黄江及其麾下 26 名画工弟子成为大芬的第一批拓荒者。大芬村通过紧靠深圳特区的区位优势使油

---

① 参见温友平对黄江的记录。温友平：《大芬村的崛起：中国油画第一村产业发展之路》，海天出版社 2006 年版。

画产业直接与国际市场接轨,行画在内地得到大量复制,低价销售,转道香港,进入世界油画市场。

厦门的油画村也得益于其在对外贸易中的区位优势,并随社会文化进程与转型而发生变化。从1990年起,厦门曾厝垵一带就出现了以此为业的画师群体,后辗转斗西路、镇海路、创新城,最后集中于乌石浦村,基本上是自发形成的。据说,乌石浦村的画师群体还有一个重要来源,是由于韩国商人雇佣厦门工艺美术学校的学生在乌石浦村作画而形成的集群。1992年,首批300多名画师、画工进驻乌石浦村,成为乌石浦油画产业的开山元老,也使得这个平凡的鹭岛小村从此挂上了"油画"之名。画作主要销往欧美各地,吸引了国内及国外的客商来此采购,乌石浦村也就成为各地画师的汇聚之处。之后,随着厦门商品油画生产、销售迅速向乌石浦村聚集,逐成规模。特别自1996年起,大批外地油画企业纷纷入驻,加速了乌石浦油画产业的发展与品类的提升。2003年以来,厦门市每年油画出口创汇总额都超过亿元大关,被誉为全球三大油画生产基地之一(另两大基地分别为深圳大芬和福建莆田),而其中的绝大部分油画产品来自乌石浦油画村。

作为厦门市的特色产业之一,相关部门近年来对乌石浦油画村进行了官方规划,其所在的湖里区政府专门成立了乌石浦油画产业工作领导小组,制定了"六个一"发展思路,即一处油画生产基地、一处文化艺术长廊、一处文化旅游热点、一处油画培训基地、一处拍卖、交易展览的贸易平台以及一处青少年培训教育基地,并提出要把环乌石浦新旧村及其腹地建设成为独具特色的文化产品交易市场和旅游、文化、艺术胜地。2007年,乌石浦油画村还获得了中国美术家协会、文化部文化产业司颁发的"文化(美术)产业示范基地"称号牌匾。与油画村相比,油画街的形成较为晚近,主要以店铺销售和艺术公司为主。自此,乌石浦就形成了村里管生产,街上管销售的基本格局,二者也经常互有重叠和交叉。

然而有趣的是,到此一游的人们常常看不到他们所期待的那种景观。在一条僻静的街道上,油画商店既不艺术,也不浪漫;油画村所在的社区也与一般居民区并无二致,画师散居在住宅楼中,远非想象中"艺术乌托邦"中的"波西米亚人"。乌石浦虽然位列油画生产前三甲,但除了业内人士对此略通门径,更为广泛的公众视界似乎对其并不了解,甚至闻所未闻。相形之下,同属前三甲的大芬油画村则名气大得多,其规划和规模也比乌石浦更成气候。从作品的生产而言,业内人士甚至认为,乌石浦的画作质量并不比大芬差，大芬村约有三成以上的油画产品都来自乌石浦，成为乌石浦油画初级成品和半成品的重要流向之一。2005年前后，开始有部分乌石浦的画师转战大芬村谋求发展。

据当地从业者说，三大油画生产基地产品流向有所区别，因此品味也有所不同。就发展状况而言，莆田较为零散，份额较小；大芬村的市场优势最为明显；乌石浦最大的优势在于由从事绘画的人来管理经营，但产业链相关配套产业，如画框的生产、画作的装裱等，似乎还不够完善。近年来，乌石浦油画村还面临旧街改造、房屋拆迁、房租涨价等问题。与此同时，厦门市又兴起了一个海沧油画村，越来越多的乌石浦画师搬到海沧油画村开设工作室进行创作，乌石浦渐渐成为以油画销售为主的地点，即乌石浦油画街。海沧油画村作为乌石浦油画村的一个延续，将成为厦门商品油画的新据点，而"乌石浦油画"或许将彻底成为"品牌"，而非行画生产的实际发生地。

海南屯昌的商品油画生产力主要依托当地的研璞轩美术学校。学校建于1984年10月，现有5位专职美术教师系统授课，全日制教学，至2010年已培训短训班学员5000余人，全日制班学员2000余人。2009年，屯昌县为"做大做强职业教育"，将其挂靠到屯昌县中等职业技术学校，作为学校的美术工艺专业，原名称不变。凡入读学生每人每年获国家补助1500元，县政府补助50元，屯昌籍学生免费入读；毕业合格发中等职业技术学校毕业证书，中专学历，所有学生包推荐工作。2011年屯昌县政府还在此基础上投资1500万兴建油画学校。

借"海南国际旅游岛"建设之机遇，屯昌县倾力打造了一条"油画步行街"，在地皮炙热、房价疯涨的当下，在县里上好地段兴业路，以廉租房的形式，把一楼临街的铺面分配给创办油画工作室的油画专业人员，由屯昌县委、县政府共投入500万元统一装修装饰外墙。2010年9月，屯昌县出台《屯昌县油画产业发展方案》，规定了一系列优惠政策。例如，为鼓励画师进驻屯昌并开办工作室，县政府给每个工作室每月补助260元水电费。县政府连续三年扶持建设油画工作室，进驻工作室的画师也由政府定额补贴。凡中国美术家协会会员，县政府每年补贴基本费用4万元；省级美术家协会会员（油画专业）每年补贴基本费用3万元；普通画师每年补贴基本费用1.5万元。对入住屯昌油画一条街的画师，其子女义务教育阶段就学安排在公办学校；入驻屯昌油画一条街的画师，其配偶在屯昌就业的，享受技能培训优惠政策，并优先推荐工作。在这些优惠政策吸引下，从厦门海沧、深圳大芬回乡创业的 19 名油画师带着 30 多名学徒进驻屯昌油画街。除油画外,该处艺术产业还涉及根雕艺术、雕塑艺术、水彩艺术等,铺面共计 24 家。

为"做大做强"屯昌油画产业,让油画成为屯昌的支柱文化产业之一,屯昌县在县城屯城镇健民路北侧规划了一个"建筑规模化、功能多元化、文化性、生态性、休闲性"的新型油画村,并计划配套落实多项持久性的产业支持政策。该项目包括 200 套"画家别墅",供创作、加工、展售和起居;一栋"附属楼",满足流水线加工及绘画器具、易耗品销售需要;一栋"油画大厦",重点安排作品展示馆、名作博物馆、拍卖中心、游客 DIY 中心、客房、办公用房等。

"新型油画村"街对面,健民路南侧的新建街区,将建立"工艺品一条街",重点安排高档次文化产品、民族工艺品(如水晶、黎锦、根雕、椰雕、石雕、贝艺、花梨木、十字绣等)的展售空间,及游客 DIY 中心、培训中心、临时性仓储、物流、商务中心、票务中心、便利店、茶饮简餐、画家酒吧、美容美发、休闲娱乐、网吧等配套服务功能。按此规划,健民路南、北合璧,"新型油画村"与"工艺品一条街"合力,统一规划、统一宣传、统一运营、统一管理。一个集油画及其他文化产品创作、加工、展售、拍卖、会展、市场操作、电子商务、专业经纪及学术交流、教育培训、信息交流、文化活动、旅游观光购物与一体的大型文化产业基地"屯昌文化走廊"跃然凸显。

按照规划,屯昌文化走廊的目标特征为"全省最专业、最具规模、最大产业集群度、最具特色的文化型产品市场,画家、画工安居乐业,客商、顾客流连忘返,经济、社会效益显著,堪当屯昌乃至海南新名片"。借油画村的发函,屯昌意欲"纵向整合、横向辐射、全员参与、滚动发展,政府、企业、商户齐心协力",走上一条差异化战略优势的特色县域发展道路,成就为海南的文化产业重镇,成为国际旅游岛"吃、住、行、游、购、娱"中的"购"物大结点,并由此向其他节点拓展,最终成就为一个经济、社会可持续发展的新兴县域。

几乎所有的油画村都试图"打造集油画产品展示、交流和交易的平台",致力于发展一种大而全的模式,并将其作为一种旅游景观,希望借人气吸金。在一定程度上,对吸金的渴望甚至超过"油画村"之名。换言之,这种大型"文化产业综合体"容易走向与任何"产业综合体"没有本质区别的结局。这种模式也深刻体现了中国在城市化进程中的路径特点。具体到油画村的生成机制或商业油画的发展模式,至少有以下共性:

1."带头人"作用。不论是大芬的黄江、屯昌的陈传涛,还是双坑的黄文清,都以一种个人传奇式的经历作为当地商业油画文化产业有迹可循的具体个体,非常具有"中国故事"风格。

2. 与当地的"空降式"发展有关。许多自然演变(而非产业打造)为以生产行画为产业选择的社区(在乡村广泛城镇化之前,这些如今的城市社区多半为近城乡村或城中村)或乡村都不具有本土农业的发展优势。如福建古田县黄田镇双坑村为水库移民村,初移民时,原有的农业根基断裂,借由本地人外出务工带回的资源,行画作为一种新型产业就成为当地人的产业选择。

3. 商业油画的产业特点与当下环境因素相结合。如前所述,商业油画产业的重要资源在于订单和画工;然而,借由当今发达的网络信息与物流行业,订单的来源与传达、画工的生产场所、甚至画工所在地之间的粘性弱化,能够不再相互牵制,地域性对产业发生的限制也有所减少。这也使得"带订单返乡创业"成为可能,也成为国家鼓励农村产业发展的新方式。

商业油画作为文化产业,一方面正在成为新的文化资本,借由当地社会情境,与旅游、文化展示、城市化建设等相结合;另一方面正在成为乡村的新型产业模式,与手工传统、地方文化、社会结构彼此成就,是当地人的一种地方性实践。如江西黎川商品油画业,兴起于 20 世纪 80 年代,正是利用当地的造型工艺资源传统,最初从业者为一批从事陶瓷产业的画工和油画画框产业工人。后来,部分从业者前往深圳、厦门等地"淘金",逐渐带出了一大批学生,形成如今规模。现在,黎川县有上千人在日峰镇、樟溪镇和深圳、泉州、厦门等地开办画室。尤其在深圳,黎川人在大芬村、长龙村、新三村、锦绣新村、大靓花园等从事商品油画业的数量众多。

与之类似,莆田在历史上也盛产手工匠人,至今保存并延续着多种造型工艺集群的传统,如木雕、石雕等。当地还建有"中国·莆田工艺美术城",以"莆田工艺甲天下"为名号,亦作为福建省文化产业示范基地和国家 4A 级旅游区。这种技术传统与文化惯习很容易在当代文化产业中得到实践。探讨商业油画在政策规划与地方实践互动中的生存之道,可以成为人类学研究商业油画的独特方式。

三、作为文化产业的"油画村"

目前由文化部文化产业司和中国美术家协会联合命名的国家文化（美术）产业示范基地共有六个，包括江苏省苏州市吴中区胥口镇、辽宁省盘锦市兴隆台区辽河文化产业园、西安亮保楼、青岛大尼村、福建乌石浦和深圳大芬村。但各个产业基地的生态基础及产业成长路径并不相同，大体上呈现为"为原有实体挂牌文化产业"和"因文化产业之名建设基地"两种类型。

例如胥口镇，在"文化产业基地"诞生前已是业内据点，在 1991 年就曾被命名为"书画之乡"。这一方面得益于胥口在历史文化资源上的优势，尤其是吴门画派的传统，另一方面得益于绘画进入农家生活，农民画成为当地文化艺术特色品牌。但胥口的农民画与陕西户县、广东惠州龙门、上海金山等地的农民画有别，产生于 20 世纪 60 年代的"工艺厂"模式，而非来自乡土民俗。由于受南方行画市场的影响，还有不少油画家和画工也跻身胥口。应文化产业建设蔚然成风之势，胥口镇政府投资兴建了"中国美术家协会苏州胥口艺术中心"和"中国书画名家街"。

相对而言，建成于 2003 年的辽河文化产业园则主要依托政府引导，以文化产业园建设本身为目的。盘锦市兴隆台区政府为辽河文化产业园投入了大量资金，并进行了精心的策划和组织。园区根据专家的整体规划设计建造，政府还在园区设立专门的管理机构，为画家定制了许多优惠政策，并经常组织画家走出盘锦采风。兴隆台区发展文化产业的重点在于五个工程：文化市场、美术馆、艺术家村、主题文化广场、宣传载体"灵溪网"和刊物《辽河艺苑》。这种模式希望将辽河文化园建成集书画、雕塑、图书、文房四宝、工艺美术品经销展览为一体的多功能文化产业区和旅游休闲区，以文化产业激活商业经济。

东南地区油画村的发展也有上述两种路径，但由于境内各地区产业互有关联，并非纯粹独立发展的状态，故涉及更为复杂的过程。例如在我们调研的油画村中，大芬村、乌石浦和仙游基本上属于自发成长的商品画集中地区，文化产业兴起之后自然转型为文化产业，而屯昌、双坑为文化产业新建油画产业基地，以政府规划、引导和扶持为主要动因，但其资源基础则是 20 世纪 90 年代起外出谋生，在广州、深圳、厦门等地从事行画产业的"老乡"。

双坑村近年来拟乘文化产业发展之良机，吸引掌握产业资源的画家"返乡创业"，被福建省工艺美术协会授予"福建油画之村"称号，拟建设"中国第六大油画产业基地"。进驻屯昌的许多画师在广东、福建等地也都有从业经历，或同时开设工厂、店铺。

成功运作的油画产业基地还能够带动或影响周边地区及相关产业。如广东中山市小榄镇受大芬村启发，也希望把油画作为小榄的一项特色产业，调整该镇的产业结构，故小榄文化艺术品产业基地于 2005 年 12 月 19 日正式建成开业，以生产油画产品为主，并致力于把中国山水画等艺术品推向国外，大芬的元老级画家在小榄都开办了画室。深圳市龙华新区观澜大水田社区也建设了"中国·观澜版画原创产业基地"、"中国（观澜）山水国画产业基地"，目前核心区 31.6 万平方米，规划面积 140 万平方米，计划集创作、制作、展示、收藏、交流、研究、培训和市场开发为一体，事业与产业并进。

在中国当代语境下，商业油画成为文化产业、油画村成为产业基地的路径和效率，十分敏锐地反映了地方对于中央政策的理解和执行效果。大芬油画村作为文化产业基地的发展进程正是一个鲜明的案例。

2000 年 10 月，中共十五届五中全会通过《中共中央关于制定国民经济和社会发展第十个五年计划的建议》第一次明确使用了"文化产业"的概念，提出要"推动有关文化产业的发展"。2001 年 3 月，这一建议被正式写进九届全国人大四次会议通过的国民经济和社会发展"十五"规划纲要，使文化产业作为中国当代文化建设的重要目标形态，获得了合法性身份。

作为改革开放的桥头堡，深圳针对这一规划的政策举措显示了其对中央政策及发展战略无与伦比的敏感度，并且在文化产业发展的政策落实与战略执行中，一再呈现"深圳速度"的独特效力。2002 年初，大芬油画村的"油画一条街"经过布吉镇政府近一年的打造正式建成，使大芬油画村形成了店厂结合的规模布局，成为油画产业的雏形。2002 年 11 月，中共十六大报告提出中国关于"全面建设小康社会，大力发展社会主义文化"等一系列文化政策，再次强调"积极发展文化事业和文化产业"。此后，中国的文化产业开始被誉为"朝阳产业"，而已先行准备的"大芬油画"也将由关外的散兵游勇整装为名正言顺的正规军，跻身为"先进文化"的代表作之列。

2003 年，广东省"建设文化大省"、深圳市"文化立市"的战略先后确定，深圳市政府决定举办"深圳国际文化产业博览会"作为实施"文化立市"战略的品牌。这一系列政策背景让大芬油画村拟举办的大芬油画节自然进入

"文博会"。2004年大芬油画村成为文博会的首个分会场,依托国家级、国际化、专业化的平台进一步推动了大芬油画产业的提升和发展。2005年11月10日,深圳市委、市政府召开全市文化产业工作会议,2005年11月28日,深圳市委市政府正式出台了《中共深圳市委深圳市人民政府关于大力发展文化产业的决定》,确定了深圳市发展文化产业的总体目标,大芬再一次成为深圳文化产业发展的重点,实现了从商业到文化产业的成功转型。

相比之下,厦门的反应就相对保守。乌石浦油画村曾经在油画技术上占有优势,产品颇受市场青睐,盛期有90%以上的产品流入国际市场,国外商人都在厦门设点收购转销。但是,乌石浦油画大部分依赖转手销售的传统在市场高速代谢的新时期日益被动,却没有得到即刻有效的转换,缺乏展示推广的集合平台。加之油画相关产业不发达,几乎没有就地配套产业,制约了其介入市场的能力。更重要的是,当地对油画产业及油画村的社会效益和文化效益没有及时挖掘和提升,使之身份单薄、氛围不足,不足以支撑其在业内分量的全方位增长。这也说明,文化产业的经济效益和文化效益不仅不冲突,反而是促进彼此发展的强大能量。厦门市后来开始建设围绕乌石浦油画村的文化产业基地,并将乌石浦油画列为每年文博会的固定展位,但效果始终不佳,公众认知度不高。而如今的大芬油画村在产业规模上占绝对优势,有上万人聚集在油画村及其周边地区从业,并已形成了一批成熟企业。油画村的发展变化与城市整体文化环境可谓息息相关。

四、方法反思:作为复合景观的"油画村"实践

现代艺术/艺术品市场营销方式将绘画创作与作品流通分隔开来,也将创作者与欣赏者置于老死不相往来的两端。在行画产业中,这种状况似乎更为淋漓尽致,并且"理所应当"——既然是行画,不仅作者不与欣赏者不来,甚至不与作品往来。

虽然艺术史的相关研究通常认为,现代艺术市场中间人(包括画商、艺术经纪等)及中介环节的出现,在一定程度上解放了创作者,使其能够专注于创作,无需花过多的精力去考虑作品经济回报的问题,越是专业的、声誉高的大师级艺术作品,其流通过程中,中间人的介入就越重要;而且,作品的意义本身也是创作者与欣赏者共同成就的结果,这种隔断似乎并不影响作

品的"艺术性"。但是，在行画产业中，由于作品的生产与销售大部分依赖于所谓的"订单"，行画似乎从起笔触布的一瞬间就已经被排除在艺术创作之外。油画村之所以始发于油画，最为重要的原因正是该地区的订单多为海外订单。油画的作者不是"艺术家"，多半被冠以"匠人"的身份，更谈不上为画作署名；中间人无所谓懂不懂艺术，只需要敏锐地把握供求关系并适时予以调整即可。他们都是生产流水线上无名的"大众脸"。而作品（或者被称为"产品"）也就此被封闭在一个并不开放的空间里，有的放矢地悬挂在远离公众视线的世界一隅。

"文化产业热"的兴起似乎为商业油画赋予了新的活力。不仅商业油画终于找到了名正言顺的归属，得到了从官方到民间的支持，从商业油画行业中也不断涌现出以"画家"身份示人的"个体"，"油画村"更成为文化产业示范基地和艺术事业蓬勃发展的展示窗口，甚至成为当地的旅游名片，再加上"油画"与"农村"这种"有违"人们经验的噱头——事实上，"油画村"的故事还满足了公众对"天赋异禀"、"追求艺术"、"草根逆袭"之类当代神话的想象。

艺术界大概不会认为行画有多少艺术性可言，更不会称此类作品为"艺术品"；而在商品市场中，它又的的确确以艺术形式的面目占据一席之地，画商很可能将其作为艺术品来进行收购和售卖，最终买家的购买意愿也往往与他们对装饰美的需求不无关系。近年来行画业面临新的挑战，相对于手绘的名画赝品，高清仿真喷绘印刷工艺能够做得更好。但有趣的是，喷绘印刷不仅没有抢走行画的份额，反而使得具有手绘感的行画更"像艺术品"。人们追求一种想象中的"原创感"，或至少是"创作痕迹"，却不曾料到所谓创作竟是如此文本间性的结果；"艺术感"亦然。这令我们重新思考对行画的判断。

无独有偶，在"相反"方向上，行画向"创作/作品"的发展则直接让我们意识到，以往对于行画与商业的直接连接过于简化。也许，当面对作为具有价值关联属性的艺术时，人们不会满足于对其意义的固化认识，而是不断经由分化、突破来达到对价值的追求。对于行画而言，这种以商业目的为诉求的艺术形式，抑或呈现为艺术形式的商品，的确达成了或艺术、或商业、或文化的多重意义及多样表征。我们需要对画作进行具体的分析，需要了解在行画从生产、包装到买卖的整个过程中，作画者、销售商、中间人、买家如何选择并解释其角色、如何实践其角色，他们之间又有着怎样的互动关系，才能够解读具体情境下的"油画村"实践究竟在哪个层面，何种程度、如何达成了意义或表征。

解读行画从业者的生存状态和日常行为，也需要对实践者的职业境遇、生命史以及其自我表述进行场景化的讨论。例如，画师绘画诉求的实践方式通常集中体现在绘画的过程当中。画师接什么样的订单，进行什么样的创作，怎样作画，都有其原因，既涉及画师的审美判断、实现手法和价格定位，也涉及其个人喜好与实际抉择。在实践过程当中，画师的能动性有着充分的体现。即便是对画面控制最为严格的订单，画师也可能在画布、颜料等材料的选取购买以及技术处理等方面有可操作的空间。场景化的视角让我们看到，场景化的视角让我们看到，产品的艺术形态（无论是否被认为是艺术品）为主体提供了"自由"，这对于实践者而言是十分重要的体验。

在商业油画赢得巨大经济收益的同时，人们依旧习惯性地因油画之名为油画村赋予艺术和美的浪漫理想，并希望以此为基地，带动当地文化艺术氛围的养成。文化产业的特殊性在于"文化"而非"产业"，也因此，它才被称为"软实力"。在当代社会条件下，相对于产业的经济收益，我们对产业的文化效应及社会效应更多一份渴望。作为文化产业的重要阵地，油画村如何实现这一双重期待，又如何在政策规划与地方性实践中找寻平衡合理的产业化道路，应该成为其长期的发展战略和长远的意义体现。

后　记

　　本研究作为厦门大学中央高校基本科研业务费项目"东南少数民族艺术调查与研究"（项目批准号：20720151149）的成果，受专项科研经费的资助，并得到了厦门大学人类学系，厦门大学出版社的大力支持。课题负责人由厦门大学人类学与民族学系助理教授冯莎担任，研究团队由相关专业教师及学生组成。其中，负责人对研究的方向、方法、范畴及内容进行了统筹与规划，对最终成果进行了结构布局与文字处理；所有成员都参与了具体研究的实体调研、文献搜集及成果写作工作，并对其研究负责；每篇文章均注明了作者信息。课题组分工合理、协作有效，共同促成了研究的顺利进行。

　　课题原计划以福建、江西、广东为田野调查中心，辐射浙江、安徽、海南等地，以畲族、黎族、客家人、疍民等主要聚居于东南的族群，及回族、土家族等散居族群为目标人群，对东南地区的少数民族艺术进行深入系统的人类学调查，探究东南少数民族艺术的发生与发展路径，探讨当地人的艺术实践方式，探索民族艺术在当下及未来的生存之道。实际研究基本按照计划执行，但基于对人类学整体观的持续反思，对问题意识的反复思考，以及对研究实践的不断认知，将"少数民族艺术"扩展为"民族/族群/地方艺术"，以求得对"东南艺术"的现实把握，将之视为"社会文化情境中的艺术实践"和"动态的地方性知识"。我们认为，这样的调整虽与计划有所出入，但有利于对研究主题进行深入探讨，是十分必要的。总体而言，本研究如期完成，达成课题目标，取得了预期成果。

　　作为科研项目，本研究规划时间有限，研究本身还相当不足，至少在以下方面需要继续探索：

　　（1）进一步对已经获得的田野材料进行整合分析和理论提炼，形成成果。课题组在实际研究过程中进行了大量调研，除已成文的田野报告所示，还对如海南黎族艺术、海南回族社区(三亚凤凰)、东南回族艺术(清真寺建筑)、东南区域工艺(惠安石雕)、在地化的当代艺术实践(厦门、潮汕青年艺术团体)等进行了田野调查,积累了许多有价值的田野材料,但尚未成文,需要更长时间的整理与研究。

(2)进一步扩展田野,对东南民族艺术的全体情境进行整体把握。本研究尚有一些已纳入研究规划的田野工作有待完成,如江西境内的民族、地方艺术,需要持续地进行田野工作,且研究者在田野调查过程中总能够不断发现新的目标,作为东南民族艺术研究的必要内容或新近情况。田野研究可谓无穷尽矣。

(3)进一步对东南地区的艺术现象进行更加宏观的关联性研究,如东南回族艺术、工艺美术与海上丝绸之路的古今实践等。目前已在学理依据和理论假设方面展开讨论,需要积累更加丰富而深厚的田野材料及文献论据,来继续推进。

(4)对东南艺术进行延续性、体系化的观察和研究。东南民族及地方艺术是一个值得长期关注的对象,应以一种延续性的视角加以看待,并与以往丰富的研究成果产生连接,形成体系,或许能够探索出具有方法论意义的东南研究范式。本研究将以此为长远目标。

本研究遵守学术生产的规范,尊重学术伦理的要求,努力达成有意义的成果。但限于学术能力和水平,所做甚不成熟,恭请学界诸位专家学者批评指正。

再次对来自学界、田野的各方支持表示感谢!

冯 莎

2017 年 3 月